社区社会组织的制度环境与发展特征

王杰秀　黄晓春　著

中国出版集团有限公司
研究出版社

图书在版编目 (CIP) 数据

社区社会组织的制度环境与发展特征 / 王杰秀，黄晓春著 . -- 北京 : 研究出版社 , 2023.6
ISBN 978-7-5199-1523-0

Ⅰ . ①社… Ⅱ . ①王… ②黄… Ⅲ . ①社区管理 – 社会组织管理 – 研究 – 中国 Ⅳ . ① D669.3

中国国家版本馆 CIP 数据核字 (2023) 第 111024 号

出 品 人：赵卜慧
出版统筹：丁　波
责任编辑：张立明

社区社会组织的制度环境与发展特征
SHEQU SHEHUI ZUZHI DE ZHIDU HUANJING YU FAZHAN TEZHENG
王杰秀　黄晓春　著
研究出版社 出版发行
（100006　北京市东城区灯市口大街100号华腾商务楼）
北京云浩印刷有限责任公司印刷　新华书店经销
2023年7月第1版　2023年7月第1次印刷
开本：710mm × 1000mm　1/16　印张：14
字数：233千字
ISBN 978-7-5199-1523-0　定价：58.00元
电话（010）64217619　64217652（发行部）

目　录

下编　社区社会组织的发展特征

导论　多重转型交汇中的社区社会组织

一、问题意识

伴随当代中国社会治理模式的深度转型，中国社会组织正进入一个快速发展期。据统计，截至2022年第三季度，在民政部门正式登记的社会组织数约为89.32万个。如果把活跃于城乡社区、在基层政府“备案”的社会组织算进来，过去十年的增量可能更大。这些数据从宏观层级勾勒了中国社会力量不断成长的态势，也呈现出各级政府努力推动社会力量参与治理的努力。不仅如此，中国社会组织发展的制度环境在过去十年间也产生了重要变化，许多被理论界诟病多时的制度设置都得到了不同程度的优化，如准入门槛“过高”的问题，自党的十八届三中全会后得到较大改善；[1] 资源不足的问题也由于近年来各级政府不断加大购买社会组织服务力度而得到一定缓解；[2] 政社合作缺乏稳定制度支持的问题，自党的十九大提出打造“共建共治共享的社会治理格局”以来得到了显著优化。面对这种新环境，我们应如何理解当代中国政社关系发展的新特征？如何评估中国社会力量成长所产生的治理效能？又应如何研判社会力量成长所面临的深层挑战？这些问题显然已成为当前治理转型领域的核心理论设问。

国内理论界对这些问题的思考总体上受两种理论范式的影响。第一种理论

---

〔1〕 党的十八届三中全会明确指出，“重点培育和优先发展行业协会商会类、科技类、公益慈善类、城乡社区服务类社会组织，成立时直接依法申请登记”。此后，上述四类社会组织成立的准入门槛显著降低，北京、上海、广州等许多地区都探索了相应扶持举措。

〔2〕 自2014年以来，国家层面出台了一批文件以支持各级政府购买社会组织服务，如财政部、民政部、工商总局下发的《政府购买服务管理办法（暂行）》，财综〔2014〕96号文；财政部、民政部下发的《关于通过政府购买服务支持社会组织培育发展的指导意见》，财综〔2016〕54号文；财政部令第102号《政府购买服务管理办法》（2020年1月3日颁布），此令自2020年3月1日起施行，财综〔2014〕96号文同时废止。地方政府也纷纷响应上级文件，出台了相应的地方性购买服务支持文件。

范式是从西方政治社会学理论传统发展而来的“国家与社会”范式，其强调“国家”与“社会”间的对立与紧张，更注重在结构分析层次上，研判两者间力量的此消彼长。[1] 由于这一范式描绘的情境和20世纪末以来我国社团管理制度的某些特征相符，[2] 又因其为中国社会现代化路径勾勒了某种想象图景，因而在国内学术界产生了较大影响，[3] 并成为早期国内学者们思考中国社会力量成长路径的基准分析框架。[4] 但随着时间的推演，一些深入研究开始追问中国社会是否具备“国家”与“社会”两分的社会基础；[5] 另一些研究则注意到“国家”与“社会”并非内部一致的整体，其互动机制远比“国家与社会”理论想象更为复杂，[6] 在这些反思性研究的影响下，近来这一理论范式的影响力有所削弱。第二种理论范式总体上持“制度主义”视角，[7] 主要从中国社会组织成长的制度环境出发，研判社会力量成长所面临的深层问题。这些研究对21世纪初中国社会组织制度环境的深层特征做出了“分类控制”[8]“宏观鼓励，微观约束”[9] 等经典论述，也讨论了多层级政策执行体系下，社会组织制度环境的实践特征[10]以及不同政府部门发展社会组织的实

---

〔1〕 纪莺莺：《当代中国的社会组织：理论视角与经验研究》，载《社会学研究》2013年第5期。

〔2〕 顾昕、王旭：《从国家主义到法团主义——中国市场转型过程中国家与专业团体关系的演变》，载《社会学研究》2005年第2期。

〔3〕 邓正来：《国家与社会——回顾中国市民社会研究》，载张静主编：《国家与社会》，浙江人民出版社1998年版，第263—302页。

〔4〕 国内学术界关于“多元主义”“法团主义”的相应研究都可以看作在这一基本理论视阈下展开的学术讨论。

〔5〕 陈宝良：《中国的社与会》，中国人民大学出版社2011年版；吴建平：《理解法团主义——兼论其在中国国家与社会关系研究中的适用性》，载《社会学研究》2012年第1期。

〔6〕 肖瑛：《从“国家与社会”到“制度与生活”：中国社会变迁研究的视角转换》，载《中国社会科学》2014年第9期。

〔7〕 这里所说的“制度主义”是宽泛意义上的，既包括那些在政策文本层次理解制度的研究（视“制度”为规制），也包括更注重政策执行过程及其后果的研究（视“制度”为实际的行为规范），还包括那些侧重在各类制度之上所形成社会认知的研究（视“制度”为文化和认知基础）。我们注意到，随着制度主义分析视角近年来在各学科的兴起，国内学术界开始以一种宽泛的制度分析视角研判中国社会力量的成长路径、空间与挑战。

〔8〕 康晓光、韩恒：《分类控制：当前中国大陆国家与社会关系研究》，载《社会学研究》2005年第6期。

〔9〕 俞可平：《中国公民社会：概念、分类与制度环境》，载《中国社会科学》2006年第1期。

〔10〕 黄晓春：《当代中国社会组织的制度环境与发展》，载《中国社会科学》2015年第9期。

然机制。[1] 这一理论视角由于更好地揭示了中国独特情境下社会力量发展所面临的机会结构与实际约束，因而在近年来的社会组织研究中得到了深入应用。[2]

然而，随着近年来涉及社会组织的制度日趋复杂，既有“制度主义”范式的局限性日益显现：

首先，已有制度研究主要关注的是与社会组织发展、管理直接相关的制度体系，[3] 对那些事实上会影响社会组织发展，但不属于传统社团管理领域的制度疏于分析，这使得理论界难以从整体上深入研判当前中国社会组织成长所面临的深层问题。比如：近五年来中国社会组织发展的许多机遇和空间，实际上与中国地方/基层政府改革进程联系在一起，由于政府职能结构中诸如公共服务、公共管理等职能得到不断强化，同时政府组织规模和编制持续优化调整，因此社会组织在发挥服务与管理功能方面获得了前所未有的空间。研究者要理解这一进程中社会组织发展的规律与特点，就需要理解政府改革领域的制度安排和具体举措，[4] 但既有的“制度主义”研究总体上并未将这些新的制度要素纳入分析，致使研究者难以揭示社会组织在实际运行中遇到的许多隐蔽影响及其内在机理。

其次，已有制度研究较少关注党建治理机制对社会组织发展的影响。受传统“国家与社会”分析范式的影响，已有制度分析往往将政府等同于“国家”，更关注政府治理机制对社会组织的影响，却较少关注我国独特的党建治理机制对社会组织发展的作用。然而从实际情况来看，在社会组织发展过程中，“社会组织党建”一直是重要的制度领域，一些研究已经发现党建网络对

---

〔1〕 黄晓春、嵇欣：《非协同治理与策略性应对——社会组织自主性研究的一个理论框架》，载《社会学研究》2014 年第 6 期。

〔2〕 严格意义上来说，国内关于社会组织与社会力量的研究还存在第三种理论范式，即策略主义的行动分析视角，该视角主要研究社会组织在既有制度环境下，是如何通过各种策略行为和“非正式政治”以获得发展的。相关研究可见赵秀梅《中国 NGO 对政府的策略：一个初步考察》，载《开放时代》2004 年第 6 期；张紧跟、庄文嘉：《非正式政治：一个草根 NGO 的行动策略——以广州业主委员会联谊会筹备委员会为例》，载《社会学研究》2008 年第 2 期。由于该视角更注重微观和行动层次的社会组织发展问题，和本书所关注的结构层次问题不尽相同，因此在此略过。

〔3〕 例如，社会组织登记和管理制度，各级政府扶持社会组织发展制度，社会组织运行的监管制度，以及关乎募款、捐赠等社会组织资源汲取的制度。

〔4〕 比如，财政投入模式的变化趋势、基层政府的职能转型态势、政府内部上下级考核方式的变化、政府编制与组织结构变化等。

于社会组织发展具有特殊作用。[1] 从近年来社会组织领域制度发展的实际情况来看，2016年中共中央办公厅、国务院办公厅印发了《关于改革社会组织管理制度促进社会组织健康有序发展的意见》，该文件对社会组织党建提出了更高要求，此后，社会组织党建得到了不断强化。与政府治理机制不同，党建治理机制对于社会组织的发展空间、运行过程都有不同的切入点，而现有研究对此关注不多。

最后，已有制度研究忽略了不同领域制度间的相互作用及其对社会组织发展之影响。近年来，随着我国治理转型和政府改革的深入推进，越来越多不同领域的制度设计开始作用于社会组织，但各自的着力点和方向却不尽相同，多重制度网络可能会对社会组织行为产生复杂而微妙的影响。比如：从完善和提升基层社区自治水平的角度来看，相应制度更期许社会组织能广泛联系群众，敏锐反映社会期许，推动有效基层民主协商——质言之，这些制度更注重社会组织的自主性与社会性；[2] 但从政府职能转型和优化公共服务实现模式的角度来看，相应制度则更注重社会组织的专业化水平和完成政府委托事项的能力，在前者难以客观测量和清晰横向比较的情况下，这些制度在执行时更倾向于根据社会组织与政府机构的"远近亲疏"来选择服务承包者。[3] 这无形中鼓励了社会组织发展出与政府机构的特殊关系机制。上述制度共处同一时空情境中，其交互效应对社会组织发展的影响远比传统研究语境中的"发展或抑制"更为复杂，需要我们更进一步细致研判。

上述讨论表明，已有研究在运用"制度主义"分析范式时，或多或少都存在对"制度"的简单化和抽象化处理。随着当代中国治理转型的改革不断进入"深水区"，当前中国的社会组织发展面临的情况比以往任何时期更为复杂，社会组织发展开始处于多项重大改革的交汇点之上，因而面临多重制度变

---

〔1〕 黄晓春、嵇欣：《非协同治理与策略性应对——社会组织自主性研究的一个理论框架》，载《社会学研究》2014年第6期；李朔严：《政党统合的力量：党、政治资本与草根NGO的发展——基于Z省H市的多案例比较研究》，载《社会》2018年第1期。

〔2〕 俞可平：《更加重视社会自治》，载《人民论坛》2011年第6期；陈剩勇、徐珣：《参与式治理：社会管理创新的一种可行性路径——基于杭州社区管理与服务创新经验的研究》，载《浙江社会科学》2013年第2期。

〔3〕 王名、乐园：《中国民间组织参与公共服务购买的模式分析》，载《中共浙江省委党校学报》2008年第4期；周俊：《政府购买公共服务的风险及其防范》，载《中国行政管理》2010年第6期；黄晓春：《政府购买社会组织服务的实践逻辑与制度效应》，载《国家行政学院学报》2017年第4期。

迁的影响。如何深入揭示这种多重转型对社会组织发展的复杂影响，也就成为研究的一项重要使命。目前，需要研究者进一步立足于当前治理创新、政府改革、公共服务模式更新等多重背景，细致勾勒社会组织发展面临的复杂环境，进而形成更贴近当代中国实际发展图景的解释框架和相应研判。

本书就是在上述问题意识的推动下展开的。我们试图详尽勾勒近年来中国社会组织成长的多维制度环境及其深层特征，并以此为据，分析社会组织的发展态势。需要说明的是，社会组织种类繁多、构成复杂，不同类型的社会组织因资源汲取路径、组织愿景、专业化程度不同而发展情况各有差异，因而难以一言概之。本书主要以当前发展迅速的社区社会组织为例开展研究。主要有三方面的考虑。

一是因为近年来社区社会组织已成为中国社会组织中的重要构成部分。党的十八届三中全会强调激发社会组织活力，尤其是将“城乡社区服务类社会组织”作为重点培育和优先发展的四类社会组织之一，2016 年中共中央办公厅、国务院办公厅发布的《关于改革社会组织管理制度促进社会组织健康有序发展的意见》更是明确强调“大力培育发展社区社会组织”，鼓励各级政府采用“降低准入门槛”“积极扶持发展”等举措快速培育各类社区社会组织发展。自此，各地政府都开始营造有利于社区社会组织成长的制度环境，社区社会组织已成为当前中国社会力量的重要构成部分。对这一类型的社会组织开展系统观察和研究，能更好地呈现出社会组织发展的态势、特征与存在的深层问题。尤其需要指出的是，长期以来，国内学术界和政策研究部门都将中国社会组织发展缓慢的原因归咎于支持发展的制度要素不足——考虑到近年来各级政府在社区社会组织发展上所持的普遍支持态度，以这类社会组织为聚焦点的分析还可以帮助我们更好地超越已有的研究预设，进一步精准研判中国社会组织政策范式转变后所遇到的新问题。

二是由于社区社会组织正处于多重改革主线的汇聚之处。从当前治理转型的核心主线来看，多重改革的最终着力点都会涉及社区社会组织，比如：就坚持和完善共建共治共享的社会治理制度而言，发育社区社会组织显然是推动基层社会共治的重要路径；就提升公共服务质量和水平而言，推动社区社会组织的成长，不仅有助于基层政府了解公众需求，还能提高公共产品精准供给能力；就促进基层政府改革而言，培育社区社会组织有助于更好地提升基层政府公共管理与公共服务能力，且在一定程度上可以为基层“减负”提供新路径。

正是由于社区社会组织与当前我国治理转型多个进程都紧密相关，因此其也更容易受到多重改革的交互影响，以其为聚焦点的研究有助于深刻揭示当前社会组织发展中的重要理论与经验问题。

三是社区社会组织分布广泛，且对地方治理创新水平有重要“指示器”功能。与一些有着特定组织目标和运行领域的社会组织不同，[1] 社区社会组织在我国的分布更为广泛：不仅在北京、上海、广州等经济发达地区快速发展，而且在其他地区也获得了相当大的发展空间。从近年来各地涌现出的基层治理经典案例来看，即使在一些经济欠发达地区，地方政府也不乏大力扶持社区社会组织的积极性，且多有“弯道超车”的创新做法。在这个意义上，社区社会组织的发展作为一种普遍性现象，就可以更好地折射出不同地区治理创新的势头、发展理念及遇到的深层问题。研究者可以通过对比不同地区社区社会组织的发展特征，对我国当前基层治理中诸如基层政府职能转变进程、社区公共性水平、群众自治活力等问题有更为深刻的观察与揭示。

本书的研究资料来自三个方面：一是民政部政策研究中心于2018年在全国开展的社区社会组织专项调查（以下简称“2018年调查”），这项调查覆盖了全国23个省、4个直辖市和4个自治区，发放有效问卷3131份。另外，2015年和2016年中心在全国也做过相近的调查，这些数据具有一定的连续性，可以动态展现出我国社区社会组织发展的特征。二是民政部政策研究中心组织的社区社会组织深入观察。2018年，中心组织来自不同高校和研究机构的学者，在全国32个基层社区开展了深度观察，以呈现出当地社区社会组织发展的趋势、特征。这些资料生动地呈现了不同地区基层政府发展社区社会组织的做法、经验及遇到的深层问题，为广大研究者更清晰地了解当代中国社区社会组织发展的全景提供了重要支持。三是本书研究团队在一些治理转型前沿城市建立的长时段“蹲点”田野观察。社区社会组织的发展受到基层政府改革、公众参与意识、社区公共性水平等多维要素的影响，而这些要素又紧密嵌入于基层治理体系之中。因此要深入了解社区社会组织发展中的深层问题，就需要细致观察基层治理体系的动态演化过程，更进一步具体地研判治理体系转型与社区社会组织发展之间的复杂因果机制。过去五年来，本书研究团队选取

---

〔1〕 比如：一些大型基金会组织、对外交流与文化发展类的社会组织更倾向于在北京、上海、广州等特大城市发展，许多行业协会、经济类社团则更多在长三角与珠三角地区发展。

了社区社会组织发展较为快速的两个改革前沿街道，建立了深度观察点，[1]以追踪调查的方式展开研究——这些资料为我们进一步研判社区社会组织发展所需的支持体系提供了更为细致有力的支持。

二、社区社会组织的多维制度环境

关于社区社会组织的定义，存在多种解读方式。从最严格的政策术语视角来看，"社区社会组织是由社区居民发起成立，在城乡社区开展为民服务、公益慈善、邻里互助、文体娱乐和农村生产技术服务等活动的社会组织"[2]。但在我国学术与政策研究中，更多研究倾向于从宽泛的视角来看待社区社会组织，将其视为活跃于城乡社区，承担各类服务、管理与社区营造的功能，提升社区自治共治能力的一类社会组织。本书主要承袭后一视角来展开分析与讨论，这是因为若我们仅关注由社区居民发起的社区社会组织，就会忽略当前城乡社区中事实上发挥重要作用的"外来"社会组织——通常此类社会组织由专业人士发起，具备更强的资源汲取能力，因而在当前社区治理中普遍发挥着重要作用。另外，从宽泛的视角来研究活跃于社区"场域"的社会组织，可以更系统深入地研判当前社区治理体系因社会力量成长而发生的深刻变化。

自党的十八届三中全会提出推进国家治理体系和治理能力现代化战略目标以来，社区社会组织就获得了广阔的成长空间。党的十九大和十九届四中全会关于"坚持和完善共建共治共享的社会治理制度"的改革方向更是为社区社会组织发展提供了重要支持。近年来，越来越多的改革从不同维度出发，出于不同治理目标，涉及社区社会组织成长，对其发展产生了复杂的影响。

1. 党建引领

在基层党建工作领域中，"两新组织党建"原本就涉及在包括社区社会组织在内的"新社会组织"中建立党的组织，并开展党的活动。党的十七届四

[1] 在每个观察点上，我们都建立了可以回溯至街道成立之初的档案库，详细记录了街—居治理体系转型与变迁的图景。同时，我们详细记录和分析了在这些街道社区社会组织自成立以来的发展过程、大事记，并针对关键人物开展了细致的访谈。

[2] 中共中央办公厅、国务院办公厅于2016年8月颁布的《关于改革社会组织管理制度促进社会组织健康有序发展的意见》明确提出"大力培育发展社区社会组织"，但该文件并未明确提及"社区社会组织"的定义。之后，民政部于2017年12月颁布《民政部关于大力培育发展社区社会组织的意见》（民发〔2017〕191号），该文件开宗明义地指出："社区社会组织是由社区居民发起成立，在城乡社区开展为民服务、公益慈善、邻里互助、文体娱乐和农村生产技术服务等活动的社会组织。"

中全会通过的《中共中央关于加强和改进新形势下党的建设若干重大问题的决定》明确提出，要“实现党组织和党的工作全社会覆盖”，要求探索完善基层党组织设置形式，加大在中介机构、协会、学会以及各类新社会组织中建立党组织的力度，以党的基层组织建设带动其他各类基层组织建设，活跃基层，打牢基础。近年来，社区社会组织党建的重要性不断凸显，许多地区都在此领域不断开展创新和探索，通过丰富党建工作载体、发挥党员主体作用，强化社区社会组织的党建效能。党的十九大强调“要以提升组织力为重点，突出政治功能，把企业、农村、机关、学校、科研院所、街道社区、社会组织等基层党组织建设成为宣传党的主张、贯彻党的决定、领导基层治理、团结动员群众、推动改革发展的坚强战斗堡垒”。2019 年 5 月 8 日，中共中央办公厅印发了《关于加强和改进城市基层党的建设工作的意见》，进一步指出基层党建工作要“领导群团组织和社会组织参与基层治理”，这些制度梳理表明，基层党建引领社区社会组织发展的战略目标正紧随治理转型的进程而不断拓展与丰富。可以说，党建引领的相关制度设置已成为当前社区社会组织发展所面临的最重要的制度要素。

在基层社会治理领域，党组织引领社会组织发展的核心目标是以提升组织力为重点，突出政治引领功能。这意味着基层党建在引领社区社会组织发展时，其着力点与政府部门有所差异。相较于有着明确治理目标和提供具体公共产品的政府行政部门，基层党组织在推动社会组织发展时，更看重以此为切入点夯实党的执政基础，更注重教育党员、管理党员、监督党员和组织群众、凝聚群众、服务群众。就此而言，基层党组织更看重社会组织吸纳社会力量的功能和动员社会的潜力，这与政府管理部门首先关注社会组织提供公共产品的能力与业务能力的制度逻辑有一定的差别。[1] 具体来看，在基层党建工作的制度框架下，党组织发展社会组织的制度逻辑有以下特征：

注重嵌入治理结构和行为引导。这一点也是党建引领社区社会组织发展的最独特之处。[2] 在当代中国渐进式治理转型进程中，社会力量发育始终面临

---

〔1〕 我们曾在一篇论文中详细讨论过党群部门发展社会组织的逻辑与政府职能部门之差异。详见黄晓春、嵇欣：《非协同治理与策略性应对——社会组织自主性研究的一个理论框架》，载《社会学研究》2014 年第 6 期。

〔2〕 与党组织相比，政府部门多以签订购买服务协议的方式来引导社会组织发展，但这种引导机制通常是以设置激励与责任的“外部化”方式发挥作用的。政府部门的组织网络和动员能力通常难以嵌入社会组织的内部决策与行动过程。

着在秩序与活力之间寻求均衡点的挑战。而党组织的组织网络和动员网络可以有效嵌入社会组织内部，因此通过党建工作机制有效引领社区社会组织的发展，就成为基层党组织的重要工作着力点。中共中央办公厅印发的《关于加强和改进城市基层党的建设工作的意见》就明确指出“推动党的建设有关要求写入社会组织章程，善于使党组织推荐的人选通过法定程序成为社会组织负责人，善于使党组织意图成为社会组织参与治理的行动”。这意味着党建引领的工作机制更注重在社区社会组织的内部治理过程中发挥作用。

注重提供网络支持和对接服务。在基层治理场域中，党组织扶持社区社会组织发展的主要方式不是直接提供资金、场地和购买服务合同，而是以“区域化党建”或“城市大党建”的方式引导其进入“共建共治共享”的地方治理网络，从而为社区社会组织与区域内主要政府部门、社会机构与企业建立网络连接提供机会。这种网络支持和对接服务为社区社会组织在更为广阔的领域和空间搜寻资源、获得服务项目提供了重要支持，因此成为社区社会组织发展的重要保障。在许多治理转型的前沿地区，城市基层党组织通过在街镇层次设立党群服务中心、社会组织联合会[1]等党建联建机构，搭建了社区社会组织融入社区、深耕社区的支持保障网络。从这个意义来看，党建引领对于推动社区社会组织快速发展具有极为重要的支持性作用。本书后文的许多深度案例都清晰地演绎了这一制度逻辑。此外，民政部政策研究中心开展的社区治理跟踪调查2018年的数据也表明：已建立党组织的社区社会组织，其负责人经常参与社区内公共议事活动的比例高达73.78%，比未建立党组织的社会组织经常参与社区内公共议事活动的比例高了近20%。这表明，社会组织党建工作对于推进社会组织融入社区公共治理网络具有重要作用。

注重价值引导和公共性营造。对于基层党组织来说，引领社区社会组织发展的重要目标是构建社区公共性空间，推动公众和社会力量参与基层自治，从而推动建设人人有责、人人尽责、人人享有的社会治理共同体。在这个意义上，基层党组织更注重推动社会组织开展具有广泛动员作用和象征意义的社会性活动。在经验观察层次，我们发现近年来许多地区的党群组织都直接孵化了一些旨在开展社会宣传、教育的社区社会组织，这些社会组织为基层党建工作

---

〔1〕 相关信息可见唐玮婕：《社会组织联合会有啥作用？浦东36个街镇年内要全覆盖》，载《文汇报》2018年10月18日，http：//www.whb.cn/zhuzhan/ms/20181018/218658.html，2020年8月6日。

提供了重要组织支持。

概括来看，基层党组织开展的各类引领工作已成为当前社区社会组织制度环境的重要构成。这些制度要素一方面侧重于引导社区社会组织的行为，并对其内部治理结构与运行过程提供指引。另一方面，基层党组织在治理实践中构建的多层次党建网络，也为社区社会组织发展提供了更多的机会和潜在资源，是社区社会组织快速发展的重要依托。当然，这些制度要素对不同发展阶段和不同规模的社区社会组织影响力不尽相同——相对而言，党建引领对于规模较大、党员数量较多且已建立党组织的社区社会组织影响更大，但对处于发展早期且组织化水平较低的社区社会组织影响则相对较小。不过，随着近年来城市基层党建力量不断强化和党建工作机制不断创新，这种情况正在逐渐改变。

2. 基层政府治理创新

城乡基层政府改革是当前我国社会治理创新的重要内容。为了更好履行公共服务、公共管理和公共安全职能，更好满足人民群众对美好生活的期待，近年来各地基层政府都开始在组织架构、运行机制层次开展深入改革——而发展社区社会组织则成为普遍的创新战术之一。理论界和政策研究部门普遍认为：社区社会组织更贴近公众，更了解居民实际需求，因此其在开展公共服务时更具组织优势；[1] 相较于政府部门，社区社会组织更有可能提供弹性服务，且服务效率更高。[2] 因此，基层政府普遍通过购买社会组织服务、孵化专业社会组织的方式提升基层治理水平。总体来看，基层政府治理创新主要在三个维度上对社区社会组织发展产生了重要影响。

一是以提升公共服务质量为切入点推动社区社会组织成长。随着我国经济社会的快速发展，居民对公共服务质量的要求不断提升。此外，随着阶层快速分化，公众需求的差异化水平不断提高。在此背景下，基层政府要更好满足居民对美好生活的向往就需要不断创新公共服务的供给模式。由于社区社会组织相比政府更易于掌握居民需求的信息，且其社会化运行方式更便于提供弹性化

---

〔1〕 Burton A. Weisbrod, "Toward a Theory of the Voluntary Non - profit Sector in a Three - sector Economy", Phelps E. D. eds., *Altruism, Morality, and Economic Theory*, New York: Russell Sage Foundation, 1975.

〔2〕 Henry B. Hansmann, "The Role of Nonprofit Enterprise", *The Yale Law Journal*, Vol. 89, No. 5, April 1980, pp. 835 – 901; Estelle James, "The Nonprofit Sector in Comparative Perspective", Walter W. Powell eds., *The Nonprofit Sector: A Research Handbook*, New Haven: Yale University Press, 1987.

公共产品，[1] 因此近年来，各级政府都极为重视以购买服务的方式支持社区社会组织开展社区公益服务。2014 年，财政部、民政部、工商总局印发了《政府购买服务管理办法（暂行）》，这意味着国家层面开始推动政府购买社会组织服务的制度探索。2015 年以来，上海、北京、广州等治理转型前沿城市都颁布了政府购买服务的细则，虽然不同地区的制度有所差异，但总体上都鼓励基层政府以购买服务方式资助社会组织提供社区公益服务。2020 年 1 月，财政部正式发布了《政府购买服务管理办法》，其中第 15 条明确指出“政府购买服务应当突出公共性和公益性，重点考虑、优先安排与改善民生密切相关，有利于转变政府职能、提高财政资金绩效的项目”。由于社区社会组织承接的服务项目通常都与改善民生密切相关，因此这一制度为社区社会组织承接政府项目、提升社区公共服务水平提供了坚实基础。不过，在基层政府购买服务的过程中，有时也存在“部门主义”的购买逻辑，会导致服务项目与社区需求脱节等现象，这对社区社会组织的发展可能会带来复杂的影响，[2] 后文将会具体阐述。

二是以创新公共管理模式为目标，引导社区社会组织进入公共领域。在诸如化解矛盾、维持秩序等社区管理领域，社区社会组织也大有可为。由于社区社会组织在承担管理功能时代表第三方立场，其倡导和意见更易于被公众接受。此外，在社区内具有影响力的社会组织通常还能通过广泛动员居民和志愿者来提升管理效能，因此基层政府在创新公共管理模式时，常会借助社区社会组织的力量。近年来，许多地区的基层政府都积极为社区社会组织承担政府转移职能创造条件，通过构建政社合作治理机制来提升社区管理水平。调查显示，近七成的社区社会组织，承担过社区管理功能，参与最多的管理领域是“组织居民自我管理”（选择率为 50.46%）、“协助政府部门维持社区秩序”（选择率为 48.29%）、“处理邻里矛盾”（选择率为 45.96%）。[3] 调查数据也显示，成立时具有一定政府支持背景的社区社会组织，承担管理功能的比重高于纯专业背景和草根背景的社区社会组织。可以说，随着创新社会治理的改革进程不断深化，基层政府支持社区社会组织进入公共管理领域的改革力度也在

〔1〕 张文礼：《合作共强：公共服务领域政府与社会组织关系的中国经验》，载《中国行政管理》2013 年第 6 期。

〔2〕 黄晓春：《政府购买社会组织服务的实践逻辑与制度效应》，载《国家行政学院学报》2017 年第 4 期。

〔3〕 该题为多项选择题，因此选择率汇总后超过了 100%。

不断提升。在许多地区，通过引入社会力量提升治理效能已成为“治理竞赛”的重要标志。[1]

三是以化解政府改革中的“瓶颈”为着力点来发展社区社会组织。相较于前述制度性影响，这一机制发挥作用的过程显得更为隐蔽，但其却是近年来影响社区社会组织发展的一种重要力量。总体来看，这一机制主要在治理转型前沿地区的城市基层治理场域中发挥作用。在这些地区，城市基层街镇政府近年来面临着多方面的改革挑战：一方面，基层政府承担的公共服务、公共管理、公共安全职能越来越重；另一方面，在政府规范化建设的约束下，其编制、财力支配自由裁量权[2]及雇佣编外人员的权力都在不断紧缩。于是，基层政府为了应对管理力量不足和治理任务日趋艰巨之间的矛盾与张力，往往会通过发展社区社会组织的方式来解决行政体系改革面临的弹性和灵活性不足问题。在这种情境下，基层政府会发展出一些社会组织围绕承担政府事务而运行。这些社会组织，具有一定的“行政化”特征，但在创新社会治理的时代背景下，其又常采用社会化方式与机制运行，因而组织属性和发展特征显得更为复杂。[3]

在基层政府改革创新的时代进程中，上述三种制度逻辑相互缠绕，并共同作用于社区社会组织发展。这种多维的制度效应既为社区社会组织的快速成长提供了重要的支持和保障，又对其自主性水平、专业化能力、公共性特质、资源汲取状况产生了复杂而多向度的影响。在我们看来，这种影响远比传统的

---

〔1〕 相应研究参见何艳玲、李妮：《为创新而竞争：一种新的地方政府竞争机制》，载《武汉大学学报》（哲学社会科学版）2017 年第 1 期。

〔2〕 在传统的发展格局下，城市基层政府（无论是街道还是乡镇）均承担了招商引资和经济发展的重要职能。作为激励举措，上级政府通常会根据经济绩效给予基层政府一定的税收返还，而街镇政府则用这部分税收返还资金开展因地制宜的区域治理工作。由于这部分资金使用相对灵活，基层政府可以利用财政支配的自由裁量权，雇佣编外人员以解决自身力量不足的问题。但近年来，在一些改革前沿地区，上级政府弱化了基层政府的经济职能，尤其是取消了街道办事处的招商引资指标，推动基层政府重点履行公共服务、公共管理、公共安全职能。在这种新背景下，基层政府的财力支持机制变成上级政府全额保障制，其由税收返还而产生的财政灵活性也就被削弱了，其后果是，基层政府应对自身力量不足等挑战的传统经验也难以运用。2019 年 5 月 8 日，中共中央办公厅印发了《关于加强和改进城市基层党的建设工作的意见》，其中在提及街道管理体制改革时，文件明确指出：“直辖市、副省级城市、省会城市及经济社会发展水平较高的城市，应当全面取消街道承担的招商引资、协税护税等工作任务，暂不具备条件的可先在中心城区实行，再逐步推开。”这也意味着这种在改革前沿出现的新现象，将随着街道管理体制改革的不断深入而在多数地区出现。

〔3〕 相应研究参见黄晓春、周黎安：《政府治理机制转型与社会组织发展》，载《中国社会科学》2017 年第 11 期。

“国家与社会”视角所勾勒的二元互动式情景更为复杂。对于学术界来说，深入揭示这种制度环境影响社区社会组织发展的内在机理，对于理解转型期中国政社互动的深层特征具有极为重要的理论意义。

3. 激发社区自治活力

党的十八届三中全会以来，国家日益重视改进社会治理方式，强调“政府治理和社会自我调节、居民自治良性互动”。党的十九届四中全会又进一步指出，要“完善群众参与基层社会治理的制度化渠道。健全党组织领导的自治、法治、德治相结合的城乡基层治理体系”。在这些宏观政策的推动和指引下，各地区都日益重视激发社区自治活力，更好地推动居民开展自我管理、自我教育、自我服务。由于社区社会组织可以更好地组织居民、发起社区自治项目并支持居/村委会的工作，因此各地在基层改革实践中，普遍重视通过培育社区社会组织来提升社区的自治水平。

在这一改革进程中，基层治理体系发展社区社会组织有不同于之前维度的制度逻辑，其侧重点主要在以下几个方面：

重视社区社会组织的“社会性”。如果发展出的社区社会组织缺乏广泛的公众支持度、社会基础和社会信任度，那么它们在营造社区自治的良好氛围时，将难以发挥重要作用。出于更好凝聚居民、开展动员的发展目标，基层治理部门也高度重视社区社会组织联结基层社会的能力。在这一发展思路下，分管居民自治和党建引领自治的职能部门，通常会鼓励社区社会组织更多地扎根居民日常生活领域，更好地吸纳居民群众“代言人”，并开展更多的社区动员。调查数据显示，高达85.26%的社区社会组织在开展各类社会动员时，曾得到过基层政府与职能部门的支持，87.96%的社区社会组织与居/村委会关系密切，成为后者开展自治的重要工作助手。这表明，在推动自治工作这一维度上，基层治理体系高度重视社区社会组织的社会性水平。

推动社区社会组织在多元治理网络中占据制度性位置。社区自治的有效开展依赖于多主体参与的新型治理结构。近年来，为不断提升社区自治活力，基层治理部门开始努力推动社区社会组织进入各类多元共治平台。调查发现，社区社会组织负责人或骨干成员担任居委会主任或社区党支部书记的比例为31.24%；担任党代表的比例为12.06%，担任人大代表和政协委员的比例分别为10.59%和3.07%；另外，社区社会组织成员是街镇层面组建的共治议事机构、党建联建机构成员和街镇组建的顾问委员会成员的比例分别为9.11%和

6.68%。这表明，在这一制度逻辑的推动下，社区社会组织已逐步嵌入社区多元治理网络之中，这也是有力推动当前基层自治的重要制度举措之一。

鼓励社区社会组织积极参与公共议事活动。这也是提升社区自治水平，构建共建共治共享基层治理新格局的重要举措。近年来，各地基层政府不仅加大了在村/居层级搭建多元议事机制的力度，更开始在事关公共资源配置的街镇层级搭建公共议事平台，基层治理部门通过推动社区社会组织参与这些公共议事活动，有效激发了自下而上的公众参与的活力。此外，社区社会组织在参与此类活动时，也得以更多地了解本区域的情况，一些社会组织甚至会以此为切入点，更好地打造自己的品牌活动以贴近公众需求。[1]

总体来看，从激发社区自治活力的制度维度着眼，基层治理部门会更重视培育社区社会组织的社会属性，同时也会强化其识别社会问题、代表社区多方利益的能力。需要指出的是，近年来随着社会创新和社区营造理念的不断兴起，这一制度维度发挥作用的空间和范畴不断得到拓展。除政府职能部门外，一些大型企业和基金会也在这一制度维度发挥重要的作用。

4. 多线程改革下的社区社会组织

以上讨论超越了传统“治理转型”的模糊概念，在更为具体的层面讨论了基层治理场域中不同维度改革对社区社会组织发展的影响与制度着力点。这种多维制度视角构建了一幅社区社会组织发展的复杂图景，呈现出不同改革努力在同一时空情境中，对社区社会组织产生的影响。当我们把研究聚焦点投射于这个层次的分析中时，就会发现已有的“国家与社会”二元互动视角和抽象宽泛的制度分析框架，在很大程度上遮蔽了现实生活中社区社会组织发展环境的多样性和松散整合特征。[2]

---

〔1〕我们在实地研究中发现，许多发起于居民区的社区社会组织在扩大活动范围和不断成长的过程中，都把参与街镇层级的公共议事活动作为其重要的发展契机。这些组织借此在更大范围内了解公众需求，并进一步打造自己的标志性活动品牌。

〔2〕“松散整合”或“松散关联”是组织研究的新制度主义关于组织在不同制度化“神话”下，其内部设置间关系的一种讨论。这一术语指的是组织为了应对不尽相同的外部制度化“神话”，会使其内部设置间保持着松散联结的特征，亦即低度整合性。本书在此引用这一概念，是把基层治理体系看作一种制度化主体，其需要应对不同改革维度所提出的要求，由于这些要求的指向不尽相同，为避免制度冲突，基层治理体系会保持这些改革维度之间的松散关联。相应研究详见［美］约翰·迈耶、［美］布莱恩·罗恩《制度化的组织：作为神话与仪式的正式结构》，何新发等译，载张永宏主编：《组织社会学的新制度主义学派》，上海人民出版社2007年版，第3—23页。

这种多维制度影响通常是由不同治理部门共同实施的，这些部门既包括基层政府的党群部门，也包括其他各类承担具体治理任务的职能部门，有时来自更高层级的政府职能部门也会因“购买服务”而介入社区社会组织发展中来。多方制度生产主体的介入，使得社区社会组织发展面临着动态演变的条件与约束结构，由此引导其发展出不同的组织成长策略——这是理解转型中社区社会组织复杂组织属性的重要理论切入点。

多线程改革既有共同的关注点——推动社区社会组织发展，但也有不同的考虑。在这种多维制度环境下，社区社会组织的多样性得以形成，这也意味着研究者单纯从某个视角出发来理解社区社会组织的组织特性都可能有失偏颇。另外，不同进程改革间虽从宏观上看紧密匹配，[1] 但在实际操作中却可能产生更为复杂微妙的后果。比如：考虑到在许多地区，基层公共服务供给的决策主要是体制内自上而下实现的，且相应考核也更依赖自上而下的评估，在此条件下承接服务项目的社区社会组织必然会更多关注“发包”部门的态度和偏好，当其基于资源汲取的需要不断强化这一组织发展战术时，其与基层社会之间的关系纽带也许就会有所弱化，这实际上会影响其他职能部门试图强化社区社会组织“社会性”的改革进程。再如：在多部门共同投入资源，但不同部门着力点不同的制度环境下，快速发展的社区社会组织通常都会形成灵活的发展策略，努力与多部门保持着良好关系，并经常性地切换工作领域，这种经营化的组织战术会提升组织的“事本主义”灵活性，但其基于恒定目标而形成专业化能力的组织发展战略，则可能会遭遇深层挑战，这回过头来又会影响购买服务政府部门试图培育专业化社会组织的改革努力。[2]

就此而言，理解基层治理场域中多维制度的复杂效应，对于更为全面深刻地认识当代中国社区社会组织的发展特征，具有重要的理论与现实意义。这一研究进路也代表了中观制度分析在社会组织研究领域的新发展方向。

三、当前社区社会组织的深层发展特征

通过对社区社会组织制度环境的进一步“深描”，本书得以在一些更为具

---

〔1〕 如从一般化理论层次来看，提高社区社会组织公共服务、公共管理能力的改革方向，与提升社区社会组织社会性的内在要求是完全一致的。

〔2〕 黄晓春：《中国社会组织成长条件的再思考——一个总体性理论视角》，载《社会学研究》2017年第1期。

体的层次讨论当前社区社会组织的深层发展特点。正是由于制度环境内部的“松散整合”特性，致使我们很难使用宽泛术语来“标签化”，概括其特点。将从以下几个方面展开讨论：

1. 规模日趋壮大，体制内资源是组织发展的主要依赖

在治理转型多重改革合力的作用下，各级政府和职能部门都加大了对社区社会组织的扶持力度，包括在登记与备案方面提供便利与支持、以购买服务为载体给予资金支持等。在此背景下，我国社区社会组织发展迅速，规模日趋壮大。不仅北京、上海、广州等经济发达地区形成了社区社会组织发展的高峰，且许多欠发达地区也培育孵化了大量活跃于基层社区的社会组织。从2018年调查的3131个受访组织的回答情况来看，社区社会组织的成立年份自1998年开始有较为明显的增长，到2008年开始迅速增长，2013年以后增长幅度进一步加大。这几个时间节点的出现，实际上与宏观政策的调整周期高度匹配。1998年国务院发布的《社会团体登记管理条例》和《民办非企业单位登记管理暂行条例》为社会组织的发展创造了条件，但双重管理原则下社会组织登记门槛较高，因此这一时期的社区社会组织数量增幅有限。2007年，党的十七大报告首次提到“社会管理体制”，要求重视社会组织建设和管理，2008年社区社会组织成立数量出现第一个高峰值。2013年召开的党的十八届三中全会，围绕“创新社会治理体制”新命题对社会组织改革发展进行专门部署，首次提出要激发社会组织活力，自此以后，中国社区社会组织的数量呈现出快速增长趋势。

另外，快速发展中的社区社会组织高度依赖体制内资源的支持，在资源汲取结构上具有显著的单一性特征。2018年调查数据显示，政府补贴、政府购买服务、政府奖励及居/村委会投入分别占受访社区社会组织的35.87%、20.15%、12.53%和19.78%，这四种主要收入来源都与政府投入有关，由此我们可以推测出，体制内资金是当前各类社区社会组织发展最重要的依托。此外，从社区社会组织的成立背景也可以清晰印证这一点，我们详细分析了2018年数据中“社会组织成立背景”一项，发现近八成（79%）社区社会组织成立时有政府背景。这进一步表明当前中国社区社会组织的快速成长与各级政府的支持密不可分。但资源来源单一的问题也可能会影响社区社会组织的自主性水平。从发达国家普遍的发展趋势来看，虽然政府的各种投入也是社会组织的主要资源来源，但除此之外，基金会投入、公众捐款、企业赞助以及相应

收费服务的比重也不小，正是这种来源多向的资源结构为社会组织成长提供了更稳定的支撑和发展预期。就此而言，当前我国社区社会组织的高质量发展不仅涉及政策扶持问题，在深层次上还与多元投入的社会环境紧密相关。当前上海、深圳、北京等地正在大力发展社区基金会，并在更深层次上探索社区社会组织发展的多元投入模式，由此可见，随着这些改革进程不断推进，社区社会组织的发展环境还将得到进一步优化。

2. 功能涵盖社区治理主要领域，但专业化水平有限

目前，社区社会组织在基层社区治理的主要领域都发挥了重要作用，其已成为基层治理创新的一张重要“名片”。2018 年调查数据显示，大部分社会组织都开展了社区服务（83.17%），并且覆盖面较广，基本覆盖了多数社区需求领域。其中，高达 67.24% 的社会组织在文体活动领域开展过社区服务；其次是一些城乡社区需求较广的领域，包括老年人服务（64.29%）、便民服务（50.04%）、社区/村环保（45.93%）、儿童与青少年服务（42.59%）、妇女关爱（42.51%）、社区/村教育（38.63%）、帮困与就业援助（36.83%）；但是在专业化水平更高的领域，社区社会组织介入的水平则相对低一些，例如其在医疗卫生服务（28.53%）、社区戒毒（14.75%）、司法矫正（13.63%）等方面发挥作用的比重显著比前两大领域要低。此外，调查数据还发现，当前社区社会组织在社会管理和秩序维护等传统行政化运行水平较高的领域也发挥了重要作用——近七成社区社会组织承担过社区管理功能，涉及组织居民自我管理、参与处理邻里矛盾、协助政府部门维持社区秩序、帮助政府部门处理信访纠纷、参与解决物业纠纷等领域。

不过，从专业化能力来看，当前社区社会组织仍有较大的提升空间。2018 年调查数据从三个维度呈现出了这一发展特征：第一，超过半数的社区社会组织未配备专职工作人员。一般来说，组织是否配备专职工作人员与组织的稳定性水平以及常态化运行能力有关。组织中的专职工作人员越多，则说明组织越稳定，组织常态化运行能力也越强。此外，这也与组织的动员能力相关，当一个组织的专职人员充足时，其成员间的联系也会更加紧密，由此形成一个稳定的关系网络，组织的动员能力自然会得到提升。据调查，在接受访问的社会组织中，配备了专职工作人员的社会组织仅占 47.81%。这在一个侧面表明，社区社会组织的专业化基础仍有待提升。

第二，配备专业社工的社区社会组织数量有限。组织是否配备专业社工与

组织专业化的社会工作方法和服务能力有关，而专业化的社会工作方法和服务有助于推动社会治理。2018 年调查数据显示，仅有 26.81% 的社区社会组织配备了专业社工，这进一步说明了社区社会组织的专业化服务和工作水平相对薄弱。

第三，多数社区社会组织未配备专业人士。组织是否配备与活动领域密切相关的专业人士，如是否配备律师、会计师等涉及组织运营的专业人士——这些都是影响组织有效应对复杂情况的重要因素。另外，专业人士的配置情况也是组织活动水平的一个客观“指示器”，只有当一个组织的规模足够大，处理的工作日渐复杂时，组织才会需要律师和会计师等类似的专业人士。据调查，未配备专业人士的社区社会组织比例接近 80%，这从一定程度上制约了社区社会组织进一步在治理创新中发挥作用。

总体来看，专业能力不足已成为当前制约社区社会组织高质量发展的重要因素。2018 年调查问卷追问了受访社区社会组织“在承接服务时遇到的瓶颈是什么”这一问题，认为“专业水平不够（50.5%）”的回答者比例甚重。之所以会出现专业化能力不足的现象，一方面归因于当前社区社会组织仍处于发展起步期，且资源汲取能力有限；另一方面的深层原因则与治理转型期多重制度变迁之间的交互效应有关。

如前所述，在多线程改革的推动下，不同治理部门基于不同的治理目标都在推动社区社会组织发展，但不同部门之间的扶持政策、资源保障举措间缺乏联动与系统整合，常常“各自为战”。这在客观上导致了资源投入的“碎片化”效应，更重要的是，这会对社区社会组织形成稳定的发展预期造成不利影响，而若缺乏稳定的预期，社区社会组织就难以在某个既定专业方向上，长期投入资源与积累组织经验，这无疑会影响社区社会组织的专业化发展态势。[1] 以当前社区社会组织发展领域最重要的制度设置——政府购买服务制度为例：购买社区社会组织服务的部门通常来自街镇基层政府的各个业务部门，这些部门在编制购买服务预算时，大多仅从本部门当年的治理任务出发。其结果是：从整体上看，街镇政府购买服务的长期战略模糊不清，且每项购买

---

〔1〕 黄晓春：《当代中国社会组织的制度环境与发展》，载《中国社会科学》2015 年第 9 期。

服务安排的可持续性和稳定性都不足，[1] 这导致社区社会组织很难在某一方面持续发展组织能力——相反，许多“精明”的社区社会组织会根据购买服务的安排，灵活地调整自身活动领域，其结果是：虽然这些组织获得的资源越来越多，但其专业化程度却难以同步发展。就此而言，未来要有效提升社区社会组织的专业化水平，显然仅靠加大投入的政策设置是不够的，还需要对当前多线程改革下政府部门扶持社区社会组织发展的投入模式进行更多的优化改革。[2]

3. 有效嵌入社区多元治理网络，公共性水平仍有待提升

作为“社会协同、公众参与”的重要制度实践载体，社区社会组织要有效发挥治理效能，就必须紧密嵌入于多元治理的基层治理网络中，成为表达多样化社会观点、应对公共治理问题的重要主角。总体来看，经过多年的发展和基层实践中多部门的支持，社区社会组织在嵌入基层多元治理网络这方面已经取得了较大进展。2018 年民政部政策研究中心组织专家在全国多个城市展开的深度田野观察资料也发现，社区社会组织不仅在居民区治理网络中开始占据重要制度性位置，成为居委会开展各类治理工作的重要合作伙伴；[3] 而且开始在街道、乡镇基层党组织和政府搭建的公共治理网络中发挥重要作用，在化解基层的一些治理难题中开始崭露头角。

但许多深入的田野观察也发现，社区社会组织在快速发展的同时，其公共性水平并未同步提升。[4] 在很多时候，社区社会组织更多是作为基层治理部门购买服务的任务承担者角色出现在基层治理舞台上，其代表公众意见、反映

---

[1] 经验研究发现，许多购买服务合同都是一年一议，且常因基层政府治理重心转移、领导更替而变化，总体上缺乏稳定性和持续性。试想在这种购买合同可能随时变化的情况下，承接服务的社会组织在服务领域又怎可能长线投入？田野观察发现：多数社区社会组织存在围绕购买服务协议“随机应变”的发展策略。长此以往，这些受购买服务事项“驱动”的社会组织也就难以专业化了。

[2] 李友梅等：《新时期加强社会组织建设研究》，经济科学出版社 2016 年版。

[3] 2018 年调查数据表明：87.96% 的社区社会组织与居/村委会关系密切，82.68% 的居/村委会在动员居民时不同程度地借力各类社区社会组织。

[4] 李友梅、肖瑛、黄晓春：《当代中国社会建设的公共性困境及其超越》，载《中国社会科学》2012 年第 4 期；徐盈艳、黎熙元：《浮动控制与分层嵌入——服务外包下的政社关系调整机制分析》，载《社会学研究》2018 年第 2 期；蔡禾、黄晓星：《城市社区二重性及其治理》，载《山东社会科学》2020 年第 4 期。

社区多方诉求、表达居民利益的角色有时会让位于治理任务执行者的角色。[1]这些深层问题的出现，不能简单地归因于基层政府的任务导向控制机制，因为很多职能部门在委托社区社会组织承担治理任务时，也很看重其社会代表性和社会性。所以本书认为，社区社会组织公共性水平不足的现象背后，折射出当前多线程治理改革同步推进时存在的一些深层问题，尤其是多领域改革间的衔接问题。

这里仍以社区社会组织获取资源的主要方式——政府购买服务制度为例展开讨论。这项制度的初衷是提高政府部门公共服务的水平，在一个理想的情境下，这项制度需要在三个领域的改革之间建立起高效的动态链接机制：一是要通过自下而上的自治、共治机制来提取公众意见，在广泛讨论并与职能部门协商的基础上形成服务项目清单；二是有关职能部门在吸纳公众意见的基础上，选择具有相应能力的社区社会组织作为服务承担者，并与之签订协议，建立政府购买服务合作关系；三是基于广泛的社会评估和公众意见，购买服务部门对社区社会组织承接服务效能进行评估，鼓励先进做法，并对不足之处提出改进建议等。在这种理想模式下，政府购买服务制度可以将部门购买行为与社区公共性的营造紧密联系起来。但在现实的制度实践中，由于购买服务的部门与推进社区自治、共治的部门通常缺乏紧密联系，于是购买服务决策时常是基于部门主义的考虑而设置的，实际上缺乏与社区自治、共治体系的关联；而服务评估也由具体委托部门来完成，公众缺乏参与性。在这种背景下，承担服务项目的社区社会组织实际上最重要的考虑是与委托部门之间建立密切合作关系，至于其与社会公共领域之间的关联度，则被放在次要考虑的位置。就此而言，多线程治理转型进程之间的松散关联现状，对于社区社会组织的公共性水平就产生了重要影响。

4. 党建引领重要作用凸显，但有效覆盖率仍需提高

随着社区社会组织的快速发展，如何有效地兼顾其发展中的秩序与活力问题就变得越来越重要。近年来，党建引领成为保障社区社会组织发展方向的重要制度举措。从2018年调查数据来看，党建引领的重要作用不断凸显，主要表现在两个方面：一是党建对于提升社区社会组织的透明化运作具有重要意义。调查发现，社区社会组织党建水平与其透明化水平间存在显著正相关，例

---

〔1〕 黄晓星、杨杰：《社会服务组织的边界生产——基于Z市家庭综合服务中心的研究》，载《社会学研究》2015年第6期。

如：建立党组织的社区社会组织公开其财务情况的比重，比未建立党组织的社会组织高 15.1%；建立党组织的社区社会组织其重大决策大多经过民主讨论的比例，比未建立党组织的社会组织高 12.0%。这表明，党建的制度安排有助于提升社区社会组织内部的民主讨论氛围，进而使其透明度进一步提升。二是党建对于拓展社区社会组织的合作治理网络具有重要作用。近年来推进的城市大党建有助于将政府、社会组织、驻区单位以及各类专业组织整合进治理网络，并促成合作治理。调查显示：在已建立党组织的社区社会组织中，有 77.78% 的社会组织是通过合作完成项目，这些社会组织通过党建网络，更好地实现了社区服务与治理任务；而在未建立党组织的社区社会组织中，通过合作完成项目的比例则为 56.25%。这表明党建对于社会组织更好地融入多元化的社区合作治理网络，具有重要的意义。

社区社会组织党建工作覆盖率低这一现象背后有着复杂的制度性原因。田野研究发现，一个相关的重要制度现象是基层党建工作与公共资源投入模式之间关系松散。举例来说，即使在许多治理转型的前沿城市，区域化党建（城市大党建）工作与区域公共资源配置之间也关系松散。在具体操作层面，党建工作往往由街道（乡镇）组织部门落实，而资源配置（尤其是购买服务）则由行政职能部门来操作，由于大量购买服务和资源配置工作实际上“悬浮”于党建工作框架之上，因此，基层党建引领社区社会组织发展也就缺乏更为扎实的“抓手”和切入点了。从这个角度来说，当前党建引领社区社会组织发展面临的深层问题，实际上也与多线程治理转型的松散关联制度特征有着密切关系。

5. 对未来发展空间有较大预期，但缺乏清晰发展思路

党的十八届三中全会以来，国家推进了一系列有利于社区社会组织发展的制度举措。党的十九届四中全会进一步明确了未来社会治理转型的基本方向是“完善党委领导、政府负责、民主协商、社会协同、公众参与、法治保障、科技支撑的社会治理体系，建设人人有责、人人尽责、人人享有的社会治理共同体”，这些都为当代中国社区社会组织发展提供了广阔的空间。在这一总体政策环境下，社区社会组织普遍对未来发展空间有较大预期。2018 年调查数据从多个维度呈现出了这一态势：89.3% 的社区社会组织对成长环境的未来预期持积极态度，认为成长环境会变得更好；72.78% 的社区社会组织愿意进一步

招收全职人员,[1] 而愿意扩大成员规模的比例更是高达86.59%。此外,还有84.64%的社区社会组织愿意承接更多的政府服务项目,这也从一个侧面反映出社区社会组织愿意更多地参与治理的愿望。

良好的发展预期必须建立在清晰的组织发展战略基础之上。唯有如此,社区社会组织的高质量发展才有可靠保障。但调查数据从另一个维度折射出当前许多社区社会组织仍缺乏清晰的发展思路。在问及组织服务所涉及的具体领域时,39.98%的社区社会组织回答在2—4个领域展开服务;高达46.62%的社区社会组织在5个及以上的领域提供服务。这一数据与研究团队在治理转型前沿某城市的一项长期跟踪研究数据相一致,都呈现了当前快速发展的社区社会组织为获取资源而频繁切换服务领域的现象。[2] 考虑到有些领域间的专业要求差距较大,大多数有着明确组织目标和愿景的组织都不太可能频繁切换服务领域。这种现状实际上说明,有相当一部分社区社会组织存在"项目导向"的工具主义发展思路,即主要根据发包部门的指挥棒运转,自身在长期发展战略上缺乏清晰的布局与思考。如果这种现象不改变,那么即使有关部门不断投入资源,社区社会组织的专业化水平和纵深化发展的组织能力都难以有效提升。

这种现象实际上也与当前多线程治理转型背景下社区社会组织发展的整体顶层设计不足有关。由于不同线程改革的着力点不同,因此具有长期考虑、整体规划而又透明清晰的社区社会组织扶持制度就始终缺位。在此背景下,社区社会组织就很难依据明确的政策信号形成清晰的、可持续的组织发展战术。一个典型的例子是,即使在当前购买社会组织服务最前沿的城市,统一归集不同部门购买服务项目并统一运行的招投标平台虽然呼声很高,但实际上一直难以建成,在此背景下,社区社会组织形成以项目为导向的经营化发展特征也就不难理解了。

总体来看,本书所发现和揭示的社区社会组织发展特征都与当前治理转型期,多线程改革之间的互动方式有着密切的关系。由于制度环境一方面鼓励社区社会组织发展;另一方面其内核又存在一定的模糊性和松散关联特质,因而

---

[1] 通常来说,愿意招收全职人员这一指标是社会组织对未来发展预期的重要指示器。由于全职人员需要组织投入较大资源,因此若非组织对未来发展空间有较为积极的研判,通常不会扩大全职人员的规模。

[2] 黄晓春:《当代中国社会组织的制度环境与发展》,载《中国社会科学》2015年第9期。

当前中国的社区社会组织在快速发展中也面临着诸多深层挑战。要化解这些挑战，显然不能再回到“就事论事”的线性思维来思考问题，而是要从中观维度着眼，更多考虑多线程治理转型之间的系统整合问题——这也将对学术界和公共政策研究部门提出更高的研究要求。

四、结语：超越技术治理

本书理论框架倾向于认为：社区社会组织发挥理想的治理和服务功能需嵌入一种整体性的治理框架，得到诸如基层党建、社区自治、公共资源配置、政府运行机制优化等多领域改革的配套和支持。而近年来从各地的改革实践来看，基层政府和职能部门更多的是在技术治理的范畴来推动社区社会组织发展，这取代了整体性的改革逻辑。这种技术治理的社会组织发展机制具有三方面鲜明特征：一是把体制和结构层次的问题化约为行政技术的问题，如把关乎社区多元需求和利益表达的体制性问题化约为“事本主义”“一事一议”的购买服务项目，在项目推进过程中也缺乏和社区现有多元治理结构、社区自治机制间的对接与整合。二是绕过系统整合的改革路径，以松散关联的方式推动相应的社区社会组织扶持制度。比如，基层治理部门理论上都知道建立统一招投标平台的重要性，但在实践中却都回避这一可能牵动整体改革和公共投入模式转变的“存量问题”，不约而同地采用一事一议等更易操作的方法。三是仅从当前行政工作遇到的问题出发来设置项目，缺乏对长期性问题的持久关注。这就容易引发社区社会组织因面临不确定的资源供给格局，而工具主义发展的现象。

这种技术治理的制度逻辑导致了基层实践部门脱离当前中国社会治理转型总体格局，而采用技术主义发展社区社会组织的现状。其后果是社区社会组织发展和治理转型的其他领域间难以形成相互促进的有机联系。这也意味着，研究者对中国社区社会组织的健康发展条件的认识，必然会涉及技术治理及其超越的问题。

本书导论的结语部分试图进一步讨论社区社会组织领域技术治理思维的深层肇因。渠敬东等学者最早指出了当代中国治理转型中技术治理逻辑的日趋浮现，[1] 但该研究并未对技术治理逻辑强化的深层机制进行分析。本书认为，

---

〔1〕 渠敬东、周飞舟、应星：《从总体支配到技术治理——基于中国30年改革经验的社会学分析》，载《中国社会科学》2009年第6期。

当前社区社会组织发展领域技术治理逻辑背后隐含着三方面的深层动因。

首先，社区社会组织发展的政策领域存在复杂的“控制权”配置现象，这导致系统规划和顶层设计难题重重。如导论第二部分所述，在多重转型的制度背景下，越来越多的政府部门开始介入社区社会组织发展的历史进程。除在业务上分管社区社会组织的民政部门外，其他众多政府业务部门都因购买服务制度而或多或少地可能与社区社会组织发展产生交集。不同政府业务部门之间并不存在统属关系，各自关注的治理问题也不尽相同，这意味着在多部门共同介入的背景下，社区社会组织发展领域的政策设置“控制权”〔1〕分布趋于“碎片化”态势，松散关联的政策执行模式也就不难理解了。由于更为系统的制度设置缺位，社区社会组织以技术主义的发展策略来回应制度环境，也就成为其深层发展“瓶颈”的重要肇因。

其次，社区社会组织发展领域深层次改革的激励与风险配置模式，导致了实践中普遍盛行的技术主义发展思路。诸如推动社区社会组织深度参与公共资源配置、构建高度协同的公共服务外包体系等制度要素改革，客观上需要地方政府和职能部门投入较大的改革成本，甚至承担一定的治理风险，但这些领域的产出又较为隐蔽。这意味着面对社区社会组织发展领域的深层次“存量改革”，基层政府和职能部门常常面临激励不足的问题，在此情境下，其更倾向于绕开“存量”，以技术主义的项目化方式扶持社区社会组织发展。这种做法进一步导致了社区社会组织领域改革与治理转型，同其他领域改革之间的不衔接和碎片化发展格局。

最后，在渐进式治理转型进程中，行政部门“对下负责”的压力不足，导致了行政技术性目标时常主导社区社会组织发展逻辑。当前宏观政策要求行政部门强化“对下负责”的意识，但在诸如部门预算设定、公共资源配置等关键环节，“对下负责”的制度安排并未形成刚性约束。〔2〕这导致了政府部门在发展社区社会组织时，更多以部门治理目标来取代公众偏好和社会诉求，由此进一步强化了社区社会组织领域技术治理的运行机制。

这三个方面的因素相互交织、彼此强化，导致了当前我国社区社会组织发

---

〔1〕相关研究可见周雪光、练宏：《中国政府的治理模式：一个“控制权”理论》，载《社会学研究》2012 年第 5 期。

〔2〕周志忍：《政府绩效评估中的公民参与：我国的实践历程与前景》，载《中国行政管理》2008 年第 1 期。

展的制度环境长期被锁定在技术治理层次，现代社会组织发展所依赖的条件和制度要素也就难以成型。因此，未来中国社区社会组织领域的改革，必然要超越技术治理的惯性，尤其要形成有针对性的政策思路，例如：借鉴经济领域统筹发展的组织与制度经验，形成立足于长远的总体性社区社会组织的发展战略，为地方政府和职能部门提供清晰的改革预期；加大公共资源配置的社会多元参与水平，尤其是大力推动更具公共性的部门预算和公共财政制度改革，使行政部门的服务外包更贴近社会诉求；强化社区社会组织制度领域的横向协调与整合水平。这些政策思路也许将成为未来中国社区社会组织深化发展的重要改革切入口。

从操作性维度来看，要有效推进上述改革，一个比较可行的战略举措是进一步强化党建引领下的系统治理创新。我国近年来的治理实践表明，党建引领可以在三个层次有效改善基层治理中多线程改革的松散整合特征：首先，党建引领具有跨部门整合政策网络的功能，〔1〕这可以为基层治理场域中长期、稳定的社区社会组织资源投入模式成型提供重要支持。其次，党建引领可以更好地将职能部门与社区公共性领域联结于一体，为公共意见、公共讨论、公共评估更好作用于职能部门提供支撑——在这种情况下，不同职能部门扶持社区社会组织时的“部门主义”制度逻辑就会受到更大的限制。最后，党建引领可以为社区社会组织发展构建一种良好的组织生态环境，促使社区社会组织之间、与驻区单位之间形成良性合作网络。在上述创新制度格局下，党建治理机制可以更好地以“润物细无声”的方式推动当代中国社区社会组织健康发展，最终为共建共治共享社会治理新格局成型提供重要保障。这也是当代中国治理创新的重要制度特征。

---

〔1〕王浦劬、汤彬：《当代中国治理的党政结构与功能机制分析》，载《中国社会科学》2019年第9期。

上编　社区社会组织的制度环境

与当前普遍从制度文本出发，简单勾勒社区社会组织发展条件和约束的研究不同，本书对“制度环境”有更为复杂的理解。建立在近年来社会科学前沿研究的基础上，我们不仅把宏观政策、法规条文、制度规定等正式文本理解为制度要素，同时还把复杂改革情境中不同层级政府、不同部门面对社会组织的实际偏好和惯常做法，视为制度执行中的重要变量。考虑到自国家治理体系现代化改革目标提出以来，社区社会组织处于多项改革的焦点位置，我们将详尽勾勒多重制度变迁对社区社会组织造成的复杂影响机制。

第一章 激发活力政策范式与社区社会组织的发展机遇

近年来，学术界日趋关注当代中国社会组织在国家治理转型以及社会变迁中所扮演的角色。[1] 尽管不同研究的分析视角不尽相同，但研究者在思考上述问题时都将社会组织所处的制度环境视为研究的基石。这是因为：在一个强国家推动的社会转型历史脉络中，唯有理解社会组织所面临的制度性激励、约束以及机会结构，才能从总体上理解其发展特征以及未来走向。本书也将从理解社区社会组织的制度环境这一基点展开讨论。

一般来说，制度环境既包括了国家层面的政策法规，也包括了在实践中相关主体互动所产生的场域。本章重点介绍前者，从宏观制度层面梳理当下社区社会组织相关的法律法规，并通过历史比较来阐述这一变化对社区社会组织发展所带来的影响。总体来看，法律法规层次的调整与优化为新时期社会组织，包括社区社会组织的发展提供了良好的制度基础。如果说之前国家对社会组织更多采取的是一种“宏观鼓励、微观约束”的态度，那么自党的十八届三中全会以来，社会组织被认为是实现国家治理能力与治理体系现代化不可或缺的重要主体，国家开始逐步构建一种日趋宽松的新型社会组织发展制度体系，政策取向发生了显著的转向。在全面深化改革的背景下，国家对登记制度、准入门槛、配套性法律法规进行了一系列的改革，推动了社区社会组织的发展。与此同时，改革意味着传统监管体制开始面临挑战，在此背景下，如何重新建构针对性更强的社区社会组织的监管体系，成为国家层面的另一大重要议题。本

---

〔1〕 葛道顺：《中国社会组织发展：从社会主体到国家意识——公民社会组织发展及其对意识形态构建的影响》，载《江苏社会科学》2011 年第 3 期；文军：《中国社会组织发展的角色困境及其出路》，载《江苏行政学院学报》2012 年第 1 期；李培林：《我国社会组织体制的改革和未来》，载《社会》2013 年第 3 期；王诗宗、宋程成：《独立抑或自主：中国社会组织特征问题重思》，载《中国社会科学》2013 年第 5 期。

章将分为几个部分：首先，从总体上回顾中国社会组织的发展历程以及传统社会组织监管模式的特点，以便读者清楚地理解社区社会组织发展所处的宏观历史情境。其次，重点介绍当前“激发社会组织活力”政策范式的核心特征，这也是当前理解我国社会力量成长的重要基础。再次，详细讨论当前社区社会组织面对的机会结构与发展环境。最后，立足于优化社区治理体系和社区社会组织生态环境的前瞻性考量，进一步讨论新形势下社区社会组织发展所面临的深层次挑战。

一、改革开放以来社会组织发展的总体脉络

在改革开放以来的不同历史时期里，国家关于如何塑造社会生活秩序体系有不同的战略研判，[1] 随之形成了相应的政策范式。[2] 这些政策范式形塑了特定时期的“国家—社会”关系形态，也对社会组织的发展产生了重要影响。本章在呈现中国社会组织过去四十余年的发展历程的同时，将同步讨论相应制度观念变化的整体轮廓与动力机制。

总体来看，随着社会主义市场经济的快速发展，全能主义的国家角色快速转型，社会组织如雨后春笋般发展起来，逐渐成为不可忽视的重要力量。社会组织这一概念最早出现在 2006 年党的十六届六中全会上，党和国家以此为基础阐述了加强社会管理、维护社会稳定的重要性，之后社会组织就成为一个专有名词。社会组织也可以被称为民间组织、非政府组织（NGO）、非营利组织（NPO）、第三部门（third sector），具有组织性、非政府性、非营利性、自治性与志愿性五个特征[3]。根据现有的法律，社会组织被分为基金会、社会团体和民办非企业单位三种类型。除了法律的分类之外，国内学术界也根据社会组织成立的背景，将其分为官办社会组织和民间社会组织，前者主要指那些由政府发起成立的社会组织，有时也被称为“派生型社会组织”。民办社会组织是指那些由民间人士发起成立的社会组织，有时也被称为“草根社会组织”，民办社会组织具有更强的自主性，其产生、发展和壮大与市场经济的发展以及国家激发社会活力的政策范式密切相关。随着中国经济社会的快速发展，国家日趋重

---

〔1〕 相关研究参见李友梅等：《中国社会生活的变迁》，中国大百科全书出版社 2008 年版。

〔2〕 关于政策范式的具体讨论，本章将在第二部分详细展开。

〔3〕 关于社会组织五个特点的讨论，可以参见 Lester M. Salamon，“The Rise of the Nonprofit Sector”，*Foreign Affairs*，Vol. 73，No. 4，July – August 1994，pp. 109 – 122.

视构建中国特色的社会自我组织模式，并推动不同类型的社会组织均衡发展。

从改革开放以来中国发展的进程来看，社会组织的发展经历了以下几个阶段：

1. 早期发展阶段（1978—1992 年）

在这期间，中国社会组织经历了一个从无到有、由点到面的初期发展阶段。社会活力随着改革开放的启动得到了极大的释放，这一时期社会组织的发展呈现井喷式的增长态势，各类社会组织成为推动中国社会变革一支不可忽视的重要力量。

首先，学术类社会组织的恢复和发展。“文化大革命”结束后，科协系统的各级专门学会纷纷恢复活动，很快掀起了一个全国各地恢复和兴办学术性社团及群众性科普协会的高潮。在整个 20 世纪 80 年代，全国每年成立的学术类社会组织的总数几乎都在 300 家以上，这个过程在 80 年代中后期达到高潮。据 1988 年全国科协和国家统计局发布的信息，到 1987 年年底，中国科协所属全国性学会达到 146 家，科学分会 1555 家，乡镇科普协会 46569 家，形成了遍及全国城乡的学术性社团及群众性科普网络。[1]

其次，社会经济领域涌现出形形色色的社会组织。1978 年 4 月，国务院批准卫生部、外交部《关于恢复红十字会国内工作的报告》，明确红十字会作为人民卫生救护团体恢复国内活动，揭开了公益类社会组织恢复发展的序幕。1980 年 1 月，中央统战部、团中央和全国妇联联合发文，在 11 个城市恢复基督教青年会的活动。从 1983 年起，社会经济类社会组织发展开始步入一个高潮，同年 4 月，国务院出台《关于城镇非农业个体经济若干政策性规定》的补充规定，提出要按行政区划发展个体劳动者协会这类个体劳动者自我管理的群众组织，自此之后，个体劳动者协会得到了快速发展。同时，在中央和地方各级政府的推动下，以国有企业为核心，很快建立和发展起来一个日趋庞大的行业协会体系。1988 年 1 月，一个由 30 家民营企业组成的企业家商会在福州成立，这被认为是中国第一家由民营企业家组成的商会。[2]

最后，各种基金会也开始出现并发展。1981 年 8 月和 9 月，改革开放后最早的两家基金会——中国儿童和少年基金会、华侨茶叶发展研究基金会分别成

〔1〕 田良木、沈晓丹：《中国科协国家统计局首次发布资料：我国现有科技社团 146 个》，载《人民日报》1988 年 6 月 11 日，第 3 版。

〔2〕 许一鸣：《第一个私营企业家协会在福州成立》，载《人民日报》1988 年 1 月 17 日，第 2 版。

立。在随后的两年多里，先后有宋庆龄基金会、中国煤矿文化宣传基金会、孙冶方基金会、中国残疾人福利基金会等十余家基金会成立。据 1987 年不完全统计，当时全国各地经不同渠道审批建立的基金会共 214 个，其中全国性基金会 33 个，地方性基金会 181 个。[1] 这一时期的基金会主要集中在教育、社会和文化三大领域中，在筹资和公益方面发挥了很大的作用。总体来看，这一时期的社会组织在改革开放力量的推动下，呈现出一种爆发性的增长，但由于相关规范性制度的缺乏，这种早期快速生长的状况也带来了潜在的社会风险，随着相应法律法规的出台，中国社会组织的发展开始进入一个新阶段。

2. 规范发展阶段（1993—2012 年）

在这一阶段，中国社会组织制度环境的构建又包括两个不同进程：一是在政治波动背景下国家对于社会组织的严格规范管理；二是在市场经济逐渐发育成熟、改革日益深入背景下，国家开始推动社会组织有序发展。在整个第二阶段，上述两种进程相互交织，构成了具有一定内在张力的社会组织发展模式。从客观来看，国内学术界的一些重要分析概念，如“宏观鼓励，微观约束”“分类控制”等都是基于这一时期社会组织制度环境的深层特征而形成的。

在 20 世纪 80 年代中后期，为推动社会团体的登记注册，国务院于 1988 年 9 月和 1989 年 10 月先后颁布了《基金会管理办法》和《社会团体登记管理条例》。在这两个法规的基础上，民政部开始在全国范围内进行基金会和社会团体的复查登记工作，于 1990 年和 1997 年进行了两次清理整顿，对社会团体进行规范管理，以解决社会组织登记注册上的诸多难题，并在 1998 年 10 月出台了新的《社会团体登记管理条例》和《民办非企业单位登记管理暂行条例》。经过清理整顿，社会团体、基金会和民办非企业单位均纳入统一的登记管理体系，虽然清理整顿让社会组织的数量出现了短暂回落，但很快就恢复了正常。值得注意的是，这一阶段也是双重管理体制逐渐形成时期，并在之后对社会组织发展产生了重要影响。

另外，虽然经历了清理整顿和规范性制度的建设，这一时期的社会组织依然得到了一定发展。随着中国市场经济发展步入快车道，各种工商协会和新兴的商会组织迅速发展起来，登记机关的数据显示，2002—2006 年，行业性社会组织总数从 3.91 万家增长到 5.97 万家，净增 2.06 万家，社会团体的占比

---

〔1〕 民政部民间组织管理局等：《基金会指南》，中国社会科学出版社 2004 年版。

从29%提升到31%。[1] 除了行业协会和商会以外，这一时期还涌现出一批致力于社会公益事业的草根社会组织，早在20世纪80年代，一批国际著名的基金会和非政府组织就进入中国，选择与其宗旨一致的公益领域开展活动。比如1988年，福特基金会在北京设立了办事处，开始积极扶持和资助中国草根社会组织的发展[2]。1995年召开的“非政府组织妇女论坛”，在很大程度上催化了中国草根社会组织的发展，在此前后数年间，在中国的扶贫开发、妇女儿童权益保护、生态环境保护、残疾人福利、城市农民工保障、艾滋病救助等关乎社会弱势群体的各个领域中，都相继出现了一批草根社会组织，如自然之友、地球村、爱知行等。这些草根社会组织中相当一部分没有采用合法登记的形式，这也导致主管部门难以把握其总体规模。[3]

此外，这一时期随着社会自主性水平不断提升，各种形式的俱乐部、联合会、沙龙、车友会等新型结社组织，特别是借助互联网发展起来的网络社团，已经成为人们社会生活中的又一重要组织形式。总体来看，如何在优化社会组织管理体制的同时，有效激发社会活力，成为这一阶段后期面临的重要制度创新问题。[4]

3. 激发活力阶段（2013年至今）

党的十八届三中全会提出了国家治理体系和治理能力现代化的改革战略，在此背景下，国家日益重视社会组织在社会治理体系中的重要作用。《中共中央关于全面深化改革若干重大问题的决定》明确提出，要创新社会治理体制，尤其是“激发社会组织活力”，文件强调：“正确处理政府和社会关系，加快实施政社分开，推进社会组织明确权责、依法自治、发挥作用。适合由社会组织提供的公共服务和解决的事项，交由社会组织承担。支持和发展志愿服务组织。限期实现行业协会商会与行政机关真正脱钩，重点培育和优先发展行业协会商会类、科技类、公益慈善类、城乡社区服务类社会组织，成立时直接依法

---

〔1〕 王名主编：《中国民间组织30年：走向公民社会》，社会科学文献出版社2008年版。

〔2〕 1988年，通过与国务院的特别协议，福特基金会成为首家在北京设立办事处的国际非政府组织，合作方是中国社会科学院。参见 https：//www. fordfoundation. org/our - work - a - round - the - world/china/history/。

〔3〕 王绍光等学者于2004年保守估计中国的草根组织超过80万，有学者认为，有超过九成的社会组织没有登记注册。具体可见高丙中、袁瑞军：《中国公民社会发展蓝皮书》，北京大学出版社2008年版。

〔4〕 国内学术界大抵也是从这一时期开始讨论如何降低社会组织的准入“门槛”，如何优化登记管理制度等问题。

申请登记。”这一文件精神为当代中国社会组织快速发展提供了重要支撑。各地民政部门在此后纷纷改革登记制度，帮助文件提及的四类社会组织简化登记，并提供发展支持。各级政府和职能部门也加大了购买社会组织服务的力度，这在一定程度上缓解了社会组织资源供给不足的长期“瓶颈”。

此后，党的十九大进一步提出“打造共建共治共享的社会治理格局”，强调发挥社会组织作用，实现政府治理和社会调节、居民自治的良性互动。党的十九届四中全会则强调了社会组织在基层治理体系中的作用，文件指出：“健全党组织领导的自治、法治、德治相结合的城乡基层治理体系，健全社区管理和服务机制，推行网格化管理和服务，发挥群团组织、社会组织作用，发挥行业协会商会自律功能，实现政府治理和社会调节、居民自治良性互动，夯实基层社会治理基础。”这一政策精神极大地推动了社区社会组织在全国各地的快速成长。

在上述党的重要文件的指引下，国家层面先后出台了多项法律法规，鼓励和扶持社会组织的发展，使得社会组织的数量呈井喷式增长（见图 1－1）。根据官方公布的数据，截至 2021 年年底，全国共有社会组织 90. 2 万个，吸纳社会各类人员就业 1100 万人。其中全国共有社会团体 37. 1 万个，各类慈善组织（基金会）超 1 万个，民办非企业单位 52. 2 万个。

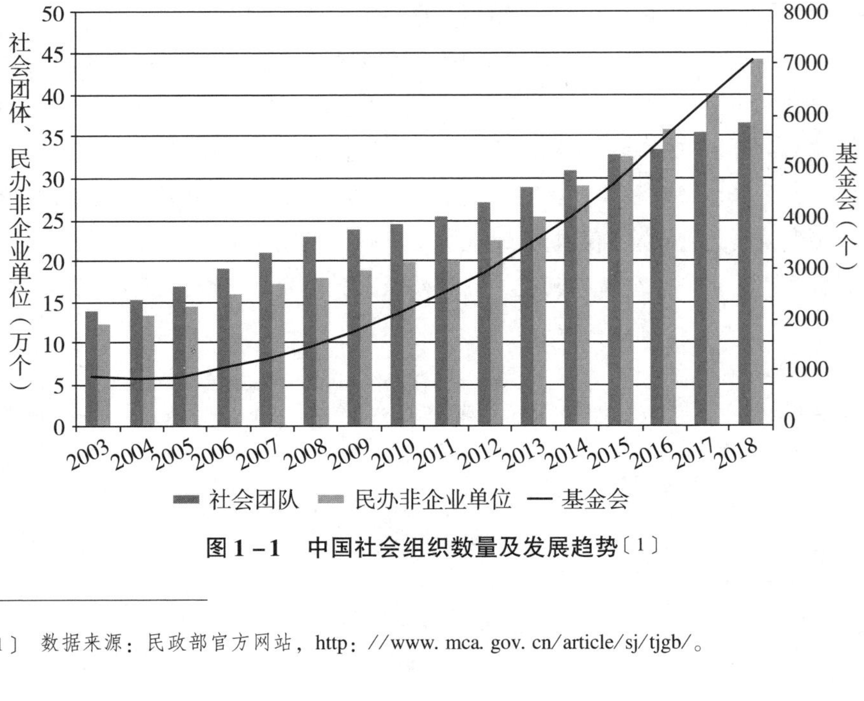

图 1－1　中国社会组织数量及发展趋势[1]

〔1〕 数据来源：民政部官方网站，http：//www.mca.gov.cn/article/sj/tjgb/。

在这一阶段，国家逐步从更高起点上推进社会治理创新，社会组织发展的制度环境变得日益宽松。一些在第二阶段形成、客观上对社会组织发展产生一定影响的制度都得到了修正与改革，当代中国社会组织发展在合法性赋予、资源供给、政策网络支持等方面，都得到了进一步支撑。不仅如此，在地方政府层次，创新社会治理的改革步伐迈得更快，许多地区都成立了社会组织孵化园区，一些地区还在快速探索社区基金会建设，[1] 一种有利于社会组织发展的生态体系初显雏形。[2]

专栏1：以创投和购买服务作支撑，推动社区社会组织迅猛发展[3]

江苏省十分重视社区社会组织的建设工作，省委、省政府及省民政厅出台了一系列政策文件。2014年5月，江苏省委、省政府联合印发《江苏省新型城镇化与城乡发展一体化规划（2014—2020年）》，该规划中提出“推进社会组织健康有序发展，重点培育和优先发展行业协会商会类、科技类、公益慈善类、城乡社区服务类社会组织，成立时直接依法申请登记”。2017年12月，中共江苏省委办公厅印发的《关于改革社会组织管理制度促进社会组织健康有序发展的实施意见》中提出“大力培育发展社区社会组织，降低准入门槛，支持鼓励在城乡社区开展为民服务、养老照护、青少年事务、公益慈善、促进和谐、文体娱乐和农村生产技术服务等活动的社区社会组织发展”，并从指导原则、工作重点、政策措施、组织保障等方面对社会组织发展进行了明确说明。这些省级政策文件的出台为无锡市基层政府的社会组织工作提供了原则性指导。

在上级政府的支持和指引下，无锡市滨湖区河埒街道通过公益创投项目和购买公共服务的形式，激发了社会组织参与社区治理的积极性，拓宽了社区社会组织参与社区治理的服务空间，造福了广大社区居民。

在公益创投上，街道积极开展公益创投活动。2012年，街道试水社区公益创投活动，力图通过引入专业化的社会组织，提供专业化的社会服务。2017年，街道举办了首届公益创投活动，全街道11个社区积极参与，共12个项目入围决赛，经过项目路演和专家评审，街道最终确定8个项目中标，并与相关社会组织正式签约实施。街道在不断加大公益创投资金投入力度，实行“放水养鱼”政策的同时，也更加注重优化资金的使用，力争放好水、养活鱼，不断优化资金的使用，以激发社会组织的活力。2017年，街道出资25万元资助实施了8个公益项目；2018年，街道继续加大投入力度，目前已投入近30万元扶持了9个项目，并希望以资金的活水吸引

[1] 如深圳、上海等地区都开始快速推动社区基金会建设，尤其是上海从2014年市委1号课题以来，显著加大了社区基金会的建设力度，部分区甚至做到了全区所有街道都组建社区基金会。

[2] 在这种社会组织生态体系中，不仅包括了处于生态体系上游的基金会、支持型社会组织，还包括各类专业化组织、资源整合型组织，以及落地的草根组织，各类社会组织之间开始发展出紧密的合作网络。在这个意义上，社会组织内部的分工、分层与合作态势逐渐显现。

[3] 本案例来自陈荣卓：《无锡市滨湖区河埒街道社区社会组织发展观察报告》，民政部政策研究中心2018年组织的全国观测点研究报告。本书对报告进行了编辑和缩写。

更多的“鱼”参与创投，服务广大居民。在加大投入的同时，街道也积极创新社会管理，街道通过企业、基金会等捐赠方的意愿和社区居民需求创意设计公益服务项目，鼓励更多的社会组织和力量参与公共管理和公共服务，大力开展社区服务项目的公益创投活动。

在购买服务上，街道强调有条件的社区要将居家养老、社区参与等专业性服务委托给相关的社会组织，促进社会组织参与社区治理优化公共服务，进一步延伸社会组织参与社区治理的服务领域。街道北桥社区率先成立了全区首家社会化运作的居家养老中心，社区通过购买服务的方式，将养老服务打包成服务项目，交给专业的社会组织服务机构，负责日常运营管理。2018 年 9 月，街道下属的社区居家养老服务中心正式实行社会化运营，实现街道社区居家养老社会化运作全覆盖。

总体来看，街道通过向社会组织购买公共服务，既有利于扶持社会组织的发展，也拓宽了社会组织在社区服务中的领域。社区社会组织在基层治理体系中的作用不断凸显。

置身于当代中国社会组织发展的历史脉络可以发现，正是在制度创新的第三阶段，中国社会力量成长，并逐步进入重要机遇期。下文将进一步深入阐述“激发社会组织活力”政策范式的核心特征，及其对当代中国社会组织发展的重要影响。

二、激发社会组织活力政策范式及其影响

自党的十八届三中全会首次提出“激发社会组织活力”这一政策目标以来，国家开始从多个维度推动社会组织在当代中国社会治理体系中发挥积极作用。作为国家社会治理创新战略的重要构成部分，“激发社会组织活力”不仅指涉价值领域的内容（如增强社会发展活力、推动社会自主性的生长），而且涉及制度建设的基本原则（如适合由社会组织提供的公共服务和解决的事项，交由社会组织承担），且包含大量具体的政策安排（如改革登记制度、推动政府购买服务制度建设等），其内涵的丰富性远超过一般的具体社会政策，因而可以将其视为一种新型的政策范式（Policy Paradigm）。

“政策范式”在新近的比较政治学和政策分析研究中，已逐渐成为一个核心概念。所谓“政策范式”，它“不仅指明政策目标以及借以实现这些目标的政策工具类别，而且还指明它们需要解决之问题的性质”。[1] 作为人们理解公共问题以及思考解决之道时所持的信念和基本价值，政策范式不仅支配着政策

〔1〕 Peter A. Hall, “Policy Paradigms, Social Learning, and the State: The Case of Economic Policymaking in Britain”, *Comparative Politics*, Vol. 25, No. 3, April 1993, p. 275 – 296.

目标和政策工具的选择和设置，而且代表着政策行动的基本框架。换言之，政策范式直接影响着决策者看待世界的方式，并规定他们的角色，这既包括实施政策的实践，也包括国家关于目的与手段之间关系的理解。[1] 简言之，每种政策范式都被特定时期的社会意识形态所嵌入，并都以自己的方式界定了“什么是问题”“如何解决问题”以及问题与政策工具之间的因果机制。如果将近年来频频在党和国家会议决议中出现的“激发社会组织活力”看作一种形成中的政策范式，那么研究者就有可能以一种历时性的视角，将不同时期国家所提到的政策目标、原则和重点放置于一个相互衔接、互为因果的整体之中，进而避免“只见树木，不见森林”的片面理解。

作为一种近年来演进中的政策范式，“激发社会组织活力”主要包含了：

社会自我组织的基础“细胞”。在此情境下，社会组织作为多元社会重要构成部分和“社会细胞”的功能，自然也就得到了极大的关注。知识界和公共政策部门日益清晰地认识到：社会组织并非一个虚无缥缈的学术概念，它对于抵御市场经济背景下，个体工具主义的快速扩张有着重要意义，因而是促成当代“社会团结”的重要机制；[2] 它也是现代公民精神培育的重要基础，是使个体得以超越狭隘的自我利益而关注公共生活的重要组织条件；它还是形塑现代国家与公民间良性相倚、互为监督新格局的重要组织条件。正是在这个意义上，自党的十八届三中全会以来，各级政府都极为重视“实现政府治理和社会调节、居民自治良性互动”的改革目标。

公共服务的重要承载者。由于国家在推进社会建设时更为强调“以民生为重点”，因此在实践层面，各级政府极为注重推动各类社会组织开展公共服务。例如：李克强总理多次在重要会议上提及机构改革问题，并指出“市场能办的多放给市场，社会可做好的就交给社会”。[3] 在这一精神指引下，国家加大了购买社会组织服务的制度设计，许多地区已经形成了规模不小的公共服务外包市场，而社会组织则是这一市场中承接服务的重要载体。以上海为例，2014 年上海市委出台了“创新社会治理，加强基层建设”系列文件，其中就

---

〔1〕［美］弗兰克·道宾：《打造产业政策——铁路时代的美国、英国和法国》，张网成、张海东译，上海人民出版社 2008 年版。

〔2〕高丙中：《社团合作与中国公民社会的有机团结》，载《中国社会科学》2006 年第 3 期。

〔3〕《李克强谈机构改革：“市场能办的多放给市场，社会可做好的就交给社会”》，2013 年 3 月 17 日，载人民网，http://lianghui.people.com.cn/2013npc/n/2013/0317/c359033-20816382.html，2020 年 8 月 6 日。

包括《关于组织引导社会力量参与社区治理的实施意见》等制度设计，这些文件明确提出要加大购买社会组织服务的力度，更好地提升居民对公共服务的满意度和获得感。

多元治理中的重要主体。社会组织之所以会被视为多元治理模式中重要的治理主体，这在很大程度上与其组织特征有关。首先，社会组织来自公众和民间社会的组织属性，决定了其代表着特定社会群体的利益。因此，在社会利益结构和需求结构高度分化的现代背景下，只有吸纳不同社会组织参与到多中心治理网络中去，通过它们之间的协商和互动，才有可能较好地协调社会不同利益群体的诉求，建立长效的社会自我协调机制。这一点已经被西方发达国家的治理实践所证明，无论是政治多元主义国家，还是法团主义国家，吸纳社会组织参与治理对于社会利益协调都具有重要意义。[1] 其次，大多数富有活力的社会组织都具有较高的社会威望和公众信任基础。因此，当这些社会组织参与社会治理时，它们具有较强的公信力和社会说服能力，可以较好地动员居民，以积极、理性、善意的方式来共同维持社会秩序，由此更容易形成具有广泛社会合法性基础的社会秩序。再次，社会组织可以更为灵活地运用多种社会机制来塑造社会秩序，这种组织特征尤其适用于异质性水平较高的现代社会结构。相比政府部门的刚性运作模式和诸多“硬约束”，社会组织可以运用各种灵活的手段来动员、教育社会成员，并维系社会秩序。最后，也是非常重要的一点是，吸纳社会组织开展社会治理，可以有效地提升公众自我协调、自我服务的能力，从而降低各级政府部门的行政治理成本，最终塑造良性的现代国家治理体系。[2] 正因为上述原因，各级政府在打造共建共治共享的社会治理格局时，都日益重视发挥社会组织的作用。

基于上述多维认知，近年来国家在构建“激发社会组织活力”政策范式方面多方发力，推动了系统性的制度创新：

首先，主管部门逐步改革传统登记体制，放宽社会组织的准入门槛。党的十八届三中全会明确提出重点培育和优先发展行业协会商会类、科技类、公益慈善类、城乡社区服务类社会组织，成立时直接依法申请登记。根据这一改革精神的要求，从中央到地方都下放了审批权限，对原有的登记管理体制进行了

---

〔1〕 纪莺莺：《当代中国的社会组织：理论视角与经验研究》，载《社会学研究》2013 年第 5 期。

〔2〕 李友梅等：《中国社会治理转型（1978—2018）》，社会科学文献出版社 2018 年版。

调整。与此直接相关的就是“三大条例”的修订。[1] 由于这四类社会组织可以采取基金会、社会团体和社会服务机构三种组织形式。按照这一规定，现行的基金会、社会团体和民办非企业单位的三个行政法规都需要进行修订。2016年5月和8月，民政部先后公布了三个条例修订草案的征求意见稿，目前已多次召开座谈会进行专题研讨。[2] 三个即将颁布的新条例将进一步优化社会组织发展的制度环境，也将降低社会组织的注册门槛，有助于这几类社会组织的蓬勃发展。

其次，国家开始不断完善社会组织发展和管理的法律体系。针对不同类型的社会组织，相关部门出台了一系列支持性的法律法规，从而为这些组织的发展提供制度保障。最典型的是2016年3月第十二届全国人民代表大会高票通过的《中华人民共和国慈善法》（以下简称《慈善法》）。这是中国最高立法机关审议通过并颁布的第一部有关社会组织的基本法律，推动了慈善组织的主流化。除了慈善组织之外，在相关部门的大力推动下，志愿服务组织这一全新的社会组织进入制度化推进的轨道。2016年7月，中共中央宣传部、民政部等八部委出台《关于支持和发展志愿服务组织的意见》并加快推进立法进程，次年8月，李克强总理签署国务院令出台《志愿服务条例》，志愿服务组织成为又一类重点发展的社会组织。除此之外，社区社会组织成为政策支持和大力培育发展的新的重心。2016年8月，中共中央办公厅、国务院办公厅下发《关于改革社会组织管理制度，促进社会组织健康有序发展的意见》，明确提出大力培育发展社区社会组织。2017年12月，民政部出台《大力培育发展社区社会组织的意见》，规划了未来五年内社区社会组织改革发展的具体目标和政策措施。此外，科技类社会组织、行业协会商会的改革发展和相应的制度建设也提上了议事日程。

最后，国家在监管过程上更注重通过技术手段实现信息公开，以促成对社

---

〔1〕 三大条例分别指《社会团体登记管理条例》《民办非企业单位登记管理暂行条例》《基金会管理条例》。

〔2〕 2016年5月26日，民政部先后就《民办非企业单位登记管理暂行条例（修订草案征求意见稿）》和《基金会管理条例（修订草案征求意见稿）》公开征求意见，具体可参见中央政府门户网站，http://www.gov.cn/xinwen/2016-05/26/content_5077073.htm，2020年8月6日；http://www.gov.cn/xinwen/2016-05/26/content_5077075.htm，2020年8月6日。2016年8月1日，民政部就《社会团体登记管理条例（修订草案征求意见稿）》征求意见，具体可参考民政部门户网站，http://www.mca.gov.cn/article/hd/zqyj/201609/20160915001954.shtml，2020年8月6日。

会组织的精准监管。在《慈善法》出台之后，主管部门陆续出台一系列依据《慈善法》的信息公开等新制度，包括《关于慈善组织开展慈善活动年度支出和管理费用的规定》《慈善组织信息公开办法（征求意见稿）》《慈善组织保值增值投资活动管理暂行办法（征求意见稿）》《社会组织信用信息管理办法》等。截至2019年，已正式公布或征求意见的新制度多达20多项，涉及慈善组织的内部治理、运营管理、募捐活动、保值增值、薪酬水平等方方面面，这些新制度和三大条例一起，建构起慈善组织全新的制度框架。而且《慈善法》规定的三大信息平台，即指定信息平台、统一信息平台和慈善组织自建网站的建设均已启动，慈善组织信息公开的基础设施建设已全面展开并初见成效。

总体来看，上述制度为我国社会组织的快速发展提供了重要支持。不过，在新的发展阶段，如何更好地进行高质量监管和引导的问题也变得日益凸显。尤其是在越来越多的政府部门开始以“购买服务”的形式扶持社会组织发展的新背景下，如何构建高度整合与协同的新型社会组织服务与管理制度网络，就变成了新时期治理创新的重要任务之一。

专栏2：南京市鼓楼区构建社区社会组织发展体系〔1〕

为充分发挥社区社会组织在促进社区服务、加强社区治理、构建和谐社区等方面的积极作用，南京市按照“政策创制、全力扶持、积极培育、快速发展”的工作思路，加大社区社会组织培育发展创新力度，力求逐步形成结构优化、功能完善、自律规范、作用明显的社区社会组织发展体系，推动建立“政社分开、权责明确、依法自治”的社会组织管理新体制。按照民政部、江苏省民政厅关于创建社会组织建设创新示范区的要求，南京市着力从社会组织的发展环境、服务管理、能力建设、作用发挥四个方面创建标准入手，积极推动社会组织登记制度改革，降低社区社会组织登记条件，坚持以分类发展的原则，加大对社区社会组织的资金支持、场地扶持、税收优惠、培育支撑，以鼓励和引导社区社会组织积极参与社区事务治理和社区服务供给，推动社区社会组织的健康发展。

2013年，为贯彻落实南京市民政局《关于进一步促进社区社会组织发展的意见》，鼓楼区民政局制定发布了《关于调整鼓楼区2013年度社会组织发展考核指标的通知》，要求将“每万人拥有社会组织数量”的衡量指标，由“社会组织数/户籍人口数”变为“社会组织登记数/常住人口数”，争取每万人常住人口拥有社会组织的数量达到9个，并针对不同街道辖区的社区数量，下达新增社会组织数量的目标任务，要求通过降低社区社会组织的注册开办资金要求、办公场所要求，简化年检、评估程序，强化全程服务，快速培育发展社区社会组织。自此，鼓楼区利用组织平台建设、资源配套扶持、政策规章引导等方式，逐步建立起社区社会组织发展体系，

〔1〕 本案例来自林闽钢：《南京市鼓楼区社区社会组织建设观察报告》，民政部政策研究中心2018年组织的全国观测点研究报告。本书对报告内容进行了编辑和缩写。

以充分吸纳社区社会组织主动承接社区治理事项和社区服务项目。

第一，依托组织平台，建立社区社会组织孵化培育体系。鼓楼区依托区社会组织发展中心、街道社会组织发展促进会、社区社会组织服务中心“三级平台”服务网络，每年设立社会组织发展专项资金，以“微创投”的形式精准资助具有良好成长性的小微社区社会组织，形成以“区培、街引、社用”为特征的社区社会组织培育发展阵地。依托街道便民服务中心和社区服务站，在社区建立社区公益室，会聚社区公益人才，以培育扶持草根型社区社会组织为主，鼓励社区社会组织承接社区公共服务和政府委托事项。依托街道社区综合服务中心，以先进典型为示范，吸引各类社会组织进入社区，建立社区睦邻中心，提供专业化的帮困助残、文化教育、法律服务、心理咨询等服务，构建起政府基本公共服务、志愿公益服务、社区便民利民服务互联互补的社区服务供给模式。依托“三级平台”服务网络，创新“以社助社”理念，加强同类社区社会组织的沟通交流，发挥同类社会组织的整体合力；创新“以社孵社”“红色孵化”理念，建立社会组织及其党组织“双孵化”基地，实行社会组织与党组织同步培育组建、同步登记承诺、同步年检述职、同步评估评议、同步换届调整。为进一步加强社区社会组织基层党建工作，鼓楼区将建立健全社会组织联合党委工作机制，推动街道设立社会组织联合党支部，为社区社会组织提供党建指导，实现党的组织和工作在社会组织领域的有效覆盖。

第二，整合项目资源，构建社区社会组织扶持激励体系。鼓楼区每年利用市、区 1:1 两级财政配套资金，为每个社区设立 20 万元为民服务资金，鼓励公益慈善类社区社会组织申请为民服务专项资金，开展老人、儿童社会服务。每年设立 300 万元社会组织发展专项资金，重点扶持枢纽型社区社会组织，支持建立社区型基金，完善社区社会组织与社区治理联动机制。每年定期公布公益创投项目招标竞标公告，创新公益创投方式，启动区、街道、社区三级公益创投联动机制，借助社会公益服务项目洽谈会、社区服务资源和项目对接会、公益慈善项目推介会、公益创投项目培训会、微公益创投等平台，主动向社区社会组织推介社区服务资源、公益创投项目，已累计为社会组织提供公益创投资金 1679 万元。

鼓楼区依托“三级平台”服务网络，联动高校、专业机构等力量，建设集培育扶持、公益创投、信息服务、培训交流等多种功能的众创空间和众善空间，定期举办社区社会组织能力建设培训班，采取“名师讲堂”、户外拓展等形式，组织专家学者围绕社区治理、品牌建设、公益项目管理设计、公益项目财务管理等主题，集中对社区社会组织进行专题授课，利用参观考察、交流互动等户外活动，增进各类社区社会组织间的协同合作。在社区社会组织人才培养方面，鼓楼区致力于建立社会组织管理信息大数据库，培育挖掘社会组织领军人才和专业人才，建立“青年志愿联盟—社会组织之星宣传推介—纳入青年人才库”梯队人才培养机制，造就高素质、职业化的社会组织人才队伍。区有关部门建立优秀社工人才库，定期对社会工作者进行岗位任职培训、综合素质培训、社区实务技能培训，将社区社会组织培育和发展列入社工培训课程内容。

在整合社区服务项目方面，鼓楼区致力于打造社区双拥工作站示范点，创新公益慈善类社区社会组织服务模式，为军休人员提供老年饭桌、心理咨询、健康保健、老年茶吧、陪医购物等个性化服务。区民政部门借助区、街道、社区三级联动机制，引进专业社会组织开展困境儿童帮扶救助，提供法律援助、心理咨询、寄养家庭评估、困境儿童状况评估等专业化服务；鼓励支持专业社会组织连锁经营社区居家养老服务，推广“中心厨房 + 助餐点”“日托所 + 助餐”模式，开展“就餐、配餐、送餐”服务，推动助餐点转型升级为生活管家，以助餐服务为基础，积极拓展助浴、助洁、助急、助医、助乐等定制服务和文化娱乐、康复护理、心灵茶吧、音乐照顾等特色服务；采取“政府资助、社会运作、民众受益”的运营模式，开展社会组织服务项目购买，将街道便民服务中心打造成为集社区事务、居家养老、残疾人托养、文化活动、慈善事业等多位一体的综合性服务体。

第三，健全规范机制，优化社区社会组织监督管理体系。在规范社区社会组织登记管理和运营方面，鼓楼区改进优化社会组织登记流程，建立完善公益慈善类、社区服务类社会组织直接登记制度，简化社区社会组织变更登记手续；健全政府购买服务资金投放机制，规范明确社区社会组织资金获取的主体资格、合同管理和绩效评估；规范社会组织运营机制，制定完善社会组织运营流程和标准，健全社会组织内部规章和诚信自律机制。为监督引导社区社会组织健康发展，区民政局制定实施社会组织年度检查办法，按照网上填报年检信息、按时报送书面材料、依法组织审查、公布结论公告的检查流程，重点检查社会组织的活动开展、人员机构变动、重大活动开展报告备案、财务管理、党建工作等方面的情况。民政部门根据年检结果做出限期整改、撤销登记等相应的处罚措施；整合记录社会组织申请受理、信息采集、登记管理、业务开展、年检数据等信用信息，强化社会组织评估工作，引入第三方评估机制，将评估等级与年度检查、税收优惠、资金扶持、购买服务等政策挂钩；建立社区社会组织考评激励机制，定期开展社区社会组织评优表彰活动，利用“优秀公益社会组织”“优秀公益品牌服务项目”“公益社会组织优秀人才”等荣誉称号，激励先进社区社会组织和个人，发挥其典型示范作用，充分调动社区社会组织的积极性。

在“激发社会组织活力”的政策范式影响下，社区社会组织的发展得到了更多的制度性聚焦。这其中有三方面的缘由：第一，社区社会组织总体上在城乡社区开展活动，主要以提供社区公共产品的形式获得资源，因此其对于基层治理体系创新具有重要意义，更易于获得支持。第二，在新型社会组织发展监管模式还在探索的背景下，发展社区社会组织相当于将社会组织发展紧密嵌入于基层治理网络中，各级部门可以依托基层党组织、居/村委会等已有的成熟治理网络，更好地行使对社会组织的服务、监督与引导功能，因此，发展社区社会组织，实际上含有以“属地化”管理思路来补充和完善传统的“上级主管部门”监管模式的意涵；第三，近年来，随着区域化党建、城市大党建等创新举措不断推进，基层治理领域中各部门协同治理的水平有了显著的提升，这也意味着在基层社区的范畴内发展社会组织，更易于实现多部门联动支持。就此而言，发展社区社会组织的举措，实质上带有自下而上积累制度经验和推动更广泛制度创新的意义。

三、社区社会组织发展的制度空间与机会结构

上述分析有助于从宏观视角厘清社区社会组织发展的历史背景。总体来看，社区社会组织步入发展快车道不仅与国家日益注重激发社会活力的政策范式紧密相关，还与当代中国社区管理体制的转型变迁紧密结合。本章这一部分首先将对社区社会组织的特征与功能展开简要阐述，进而讨论在“激发社会组织活力”政策范式下，社区社会组织发展的制度空间，及其对基层治理体系的重要影响。

1. 社区社会组织的基本特征与功能

1991 年国家提出社区建设的政策思路，强调在发展社区服务的同时不断提升社区居民自我管理、自我教育、自我服务的能力，最终实现高水平的基层群众自治。这一政策的形成与发展是传统单位制快速解体的必然后果，国家试图通过推动从单位制向“社区制”的转变，以实现对社会的有效整合。[1] 自 20 世纪 90 年代开始的社区建设高潮，引发了当代中国基层社会生活领域国家与社会关系的深度调整，这也为社区社会组织的发育带来了契机。进入 21 世纪以来，随着许多地区开始深度推进社区公共服务体系建设，社区社会组织发展也获得了更多的资源保障。北京、上海等地更是出现了一些推动社区社会组织深度嵌入基层治理体系的重要制度创新，例如：2002 年，上海长寿路街道成立了社区民间组织服务中心，这也是中国第一家社区民间组织服务中心；北京市西城区于 2005 年年初成立了社区民间组织服务中心，并出台了《关于积极培育民间组织参与和谐社区建设的若干意见（试行）》等文件。政府通过奖励、补贴或购买服务等方式扶持社区社会组织，积极鼓励社区社会组织承接政府转移出来的职能。党的十八届三中全会以来，社区社会组织增长势头迅猛，从活动领域来看，城市社区社会组织主要以文体活动类、志愿服务类、慈善公益类、社区事务类为主，其中又以文体活动类所占比例最大，在很多城市社区都占到 50% 以上。

与其他类型社会组织相比，社区社会组织有其鲜明特征。首先，这类组织具有较强草根性。其产生于社区，活动领域也集中在社区，通常是距离基层社会的各类需求和问题最近的社会组织。其次，社区社会组织规模较小。一般来

---

〔1〕 何海兵：《我国城市基层社会管理体制的变迁：从单位制、街居制到社区制》，载《管理世界》2003 年第 9 期。

说，这类组织主要以满足社区居民的需求为目标，其对于成员人数、组织架构以及活动资金的要求都不高。就此而言，多数社区社会组织的影响力较小，多集中在本地社区。再次，此类社会组织的组织化水平松散。多数社区社会组织由社区能人组建，主要围绕群众关心的问题和兴趣领域开展活动，其组织化程度较低，缺乏清晰的组织发展战略与长期目标。最后，社区社会组织的灵活性强。其可以根据社区治理的实际需要灵活调整组织运行方式，因此其是社区"拾遗补缺"型服务的理想供给者。

虽然社区社会组织规模不大，但其对于基层治理创新和重建社区生活共同体却有着重要意义。总体来看，学术界对于社区社会组织功能的讨论多集中于以下几个维度：

首先是社区自治的维度。在社会的需求结构日益分化的新背景下，政府已难以对基层的各方面的事务进行全面管理，在此背景下，基层自治被认为是新形势下解决基层问题的重要方式。一般认为社区社会组织是社区居民自治的重要组织载体，社区居民通过行使自身的结社权，组成社区共同体以维护自身利益，因此社区社会组织与居委会、社区居民一样，都是社区自治的重要主体。一方面，社区社会组织有利于将居民组织起来，为其提供参与社区公共事务的渠道，有助于其实现自我教育、自我管理。另一方面，居民通过社区社会组织有助于其实现社区民主自治的有序化，通过建立协商对话机制，社区社会组织能够成为政府与不同群体沟通的重要桥梁。

其次是社会资本的维度。社会资本理论是关于公共参与的重要理论。美国学者帕特南认为，社会资本的衰落是西方民主制度出现各种危机的根源，而扎根于社区的社区社会组织则是维系社会资本的重要保障。[1] 公民通过参与各种志愿性社团所形成的互惠、信任、合作等规范，有助于社会治理水平的进一步提升。很多学者认为，不同公民群体之间的横向社会网络对集体行动有积极影响，内部之间的强关系连接对于提升内部凝聚力有着不可替代的重要作用。社区社会组织则提供了这样一个场域，为社区的有效治理提供了保障。[2]

---

〔1〕 关于这一部分的论述，请参见［美］罗伯特·D. 帕特南：《使民主运转起来》，王列、赖海榕译，江西人民出版社2001年版。

〔2〕 具体见 Juliet A. Musso, Christopher Weare, Nail Oztas and William E. Loges, "Neighborhood Governance Reform and Networks of Community Power in Los Angeles", *The American Review of Public Administration*, Vol. 36, No. 1, March 2006, pp. 79－97；徐林、许鹿、薛圣凡：《殊途同归：异质资源禀赋下的社区社会组织发展路径》，载《公共管理学报》2015年第4期。

最后是政府职能转移的维度。随着政府职能的不断调整与优化，政府不再是所有公共服务的提供者，而是规划者、组织者和引导者，社区社会组织则成为承担公共服务的重要载体。政府通过购买服务、孵化培育等方式，为社区社会组织提供活动的场地和资金，让社区社会组织替代社区行政组织的直接服务功能，从而促进基层政府的职能转变，构建和谐社区。

随着社区社会组织的快速发展，我国城乡社区治理体系得到进一步优化，尤其是社会参与内生动力不足的问题得到了一定缓解。另外，社区社会组织的成长也为我国进一步完善“党委领导，政府负责，民主协商，社会协同，公众参与，法治保障，科技支撑”的社会治理体系提供了重要的基层组织载体。

2. 新时代社区社会组织的发展机遇

自20世纪90年代社区建设深入推进以来，社区社会组织就开始登上基层治理的历史舞台。在北京、上海等特大城市社区建设的前沿，一些群众自发组织的社区社会组织，在公共服务、纠纷调解等领域开始崭露头角。例如：自1996年开始，在上海市精神文明办公室的倡导下，一些街镇就组建了志愿者团队，有些志愿者团队定期在社区活动，通过社会机制识别社区问题，并与居委会联合开展活动，这些组织在一定意义上具有社区社会组织的特征。[1] 但总体来看，在“激发社会组织活力”政策范式形成之前，社区社会组织发展总体仍面临一些困境，主要表现为：制度准入“门槛”高，多数小型社区社会组织难以合法登记，也就无法进一步获取资源和谋求发展；基层政府支持力度有限，许多社区社会组织难以获得发展机会；[2] 公众对于社区社会组织的认识与信任度有限，导致此类社会组织难以在更大范围内动员社会力量等。

上述情况在党的十八届三中全会，尤其是党的十九大后有了根本的变化。随着“激发社会组织活力”政策范式的形成与发展，社区社会组织获得了广阔的成长空间，其自主性水平不断提升，逐渐在社区治理体系中扮演着重要角色。主要表现为：

制度空间不断拓展。在各地政府深入贯彻党的十八届三中全会关于四类社

[1] 上海市社会科学界联合会、上海市民政局、上海市社区发展研究会：《上海社区发展报告(1996—2000)》，上海大学出版社2000年版。

[2] 虽然一些社区社会组织可以依靠各类策略突破现实中所面临的各种约束，但总体来看，这些策略高度依赖于组织领导人的身份与行动智慧，具有较大的偶然性和不确定性。就此而言，对于多数社区社会组织来说，其行动空间仍较为有限。相应研究可见张紧跟：《从结构论争到行动分析：海外中国NGO研究述评》，载《社会》2012年第3期。

会组织直接登记的改革精神过程中，社区社会组织的登记难问题得以快速化解。许多地区的基层政府都为社区社会组织提供了资金、场所和各类扶持措施，尤其是基层党组织更是为社区社会组织进入基层治理网络提供了重要的支持机制。在一些治理转型的前沿地区，社区社会组织借助区域化党建的制度网络，可以跳出居民区，在街、镇甚至更大范围内开展各类公益活动。此外，随着购买服务制度的不断发展，越来越多的政府职能部门开始加入到购买社区社会组织服务的行列中来，诸如绿化、司法、城市建设、环保等传统上与社会组织打交道较少的职能部门，都常因其项目落在社区而开始以购买服务等形式支持社区社会组织开展针对性活动。这些部门在支持社区社会组织发展时，更多依靠规则、法律和竞争淘汰等机制，来实现对社区社会组织的监管与引导，较少直接运用传统的行政机制来干预社区社会组织发展，这些都为社区社会组织的快速成长提供了重要支持。

资源获取渠道开始呈现出多样化态势。随着《慈善法》等相关法律的出台，社区社会组织的资源获取途径有所拓展。一方面，社区社会组织可以依据相关规定注册成为慈善组织，进而直接获得向社会筹款的资格。另一方面，自《慈善法》颁布以来，慈善组织的大规模增长在一定程度上推进了社会资源的流动，其中一部分资源就流向了承担公益使命的社区社会组织。上述两方面的变革都为社区社会组织获取资源提供了更多制度化的渠道，有助于其提高组织能力，进而将更多的资源投入到专业性的社区建设活动中。不仅如此，这些新变化也在一定程度上推动了社区社会组织以社会需求为导向开展各类活动，更好地回应社区治理的深层需求。

社会支持体系日趋完善。近年来，国家日益重视在创新社会治理中强化基层自治能力，并培育社会自我协调机制，这为社区社会组织的发展提供了重要的社会支持基础。其中，志愿组织的发展更是为社区社会组织的成长提供了重要力量支持。很多研究指出，社会资本对于社区治理具有重要作用，社区社会资本的提高有赖于更多的社区居民参与到志愿活动中，[1] 而国家对志愿组织的支持将为社区社会组织的运作提供足够的人力资源。志愿组织的发展在一定

---

〔1〕 这一点在中西方都得到了一定程度的体现，参见 Julie Cencula Olberding and Whitney McIntyre Miller，"Building community together：A study of inter – neighborhood collaboration and development in Cincinnati，Ohio"，*Community Development*，Vol. 49，No. 2，March 2018，pp. 175 – 190；赵小平、毛佩瑾：《公益场域中的"市场运作"：社会组织建构社区社会资本的机制创新》，载《中国行政管理》2015 年第 11 期。

程度上改善了社区社会组织运作的环境。在许多地区，居民通过参与志愿活动，强化内部的连结和凝聚力，扩大对社区公共事务的参与，这有助于社区社会组织更好地开展工作，提升社区治理绩效。

如果说上述转变主要是由近年来社会领域宏观政策改革促成的，那么在微观实践层次，基层政府更是为社区社会组织发展构建了一种重要的微观制度环境，并对后者发展产生了重要影响。

基层政府（包括乡、镇以及城市的街道办事处的党政机构）是发展与管理社区社会组织的最直接政府机构。一方面，它们通常直接面对社区需求、公众意见，因而比较系统地掌握着辖区内经济、社会发展状况等具体信息；同时，它们也是区域内公共资源配置的最主要力量；此外，它们还掌握着基层社会的治理网络。[1] 因此，从理论上来说，基层政府可以非常有效地影响各类社区社会组织的发展。就此而言，理解基层政府所建构的社会组织发展微观制度环境，就具有格外重要的现实意义。另一方面，在复杂的基层治理实践中，基层政府也身处不同的考核体系与治理竞赛之中，这导致其在不同场合与情境中，会对社会组织产生不同的预期。[2] 总体来看，近年来各地的基层政府逐步发展出一整套以“项目制”为切入点的社区社会组织扶持与管理机制。

这种项目制机制具有“事本主义”的特征，在操作上更具灵活性。[3] 即：有关部门把公共服务打包成一系列的项目，项目发包方规定其预期成效和成本费用，并把项目发包给相应的承包方来承担。随着创新社会治理的呼声日强，社区中的各类社区社会组织作为“社会协同”的重要组织载体，逐渐成为承接各类社区公益项目的主体。在本书涉及的所有案例中，基层政府虽在公共财力上有较大差别，但都无一例外地每年设立专门化项目资助社区社会组织服务社区。从这个意义上来说，项目化不仅成为基层政府提供公共服务的一种新形式，也成为社区社会组织获得资助的重要来源。

随着项目化在基层实践的日趋普遍，基层政府管理社会组织的路径和方式也发生了重要变化。已有研究在论述社会组织管理“瓶颈”时，曾指出国家的现有社会组织管理制度基本上是“入口管理”，即只在社会组织登记、年检

[1] 这一治理网络由居委会、楼组、居民区党支部等基层组织编织而成。

[2] 关于这一点，本书第二章还将进一步详细讨论。

[3] 关于这一制度形态的深层特征，可参见渠敬东：《项目制：一种新的国家治理体制》，载《中国社会科学》2012 年第5 期。

时进行资质鉴定，但对于社会组织的实际运行过程则缺乏管理的切入口。但在项目化的背景下，这种情况有了很大的变化——由于项目化本身需要对项目的目标、运作过程、成本核算以及考核方式都作出约定，因此基层政府的相关部门作为项目发包方便能够以恰当的方式对接受项目委托的社区社会组织进行基于项目运作的过程管理。在此过程中，社会组织的资金利用、活动组织乃至人员配置情况都进入了制度管理的“可视”状态。

但此外，基层政府运用项目制发展社区社会组织，也有可能会导致后者在追逐项目中过于注重发包部门的关注点，从而削弱自身的社会属性。这在一定程度上可能会强化社区社会组织对体制的依赖性，其公共性水平的提升则会受到深层影响。就此而言，如何对基层治理体系中社区社会组织发展所依赖的项目制进行深层改革，以更好地提升社区社会组织自主性，就成为当下社会领域制度创新的重要着力点。

专栏3：上海市浦东新区塘桥街道构建社区社会组织发展新格局〔1〕

自2004年确立“温馨塘桥”的发展定位开始，塘桥街道积极引入和培育社区社会组织，在10余年的改革实践中开展了大量的创新实践，尤其是2009年进一步明确了大力发展社会组织、培育公益文化的发展思路之后，〔2〕街道加强了对培育和发展社区社会组织的顶层设计和机制探索，成为上海市社区社会组织参与社区治理的示范标杆。其主要做法有：

1. 完善政府购买服务规划

塘桥街道自2004年开始，积极探索政府购买社会组织服务的运作模式，通过十余年的实践逐步形成了系统化、规范化的运作模式。2013年9月，塘桥街道出台了上海市首家街镇层面的政府购买服务纲领，包括《街道关于购买社会组织服务的实施意见》《街道办事处职能转变目录》《街道办事处购买社会组织服务目录》《塘桥社区社会组织承接服务资质目录》。这四个政策文件首次明确了街道转移职能以及社区社会组织承接的内容、运作方式和监管评估方法，促进了街道与社区社会组织之间的有效对接，为社区社会组织的发展指出了可预期的方向，有利于对社区社会组织参与服务供给进行整体性规划。2014年街道进一步明确政府购买服务的6个工作机制，包括信息公开机制、购买准入机制、合同报备机制、绩效评价机制、购买推出机制、项目定价机制，建立了一套监督和考评社会组织的全流程机制。在街道购

〔1〕 本案例来自黄晓春：《上海市浦东新区塘桥街道创新社区治理观察报告》，民政部政策研究中心2015年组织的全国观测点研究报告。本书对报告内容进行了编辑和缩写。

〔2〕 2009年，街道制定了《2010—2015年“温馨社区，宜居家园”发展纲要》，提出了“社会管理社会化、社会建设民主化、党的建设整体化”的建设思路，力求走出一条大力发展社会组织、培育公益文化的发展道路。

买服务的积极信号下，社区社会组织在数量和类型上迅速发展。这些社区社会组织活跃在养老健康、助残、就业、托管、教育文化、生活服务、社会救助、经济服务、工程监理等各个领域，服务内容更加多样，服务对象的覆盖面更加宽广。与此同时，街道积极支持188家群团组织参与社区服务，引入外部各类资源，鼓励社区社会组织参加公益项目招投标，截至2015年年底，街道社区社会组织已经获得上海市公益招投标项目9个，公益金180万元。2013年街道引入区域外资金166万元，2014年引入233万元。在街道的积极支持下，塘桥社区社会组织能够广泛参与到社区治理中，已经成为政府职能转型的重要帮手以及社区服务的重要供给者。

2. 探索自下而上的服务供给机制

早在2010年，塘桥街道便成立了上海首家由街道负责人和居民代表组成的民生基金，[1] 专门设立由街道集体资产经营收益和社会各界募捐组成的、旨在提升政府公共服务水平的社区公益项目基金，来扶持和培育社区社会组织发展。社区公益项目资金的不同之处在于，其中的50%由社会各界募捐而得。2010年民生基金筹款460万元，支出410万元，支持了19家社会组织提供社区服务。2013年，街道重组民生基金管理委员会，运用53万元民生基金，举办"益暖塘桥"公益活动，在上海市首推"微公益"活动。"微公益"旨在激发居民参与社区治理的活力，由居委会或个人提出服务需求和计划，进而申报公益项目，搭建"人人公益"的平台。自2013年开始，"益暖塘桥"社区公益服务项目已连续开展多年，累计开展了110个项目，已经成为塘桥社区社会组织培育的新品牌。

3. 搭建多层次社区社会组织网络格局

2009年以后，塘桥街道逐步形成了以社会组织服务中心为枢纽，对社区社会组织进行引导、扶持、监管和评估的网络格局。近年来，塘桥街道逐步加强对枢纽型社会组织的扶持和培育：2014年成立了社会组织党建联合会，拓展了协同共治平台；2015年成立了塘桥自治联盟，旨在凝聚社区内各类自治组织和自治团队，推进"多领域、全覆盖"的群众自治体系。时至今日，社区内已经形成"服务类""支持类""研究类""评估类"四大类社会组织，活跃在社区治理的各个领域。总体来看，现今塘桥街道正在逐步形成以社会组织服务中心为"大管家"—支持类枢纽组织—服务类、研究类社会社会组织的组织生态网，为进一步完善和优化社区公共服务体系奠定了基础。

4. 以党建引领社区社会组织发展

2012年以后，塘桥街道逐步形成了"1+X+1"社会组织党建模式。[2] 在此基础上，街道于2014年成立了上海市首家社会组织党建联合会，吸纳了73家社会组

---

[1] 民生基金由市民综合帮扶基金、慈善公益联合捐、公益项目基金三部分组成。

[2] "1+X+1"社会组织党建模式，是构建以塘桥社区社会组织服务中心党支部为枢纽，以注册和开办在社区内的各个社会组织党组织为主体，以专业从事党建服务的社会组织先锋志愿服务社为支撑的工作模式。"1"是指社会组织服务中心党支部，作为枢纽型的党组织，承担孵化培育职责，在政治上发挥引领聚合作用，在沟通上发挥桥梁纽带作用，在服务上发挥平台载体作用。"X"是指各个社会组织的党组织，其作为基础型的党组织，承担服务发展职责，在做好党员服务，促进社会组织推进公益民生、推动文化繁荣和带动社区发展上发挥作用。"1"是指先锋志愿服务社，作为专业从事党建服务的社会组织，在开展党员培训、党员干部带教等方面通过项目化提供专业支持。

织进入联合会，制定了《塘桥社区社会组织党建联合会章程》《塘桥社区社会组织党建联合会选举办法》《塘桥社区社会组织党建联合会理事建议名单》，进一步提升了街道党工委领导下的“1+X+1”模式，创新探索社会组织参与区域化党建大格局的途径和方法。2015年街道制作了《社会组织党建联合会会员集群录》，进一步加强了塘桥社区党建联合会、社会组织党建联合会、在职党员理事会等党建载体协作联动，以党建引领、凝聚、提升社区社会组织参与社区治理的方向、资源和能力。

随着社区社会组织日益嵌入基层治理网络，一种多元参与的新型社区治理生态环境逐步成型。如何在社区社会组织与基层政府、居委会、业委会以及驻区单位之间建立起高水平合作治理网络，逐步成为事关社区治理质量和社区社会组织发展水平的重要问题。

四、社区社会组织发展与组织生态环境优化

在传统的社会组织研究中，论者述及“社会组织发展环境”时通常指涉的是政社关系，以及围绕这一关系而形成的制度体系。但当我们把关注点聚焦于社区社会组织时则会发现，多数社区社会组织在发展中不仅会遇到如何与政府部门打交道的问题，还会面临如何与居委会、其他社区自治组织及驻区单位之间处理好关系的挑战。换言之，当前我国社区社会组织的高质量发展与其所处的组织生态环境密切相关。随着各地不断深入推进“共建共治共享”的基层治理新格局，社区社会组织发展的生态环境建设变得日益重要，主要涉及以下维度[1]：

1. 五社联动中的社区[2]与社会组织

对于社区社会组织而言，无论承担社区服务还是治理任务，都无法回避的一个基本问题是：如何处理好其与居/村委会之间的关系。由于在我国基层治理体系中，居/村委会是处于中枢位置的群众自治组织，在基层治理网络中占据着重要的制度性位置，因此若无其积极配合，社区社会组织开展的各项活动都将大打折扣。也正因如此，民政部近年来一直在全国范围内推动居/村委会、

---

〔1〕由于本章在第三部分中已经集中论述了政府与社区社会组织间的关系，因此在第四部分的讨论中，我们将略去政社关系这一维度，主要集中讨论社区社会组织与基层治理体系中其他组织间的关联。

〔2〕在中国的不同地区，“社区”有不同含义。例如：在多数地区，社区指涉的主要是居/村委会；而在上海地区，社区长期对应的是街/镇。本章在“五社联动”这一政策术语下提到的“社区”，主要对应的是居/村委会。

社会组织、社会工作者、社区慈善和社区志愿服务在社区领域“五社联动”。

在传统理论视阈中，由于居委会和社会组织都具有社会属性，且其组织目标又具有高度契合性，因此两者间的关系通常会被默认处于和谐状态之中。然而近来一些深度经验观察却发现，在基层治理场域中，居委会与社区社会组织之间的关系实际上非常复杂，尤其是在以下几种情况中，两者间互动常会遇到一些内在张力：

第一种情况是居/村委会行政化取向显著。在这种情况下，居/村委会主要忙于应付上级部署的各项任务，对社区居民自下而上提出的各类诉求不甚敏感，[1] 其在面对回应群众诉求的社区社会组织时，也就缺乏配合开展工作的动力了。本书研究团队在一些社区的深度观察发现，在居/村委会行政化取向显著的情况下，其对于那些活动领域“溢出”政府职能之外的社区社会组织常常缺乏主动支持与对接的兴趣。

第二种情况是社区社会组织体制内化趋势明显。此时，社区社会组织更像是基层政府各职能部门的“外围”机构，主要以完成这些部门委托的任务为主要目标。在一些典型案例中，社区社会组织的负责人多有体制内部门的任职经历，[2] 这类社区社会组织在进入居村开展活动时，常会以一种自上而下的态度对待居/村委会，有时也会由此引发合作难题。

第三种情况是居/村委会与社区社会组织间存在分歧。由于两者的组织目标和代表群体不同，[3] 居/村委会与社区社会组织也会因观点分歧而导致合作难以有效开展。比如：一些文体类社区社会组织在开展诸如广场舞等活动时，难免会影响到其他居民的休息与生活，此时居委会从维护不同居民的利益出发，对此类社区社会组织开展的活动进行干预和调节，有时也会遇到合作困境。

在上述情况下，要有效提升社区与社会组织之间的合作关系，就有必要建立一系列的横向协调机制，推动跨组织信息沟通和决策协商。在深层次上，这还涉及如何使居/村委会与社区社会组织回归各自社会属性，并建立社会自我

---

[1] 杨爱平、余雁鸿：《选择性应付：社区居委会行动逻辑的组织分析——以G市L社区为例》，载《社会学研究》2012年第4期。

[2] 管兵：《政府向谁购买服务：一个国家与社会关系的视角》，载《公共行政评论》2016年第1期。

[3] 总体来看，居/村委会需要对社区全体居民负责，主要是从总体上代表居民利益；而社区社会组织则可能主要代表一部分群体的利益与观点。

协调机制的问题。

2. 社区社会组织间的合作与协同

在中国社会组织的早期研究中，“社团合作”曾被视为一种重要的发展趋势。[1] 但在基层治理的实际场域中，不同类型的社区社会组织之间能否形成合作与协同关系，常常取决于复杂因素，而不是一种自然而然的状态。2018年调查数据显示，仅有10.33%的社区社会组织在开展社区服务项目时，会与其他社会组织开展合作。从理论和经验观察的角度来看，以下两个因素会影响社区社会组织间构建合作协同关系：

行政部门化因素。在一些深度案例观察中，研究者发现，社区社会组织与基层政府的职能部门间建立了密切的特殊主义纽带，由于不同社会组织背后有不同职能部门，且主要承担这些部门的治理任务，[2] 这种行政部门化的发展特征导致不同社区社会组织间因行政部门分割而难以建立起密切的合作关系。

竞争性组织场域。当资源供给的来源单一、基层治理场域中不同社区社会组织间需要通过较强的横向竞争而获得发展时，跨组织的横向合作网络也就难以形成了。随着近年来，由于各地基层政府和职能部门都倾向于以“竞争性”方式选择购买服务承接者，因而这种横向合作就变得更为困难。

考虑到以上因素，政策部门若要推动社区社会组织间的紧密合作，就需要更为科学地设置社区社会组织发展的生态体系，在充分激发社会组织活力的同时，科学地推动不同类型社区社会组织的差异化发展，避免以行政化方式简单孵化同类型、同活动领域的社区社会组织。

3. 社区社会组织与驻区单位的合作

在中国城市社区建设中，驻区单位是一支重要的建设性力量。诸如大学、医院等各类企事业单位，一方面是社区建设多元主体的重要构成；另一方面也可以为社区社会组织成长提供重要的组织资源。

在传统的社区建设中，社区社会组织与此类单位关系松散。但近年来，随着城市区域化党建的深化发展，基层党组织搭建了一张连接不同类型驻区单位和社区社会组织的党建网络，并由此推动了跨组织的联动与合作。比如：在上海市浦东新区塘桥街道，一些社区社会组织与驻区的三甲医院合作，帮助后者

---

〔1〕 高丙中：《社团合作与中国公民社会的有机团结》，载《中国社会科学》2006年第3期。

〔2〕 黄晓春、周黎安：《政府治理机制转型与社会组织发展》，载《中国社会科学》2017年第11期。

改善医患关系、优化医院就医环境；同时，前者也借此获得了更大的发展空间。

总体来看，随着社区社会组织开始与驻区单位建立起更为紧密的合作关系，社会组织得以构建多边资源依赖网络，多元参与社区治理体系，生活质量也得以不断提升。而党建引领和基层党组织的网络支持，则是这类合作得以深入开展的重要组织保障。

质言之，本章的分析表明：当代中国社区社会组织发展不仅取决于多层次制度环境的改革优化与系统匹配，还受到社区建设过程中基层组织生态系统的复杂影响。就此而言，推动社区社会组织的高质量发展，必然不是一个简单的技术化政策设计过程，也远非部门主义、项目化的线性扶持思维可实现的。这要求学术研究部门和政策部门紧密结合当前基层治理体系改革的整体进程，发挥党建引领的制度优势，推动多线程改革紧密协同，并构建结构合理、关系和谐、相互支持的新型社区社会组织发展生态环境系统。从另一个角度来看，这也对社会组织研究领域的理论构建提出了更高的要求，呼唤研究者能超越“国家与社会”的宏观理论想象，进入到更为中观和具体的维度，来研究社会组织领域制度构建的深层问题。

第二章　政府治理机制转型与社区社会组织发展

当代中国的国家与社会关系一直是转型研究的焦点。历经多年发展，国内学术界在此领域涌现了大量的理论与经验研究成果，在田野资料积累与理论范式创新方面都取得了长足的进步：相较于早期沿用西方理论框架的国家与社会“两分”且“对立”的观点，[1] 新近的研究更强调国家与社会之间的模糊边界[2]，以及两者间独特的融合机制，[3] 尤其注意到治理转型中政府不同行为取向对于社会力量生长机制的重要影响。[4] 概括来看，已有研究揭示了中国社会力量生长与政府转型之间的密切关联，初步勾勒了国家与社会关系在纯粹的“行政控制”与“社会自组织”两极间动态摇摆的历史走势，[5] 并开始探求这一走势背后的决定因素与机制——可以说，这种理论探寻中蕴含着理解中

---

〔1〕 纪莺莺：《当代中国的社会组织：理论视角与经验研究》，载《社会学研究》2013 年第 5 期；肖瑛：《从“国家与社会”到“制度与生活”：中国社会变迁研究的视角转换》，载《中国社会科学》2014 年第 9 期。

〔2〕 张紧跟：《从结构论争到行动分析：海外中国 NGO 研究评述》，载《社会》2012 年第 3 期；葛道顺：《“自己人代理”：国家与社会关系的一个解释——基于对中国红十字会系统的考察》，上海大学 2013 年博士学位论文。

〔3〕 康晓光、韩恒：《行政吸纳社会——当前中国大陆国家与社会关系再研究》，载《中国社会科学》（英文版）2007 年第 2 期；唐文玉：《行政吸纳服务——中国大陆国家与社会关系的一种新诠释》，载《公共管理学报》2010 年第 1 期；江华、张建民、周莹：《利益契合：转型期中国国家与社会关系的一个分析框架——以行业组织政策参与为案例》，载《社会学研究》2011 年第 3 期。

〔4〕 康晓光、韩恒：《分类控制：当前中国大陆国家与社会关系研究》，载《社会学研究》2005 年第 6 期；管兵：《城市政府结构与社会组织发育》，载《社会学研究》2013 年第 4 期；黄晓春、嵇欣：《非协同治理与策略性应对——社会组织自主性研究的一个理论框架》，载《社会学研究》2014 年第 6 期；黄晓春：《当代中国社会组织的制度环境与发展》，载《中国社会科学》2015 年第 9 期。

〔5〕 周俊：《政府与社会组织关系多元化的制度成因分析》，载《政治学研究》2014 年第 5 期；纪莺莺：《转型国家与行业协会多元关系研究——一种组织分析的视角》，载《社会学研究》2016 年第 2 期。

国国家与社会关系的深层密码。

最近的研究发现，在社会组织宏观制度环境优化的同时，基层治理实践中的政府与社区社会组织关系表现出了多样性特征：在许多地区，地方政府在日趋显著的公共服务压力下，表现出了积极发展社区社会组织的较高热情；[1] 在另一些情境下，地方政府在发展社区社会组织时更注重风险控制；[2] 此外，在特殊情况下，一些处于行政末梢的基层政府，由于在治理转型中自由裁量权不断上收，开始出现通过发展社区社会组织而重建自身灵活性和弹性的基层行政"借道"社会现象。[3] 面对中国转型实践中政府与社会组织关系的这种多样性，传统的源自西方的"国家与社会"理论，因其总体在宏观层次讨论"国家"与"社会"的力量对比与互动，[4] 因而难以呈现出这种多样性背后的演化机理。国内理论界发展出的"行政吸纳""分类控制"等理论也仅能对其中的部分现象做出解释，[5] 难以形成更贴近中国转型实践的政府与社会组织关系的全景式理论视角。

以上讨论表明，在当前治理转型的复杂进程中，政府与社区社会组织关系的演变存在多样化的机制，其中蕴含的逻辑与不同治理情境有着密切关联。本章试图在一个统一的理论框架下揭示这种机制演变的深层组织学机理。我们通过引入政府行为研究领域的前沿研究，揭示不同治理情境下基层政府[6]对待

[1] 李友梅：《我国特大城市基层社会治理创新分析》，载《中共中央党校学报》2016 年第 2 期。

[2] 黄晓春：《当代中国社会组织的制度环境与发展》，载《中国社会科学》2015 年第 9 期。

[3] 这类基层行政部门"借道"社会组织的现象，虽然目前仅出现在一些个别的基层治理案例中，但由于其中涉及的一些运作机制与国家"政社分开"的宏观改革目标有一定距离，因此已引起了相关职能部门的高度重视：如财政部于 2017 年下发《关于坚决制止地方以政府购买服务名义违法违规融资的通知》（财预〔2017〕87 号），文件强调指出："实施政府购买服务改革，要坚持费随事转，注重与事业单位改革、行业协会商会与行政主管部门脱钩转制改革、支持社会组织培育发展等政策相衔接，带动和促进政事分开、政社分开。"这些制度安排表明，国家已经注意到了基层实践中存在行政部门"借道"社会组织，发展自身灵活性与弹性的现象，并努力探寻化解此类问题的制度路径。

[4] 传统的西方"国家与社会"理论强调，国家与社会之间的二元对立以及彼此间在力量上的此消彼长互动机制。相关研究可见纪莺莺：《当代中国的社会组织：理论视角与经验研究》，载《社会学研究》2013 年第 5 期；肖瑛：《从"国家与社会"到"制度与生活"：中国社会变迁研究的视角转换》，载《中国社会科学》2014 年第 9 期。

[5] 具体来说，这些理论都很难解释基层行政部门发展社会组织以解决行政体系内部难题的行政"借道"的社会现象。

[6] 本书指涉的基层政府主要是直接面对一线公共服务与公共管理压力，处于行政体系末梢的政府机构。在城市地区主要是街道办事处，在农村地区则是乡镇政府。

社区社会组织发展问题的认知取向，从而构建一种新型理论视角。需要指出的是，本书理论框架中，不同的政府与社会组织关系都与特定条件、约束有关，离开了这些条件和约束，分析框架中的每种政府与社会组织关系形态都不具备普遍推论意义。这种在解释机制上进一步向中层理论方向发展的新研究视角，不仅具有更强的分析效力，[1] 而且还由于揭示了政府与社区社会组织关系演化背后的具体因素，因而对社会组织领域的政策优化具有重要意义。

下文分三个层次展开论述：首先，用多层级行政体系取代对抽象政府的简单想象，探讨社区社会组织发展对于行政体系改革的复杂作用。通过借鉴和拓展“行政发包制”理论，强调多层级行政发包体系在不同改革阶段会遇到不同难题，导致基层改革行动者对社会组织形成不同的功能定位。其次，我们运用这一视角深入分析处于治理转型前沿的某市T街道，近三十年来政府与社区社会组织关系的变迁，从中探求基层政府在发展社会组织时从更注重“吸纳”机制到转而强化“借道”机制背后的转变机理。最后，我们对本章理论框架及相应启示展开进一步讨论。

一、多层级行政发包理论视阈下的政府与社会组织关系

长期以来，理论界对于中国社会组织发展的讨论更侧重于“应然”和规范层次。[2] 国内政治社会学“分类控制”及“行政吸纳”理论的重要突破是，在“实然”层面剖析了社会组织对于政府的“双重属性”——既具有挑战能力，又是公共服务的辅助力量。[3] 在此基础上，相关研究引入政府理性选择理论，构建了更为细致的政府与社会组织关系的理论框架。但这些理论仍有两点不足：第一，忽略了政府行政体系内不同行动者在具体治理情境下对待社会组织的态度差异。[4] 第二，对社会组织之于政府行政系统的作用讨论较为简单，假设了政府部门对社会组织的稳定偏好和策略。事实上，政府部门对

---

〔1〕 李友梅：《中国社会管理新格局下遭遇的问题——一种基于中观机制分析的视角》，载《学术月刊》2012年第7期。

〔2〕 李友梅等：《中国社会生活的变迁》，中国大百科全书出版社2008年版。

〔3〕 康晓光、韩恒：《分类控制：当前中国大陆国家与社会关系研究》，载《社会学研究》2005年第6期；康晓光、卢宪英、韩恒：《改革时代的国家与社会关系——行政吸纳社会》，载王名主编：《中国民间组织30年：走向公民社会》，社会科学文献出版社2008年版。

〔4〕 黄晓春、嵇欣：《非协同治理与策略性应对——社会组织自主性研究的一个理论框架》，载《社会学研究》2014年第6期。

社会组织的角色认知可能比“双重属性”更复杂且会动态调整。本章在借鉴“行政吸纳”等理论洞见的基础上，试图结合不同的治理情境和条件、约束，来讨论行政体系对社区社会组织认知的动态演变机制，从而推动基层政社关系研究领域解释机制的纵深化发展。

1. 政府治理机制转型与政社关系变迁

当代中国社区社会组织发展是紧密嵌入社会治理体制创新的宏观改革脉络之中的，而社会治理体制改革是政府主导的一次重大制度变迁。在此，政府主导有两层含义：其一，政府是改革推进者，会从总体上规划社会组织发展的制度蓝图；其二，在改革实践中，政府行政体系会根据自身遇到的挑战来灵活定义社区社会组织的功能与角色，进而影响政府与社区社会组织的互动关系。

实际上，第二层含义对于理解政府与社区社会组织关系的演变尤为重要。在中国实施有效治理，难免会面临一些挑战，例如：权威体制与地方灵活性间的张力、[1] 总体支配与技术治理间的徘徊等，[2] 这些治理问题的不同应对机制都会引发政府体系内的周期性权力与资源结构调整，也会引发基层政府部门对社区社会组织的不同认知。

这种反思促使我们从总体上审视政府行政体系运行的基本机制及其周期性问题，这需要一种贯通多层级政府结构，并能恰当描述其内在问题的分析框架。近来的一些研究为本书提供了启发，尤其是“行政发包制”及其理论拓展，为我们观察上下级政府治理模式，以及政府与社会间的“行政外包”提供了重要理论基石。[3] “控制权”理论也提供了一个观察多层次政府行为的中层理论。[4] 但这些理论用来分析本书的研究问题仍有不足，例如：已有的行政发包理论主要是对单一层次的委托—代理结构进行勾勒，难以分析多层级政府治理结构中的问题；“控制权”理论虽对多层次政府行为进行分析，但难以

〔1〕 周雪光：《权威体制与有效治理：当代中国国家治理的制度逻辑》，载《开放时代》2011 年第 10 期。

〔2〕 渠敬东、周飞舟、应星：《从总体支配到技术治理——基于中国 30 年改革经验的社会学分析》，载《中国社会科学》2009 年第 6 期；黄晓春、嵇欣：《技术治理的极限及其超越》，载《社会科学》2016 年第 11 期。

〔3〕 周黎安：《行政发包制》，载《社会》2014 年第 6 期；冯仕政：《政治市场想象与中国国家治理分析：兼评周黎安的行政发包制理论》，载《社会》2014 年第 6 期；周黎安：《行政发包的组织边界：兼论“官吏分途”与“层级分流”现象》，载《社会》2016 年第 1 期。

〔4〕 周雪光、练宏：《中国政府的治理模式：一个“控制权”理论》，载《社会学研究》2012 年第 5 期。

分析政府与社会组织的关系。

本章试图进一步拓展“行政发包制”的理论视阈，建立多层级行政发包理论框架，深入诠释政府行政体系内部治理机制的调整及其对社区社会组织发展的影响。本书强调：行政发包制是一个多层级连续体，可以在政府的不同层次以及政府与社区社会组织间同时出现和延伸。由于不同层级的发包方受到的外部冲击和压力不同，相应层级的行政发包制可能沿着不同方向调整治理机制，由此带来的张力及其化解机制，就会导致政府部门对社区社会组织进行不同的角色“锁定”，进而引发基层政府与社区社会组织关系的变化。

（1）多层级行政发包制运行的基本形态。

已有研究指出，行政发包制在行政权的分配、经济激励和内部控制上，与西方国家的科层制之间呈现清晰的差异：前者在上下级权威体系中允许下级留有一定的自由裁量权，而科层制则强调法定职权；在经济激励上前者强调下级拥有剩余索取权及强激励权，而后者强调上级政府全额财政保障及下级依预算行事的弱激励安排；在内部控制上，行政发包制强调结果导向的控制机制，而科层制强调按部就班的规则作用。[1] 相较于科层制对经济社会运行环境的要求，[2] 行政发包制赖以实现的组织条件要相对简单。此外，由于行政发包制赋予了作为承包方的地方政府在应对地区差异上的极大灵活性，使上级统一领导与基层灵活治理间可以较好衔接，因此很容易在辽阔疆域中成为层级制政府运行的重要组织机制。由此，不难理解行政发包制为何会在中国国家治理的漫长历史实践中成为一种重要治理机制。

最近的研究进一步指出，行政发包制实际上是“行政”与“发包”两种治理机制的混合体。“发包”有助于控制治理成本，同时为承包方—政府提供了有效的激励和较大的自由裁量权，但又可能因承包方滥用自由裁量权而引发治理风险；因此“行政”设置就显得必要，其实质在于约束“发包”在政府内部可能造成和放大的扭曲和负面效应，表现为一系列自上而下的收权与管控

---

〔1〕 周黎安：《行政发包制》，载《社会》2014 年第 6 期。

〔2〕 科层制对一国的货币经济与财政条件、行政事务质与量的扩展、行政技术的进步（事本主义工作伦理），尤其是社会差异的“齐平化”都有很高要求。此外，有时科层制的快速发展还与政治结构中反特殊利益集团的独特安排密切相关。相关研究参见［德］马克斯·韦伯：《支配社会学》，康乐、简惠美译，广西师范大学出版社 2010 年版，第 31—64 页；［美］彼得·布劳、［美］马歇尔·梅耶：《现代社会中的科层制》，马戎、时宪民、邱泽奇译，学林出版社 2001 年版，第 28—30 页。

机制。[1] 由于“行政”与“发包”这两种治理机制在行政权分配、内部控制以及激励设置上有着相反的配置要求，且往往难以达成恰当的均衡点，因此行政发包制常在“行政”与“发包”两极间周期性摆动，并形成“行政”或“发包”主导的治理模式。[2]

上述钟摆运动不仅存在于每一政府行政层级内，而且在多层级政府行政体系内还有更复杂的演化方式：不同层级行政发包制既可能朝同一方向摆动，又可能朝不同方向演化，从而使政府行政体系面对不同的改革难题。我们讨论其中两种最主要的情形：

第一种情形，上下级行政发包制相互匹配、同向运行，主要表现为“层层发包”。[3] 这时上下级政府行政机构的运行都以“发包”机制为主导，在逐级向下“发包”任务的同时，赋予下级政府较大的行政自由裁量权，实施结果导向的控制机制。此时，政府行政体系可能遭遇两种不同难题：一是治理任务层层放大所导致的基层政府压力剧增。当上级将治理任务“层层发包”，同时又在下级政府间启用围绕任务绩效的锦标赛机制时，就会形成强大的激励效应，[4] 导致下级政府为赢取锦标赛而不断放大逐级发包的压力。[5] 二是治理任务“层层发包”，但该治理任务在绩效考核中属于“软指标”，导致基层政府对发包任务注意力不足。此时，虽然任务被层层分解，但由于基层政府通常不会在这些领域重点攻坚，因此会导致治理任务难以“落到实处”。

第二种情形，上下级行政发包制朝着不同方向摆动，突出表现为上级政府治理机制仍以“发包”制为主，但基层政府治理机制却开始向“行政”一端摆动。这种现象的出现主要与在渐进式改革中，上下级政府改革不同步相关。近年来，国家在社会治理和行政改革领域提出了多方面的改革目标，这些目标

---

[1] 周黎安：《行政发包的组织边界：兼论“官吏分途”与“层级分流”现象》，载《社会》2016 年第 1 期。

[2] 下文中以引号标注的“行政”或“发包”都有特殊含义，指的是行政发包制下两种不同取向的治理机制。

[3] 这种情形在理论上还包括了上下级行政发包制都向“行政”这一极摆动的现象，这意味着不同行政层级都开始朝注重规则、弱激励、低度自由裁量权的方向发展，趋向于理想类型意义上的科层制。当前政府改革开始强调这种目标与趋势，但现状与这种要求仍有一定距离，因此本书集中讨论了“层层发包”现象。

[4] 周黎安：《中国地方官员的晋升锦标赛模式研究》，载《经济研究》2007 年第 7 期。

[5] 参见荣敬本、崔之元：《从压力型体制向民主合作体制的转变：县乡两级政治体制改革》，中央编译出版社 1998 年版。

与全面推进依法治国、加强社会主义民主政治制度建设等宏观改革相结合，必然要求各级政府进一步增强对公众负责的意识，不断提升规则、制度在政府行政事务中的主导地位。出于平稳推动改革的考虑，国家采用的是可控的渐进式改革路径，[1] 即先从基层试验开始，再逐步总结经验向更高政府行政层级推广。这样一来，就很容易导致基层政府改革的速度、深度走在上级政府之前。在一些改革创新的前沿地区，基层政府的行为受到越来越多的约束，行政自由裁量权大幅缩小，基层的行政发包制开始向“行政”方向调整；而上级政府部门的改革却并未同步推进，仍按属地管理“守土有责”的逻辑强调“发包”的一面。这样，政府内部不同层级的行政发包制就开始出现不协调的问题。[2]

这种情况带来的最大挑战是导致下级政府在面对上级的“发包”任务时，缺乏足够的灵活性和弹性以应对问题。举例来说，当基层政府财政自由裁量权全面弱化，更注重规则和程序的刚性作用时，经济激励和内部控制两个维度的改革，从客观上要求行政权配置这一维度也朝着职责清晰的方向改革。但由于上级仍强调“发包”主导的治理机制，因此基层政府还需要承担“守土有责”的无限职责。因此当基层政府面对各种突如其来的“发包”任务时，常常遇到灵活性和弹性不足的难题。

多层级行政发包制运行中遇到的上述难题，促使基层政府寻找相应的应对机制。当国家宏观制度环境日益强调“激发社会活力”时，基层行政部门就会通过强调社区社会组织的不同功能角色，以解决改革中遇到的问题。

（2）不同治理情境下政社关系演变机理。

在“层层发包”的治理机制下，每一政府层级都允许下级握有较大的自由裁量权，这也意味着基层政府无须“走弯路”就能获得治理实践中的较大灵活性和弹性。这些政府部门没有太大的动力通过发展社区社会组织来获得额

---

〔1〕 韩博天：《中国异乎常规的政策制定过程：不确定情况下反复试验》，载《开放时代》2009年第7期；刘培伟：《基于中央选择性控制的试验——中国改革“实践”机制的一种新解释》，载《开放时代》2010年第4期。

〔2〕 在中国多层级政府体系中，主要是基层政府直接与公众打交道。行政发包制的一系列特征，如自由裁量权、预算包干和结果导向的考核，虽然赋予基层政府处理事务的自主性和灵活性，但也容易引发基层政府与社会之间的冲突，尤其当基层政府拥有招商引资权之时，其公共服务职责让位于经济发展和创收，更容易导致基层政府与社区的紧张关系。当这些社会矛盾和冲突不断出现，高层政府的反应会更敏感。这就解释了中国的基层改革常常由较高层级政府跳过中间层次政府直接推动而成。这种改革路径导致了多层级行政发包体制中的不衔接现象。

外的灵活性和弹性空间，其更多的是在权衡社区社会组织的治理绩效和可能引发的治理风险后，实施相应制度措施，这一逻辑与“分类控制”理论观察到的现象一致。但借助于多层级行政发包理论框架，我们可以更清晰地识别出政府部门权衡所依据的要素与逻辑。

如果上级在“层层发包”的同时，还推动基层政府间围绕公共服务展开锦标赛竞赛，那么就会导致基层政府把公共服务效能放在一个重要的位置上。随着激励效应的逐级放大，基层政府会更关注社区社会组织的公共服务功能，对其潜在治理风险的宽容度则会适当放宽。在提升服务绩效这一前提下，基层政府会鼓励社区社会组织发展出一定的自主性和独立性，也会为其快速成长提供多方支持。相反，如果上级政府在“层层发包”的同时，并未围绕公共服务提供有效的激励举措，那么由于基层政府在发展社区社会组织中要承担相应的治理风险，就可能形成“风险控制”导向的制度设置，比如筛选社会组织发展领域、保持社会组织发展与公共权力领域的分割等。[1] 总体来看，在层层发包治理模式下，基层政府主要根据风险和激励的权衡来设置社区社会组织不同的制度环境。在此过程中，政府虽然始终保持着从制度上对社区社会组织进行行政“吸纳”和引导，但两者间仍存在一定的组织边界。

但在上下级行政发包制运行出现张力的情况下，基层政府与社区社会组织关系就会出现新变化。当上级政府采取“发包”主导的治理模式时，作为承包方的下级政府必须一揽子应对辖区内的各项治理问题。考虑到在政府治理中存在一定的动员式特征，这意味着许多新治理目标和专项活动的资源配置常常滞后，客观上就要求下级政府有很强的灵活性和弹性空间加以应对。但当基层政府的治理机制因改革约束从“发包”向“行政”摆动时，传统的灵活运作空间也会被大大削减。基层政府会特别关注社区社会组织作为行政体系灵活性与弹性来源的角色。其会以购买服务等方式扶持、发展一批社会组织或专业机构，并使后者成为承担行政治理任务的重要助手。

此时，基层政府发展社区社会组织的动机、方式与“层层发包”治理机制下的情况有根本差异，其重要目标是“借”社区社会组织之“道”，以化解行政体系内部改革难题。基层政府不仅规划社区社会组织的运行领域，还会通过一些控制机制主导社区社会组织的运行，因此，在其看来，社区社会组织的

---

〔1〕 黄晓春：《当代中国社会组织的制度环境与发展》，载《中国社会科学》2015年第9期。

潜在治理风险已得到有效控制，基层政府对社会组织的风险认知会大大下降。另外，基层政府行政“借道”社会的过程中，社区社会组织的公共服务功能也会得到一定程度的强调，因为“公共服务助手”的角色为“借道”机制提供了重要的合法性依据。质言之，基层治理中出现的行政“借道”社会现象，其本质是一种以解决行政体系内改革难题为目标的变通策略。在这种情境下，基层政府发展和培育出的社区社会组织在形式上具有独立性，但实质上更像行政末梢，主要围绕基层行政部门的治理目标开展活动，其与政策部门和理论界预期的具有社会属性、代表社会诉求的社会组织角色有一定区别。此时，基层政府与这种形式上的社区社会组织间边界较为模糊，两者属性趋同。近年来，国家宏观政策部门对此类现象已有关注，并不断强调“政社分开”的改革方向，但仍鲜有研究揭示微观实践中“政社不分”的深层缘由。本书透析多层级政府运行的内在机理，对基层政府“借道”现象的条件与机理做出了清晰勾勒。

上述讨论表明，当多层级行政发包制面临不同问题时，政府部门会动态调整对社区社会组织角色与功能的认知。“层层发包”模式引发了基层政府的社区对社会组织的“吸纳”，而上级“发包”下级“行政”的格局则导致基层政府的“借道”机制（见表2－1）。这两种不同的关系模式区别在于：从社区社会组织的发展的目标指向来看，后者比前者更注重以行政体系内的治理问题为导向；从“政社分开”的发展方向来看，后者面临的挑战更大；在行政机制控制水平上，后者的强度超过前者。

表2－1　多层级行政发包制与政社关系形态

<table>
<tr><th>多层级行政发包体制运行形态</th><th>难题与挑战</th><th>基层政府对社区社会组织的定位</th><th colspan="2">基层政府与社区社会组织关系</th></tr>
<tr><td rowspan="2">层层发包</td><td>强激励条件下，基层政府治理压力剧增</td><td>强调公共服务助手角色，兼顾风险控制</td><td>行政部门鼓励社会组织发展一定的自主性和独立性</td><td rowspan="2">基层政府的行政“吸纳”社会</td></tr>
<tr><td>弱激励条件下，基层政府对发包任务注意力不足</td><td>强调风险控制，适度发挥公共服务功能</td><td>行政部门更强调对社会组织的有序管控</td></tr>
</table>

续表

多层级行政发包体制运行形态	难题与挑战	基层政府对社区社会组织的定位	基层政府与社区社会组织关系
上级“发包”、下级“行政”	下级政府灵活性与弹性不足	重塑行政体系灵活性与弹性的重要来源，公共服务的助手	基层政府的行政“借道”社会： 行政部门与社会组织之间边界模糊、组织属性趋同

上述讨论对于深化中国转型期的基层政社关系研究具有重要启发：第一，基层政府与社区社会组织关系并不是一种总体性的静态格局，而是随着治理转型中政府体系改革所遇到的难题而动态调整；第二，由于不同地区的政府行政体制改革处于不同阶段，因此中国社区社会组织发展的制度环境和机会结构存在一定的区域差别，基层政府与社区社会组织关系也表现出相应的多样性；第三，基层政府与社区社会组织的边界受到行政体制内多层级代理人互动及调适的影响，并非整体国家理性规划和策略选择的直接产物。

2. 基层政府认知中的社区社会组织角色图谱

以上讨论表明，政府行政系统对社区社会组织的角色存在复杂的认知图谱，且会伴随行政体制的改革而动态调整。这挑战了基于“国家与社会”理论框架，将社区社会组织静态理解为“服务之手”和潜在风险来源的传统观念。在社区社会组织的角色认知上，基层政府基于多层级行政发包体系的不同运转状态经常面临下列三种模式的选择。

（1）行政部门灵活性与弹性的来源。

中国社会组织研究很早就注意到了，行政体系会通过发展社会组织来解决改革中诸如部门裁撤后的人员安置、职能调整等问题，[1] 例如：在 1993 年和 1998 年两次政府机构调整中，产生了近 4 万家行业协会，[2] 这些社会组织多有一定的行政级别与行政授权，成为行政体制改革的重要伴生物。但早期研究大多简单地将此类现象看成是社会组织发展中的“异化”现象，论者循着“国家与社会”两分的理论框架，将这类现象视为转型中的暂时现象，但很少意识到这些社会组织实际上为行政体系解决改革导致的内部灵活性、弹性不足提供了可能，因此事实上在改革的漫长进程中屡见不鲜。

---

〔1〕 王名等：《中国社团改革：从政府选择到社会选择》，社会科学文献出版社 2001 年版。

〔2〕 谢菊、马庆钰：《中国社会组织发展历程回顾》，载《云南行政学院学报》2015 年第 1 期。

本章理论框架认为：当上级“发包”，下级“行政”的多层级行政发包体系运行出现张力时，基层部门就会优先考虑通过发展社区社会组织来重塑灵活性与弹性的问题。就此而言，行政部门“借道”社会不能简单地理解为一种“异化”现象，而是一种体制演化的权变选择。

进一步来看，社区社会组织被优先塑造为行政灵活性与弹性的来源，取决于一些特殊的条件：首先，基层行政部门以购买服务等方式向社区社会组织转移资金和资源时约束较小。当前部门预算制的“低度透明”运作特征〔1〕决定了基层行政部门可以根据自己的治理目标和所处情境自由地决定购买服务项目的设置及资金安排。其次，不存在一个充分竞争的公共服务外包市场，基层行政部门有很大的自由裁量权来选择社区社会组织承接项目。在这种情况下，基层行政部门可以很容易与社区社会组织间形成“特殊主义”的“借道”机制。最后，公共服务外包的质量监控总体是在体制内完成的，鲜有实质性的多方评估。唯有如此，基层行政部门才能很容易地用自己的目标和偏好替代承接服务的社区社会组织目标。如果没有这些条件，基层政府就很难以发展社区社会组织之“名”，行重塑灵活性和弹性之“实”。

另外，行政“借道”社会也产生了一定的组织成本。这种“借道”机制建立在前者对后者实现直接控制的条件之上，通常高度依赖于领导岗位的交叉兼职机制。在当前宏观制度约束行政领导兼职社会组织负责人〔2〕，且社会组织负责人身份意味着体制内晋升链条中断的背景下，基层行政部门寻找社区社会组织代理人的难度越来越大。此外，行政部门通过社区社会组织来实现自身治理目标，有时候还意味着额外的协调和组织成本——面对同样的治理任务，行政部门可以很便利地借助政府部门间的协作网络和自上而下行政管道去应对，但以社区社会组织身份去做，却需要大量额外的协调工作。这些额外成本的存在意味着基层行政部门会控制“借道”机制的边界和范围，比如：在“层层发包”的治理模式下，上级政府本身就允许下级政府拥有较大自由裁量权，后者就不会优先考虑社区社会组织的弹性与灵活性功能。

---

〔1〕 陈潭、马箭：《从部门预算走向公共预算》，载《人民论坛》2010 年第 14 期。

〔2〕 国家一直对党政机关领导兼任社会组织负责人有严格的规定，尤其是近年来出台的一系列制度（如《中共中央办公厅、国务院办公厅关于党政机关领导干部不兼任社会团体领导职务的通知》《中共中央组织部关于规范退（离）休领导干部在社会团体兼职问题的通知》）进一步强化了这方面的约束。

（2）公共服务的帮助之手。

现有研究普遍强调社区社会组织对于公共服务的提供具有独特作用，正日趋成为行政体系供给公共服务的帮助之手。[1] 与政府部门不同，社区社会组织在提供公共服务时更具创新性、[2] 更适应多样化的社会需求，[3] 其非营利组织的身份特征又避免了“分配约束”，[4] 可以更好地适应公众多层次需求。本章理论框架则立足于治理转型的实践，进一步指明了行政系统优先考虑社区社会组织公共服务助手角色的条件，即：公共服务被“层层”发包，且存在横向竞争的锦标赛机制或其他强激励机制。

一旦基层行政部门优先考虑社区社会组织的服务助手角色，就可能允许其保持较高的独立性与自主性，[5] 同时减少行政干预的水平，并鼓励社区社会组织形成与公众需求快速对接的机制。这意味着，社区社会组织将在较高水平上嵌入基层治理体系，成为多元治理结构的重要构成部分。在这种情况下，社区社会组织的快速发展和社会活力的激发都有可能进入一个重要机遇期。

此外，在上级“发包”下级“行政”的治理情境下，基层政府也会在一定程度上注重发挥社区社会组织的公共服务功能，但此时，行政体系更多的是从行政工作要求和绩效主义的技术维度强调提升社区社会组织处理事务的能力，而对社会组织提升自主性与社会性缺乏热情。

（3）治理风险的不确定来源。

在基层政府看来，社区社会组织发展中若缺乏正确引导，也可能会引发一些不确定的风险——这也是社区社会组织制度环境中始终存在强调引导和管控制度要素的重要缘由。

在多层级行政发包理论视阈下，不同层级政府对社区社会组织的风险认知

---

〔1〕 张文礼：《合作共强：公共服务领域政府与社会组织关系的中国经验》，载《中国行政管理》2013 年第 6 期；马全中：《近年来政府向社会组织购买公共服务研究评述》，载《社会主义研究》2016 年第 2 期。

〔2〕 ［美］E. S. 萨瓦斯：《民营化与公私部门的伙伴关系》，中国人民大学出版社 2002 年版，第 86 页。

〔3〕 Estelle James, “The Nonprofit Sector in Comparative Perspective”, Walter W. Powell eds., *The Nonprofit Sector: A Research Handbook*, New Haven: Yale University Press, 1987.

〔4〕 Henry B. Hansmann, “The Role of Nonprofit Enterprise”, *The Yale Law Journal*, Vol. 89, No. 5, April 1980, pp. 835 -901.

〔5〕 王诗宗、宋程成：《独立抑或自主：中国社会组织特征问题重思》，载《中国社会科学》2013 年第 5 期。

是在反复权衡中建构起来的。理论演绎表明：在上下级行政发包体制出现张力，基层政府开始“借道”社会时，基层政府对社区社会组织的风险顾虑最低。因为此时基层政府已对社区社会组织实施了高水平的内部控制，以至于将其视为“自己人”，所以也就不过多担心其引发治理风险。在公共服务任务“层层发包”但存在强激励机制时，基层政府对社区社会组织的风险顾虑也较低，因为强激励引发的竞争压力使其更倾向于将社区社会组织作为合作伙伴。但在“层层发包”公共服务任务，又不存在强激励的背景下，基层政府就会显著强化自身对社区社会组织的风险认知。所以，制度环境中的风险控制机制会得到不断强化。

以上分析表明，随着多层级行政发包制的运作形态不断变化，基层政府对社区社会组织的角色认知亦会调整。这种角色优先排序的变化，会导致社区社会组织所处的制度环境出现微妙变化。这种理论视角将我们对当代中国政府与社会组织关系的理解，从一种“静剖面”的白描逐步引入一种动态演化的复杂情境中去。

二、基层政府发展社区社会组织的制度逻辑：一个微观案例

本书以S市P区T街道的治理转型历程为线索，呈现了城市基层政府对于激发社会活力、引入社区社会组织参与社会治理的复杂态度。研究团队收集了T街道1984—2016年的系统档案资料，并在长达4年常驻街道调研过程中展开了系列深度访谈，由此形成了此项微观考察的基本框架。为进一步勾勒治理转型中一些微妙机制，团队成员还持续3年观察了街道政府购买社区社会组织服务的外包全流程。这些资料从多个维度揭示了转型期基层治理体系在“行政吸纳社会”与“行政借道社会”间动态切换的复杂演变机理。[1]

由于我们的理论框架强调不同层级行政发包制的相互作用对于政社关系演变具有重要意义，因此本书的案例观察并不局限于单一治理层级的描述，而是将追溯“区—街”关系以及街道治理体系的共时性变化轨迹。其中：“区—街”关系代表中国城市行政发包的主要层级，指的是区政府及其构成部门将

〔1〕 本项案例研究在多个层次展现了转型前沿城市治理机制复杂的变迁过程。在案例研究中，研究团队得到了多个职能部门的深度支持。作为一项深度“扎根”研究，我们在客观展现案例复杂脉络的过程中严格遵循学术研究惯例，对案例所涉及的地区和访谈对象作匿名化处理。

治理任务部署至街道的过程；街道治理体系则是城市基层治理的最基本单元，其运行涉及街道办事处将任务下派至居委会、各类事业编制的“中心”[1]、辖区内“条”上职能部门[2]以及社会组织的过程。

1.“层层发包”治理模式与“行政吸纳社会”（1984—2006年）

S市身处当代中国治理转型前沿，自20世纪80年代中期以来即面临着基层治理的较大压力，20世纪90年代初更是在城市经济转型、功能调整以及维护社会稳定等多重压力下，努力探索重塑城市基层社会组织体系的改革路径。进入21世纪以来，S市一直试图以创新基层治理为改革线索，形成城市社会治理的新路子，由此在“区—街”和街道治理体系层次推动了大量改革。T街道1984年4月1日正式挂牌，地处S市经济发展的重要功能区，最初隶属于N区，后于1993年划入P区。可以说，P区是S市乃至全国的改革试验区，而T街道则属于P区经济发展和社会治理创新的重点区域。立足于此地的深描折射了我国城市基层治理转型的宏观历史脉络。

在可追溯的档案资料中，S市在“区—街”治理层次一直强化“发包”主导的治理模式。T街道所属的N区早在1988年就明确提出“核定基数，收支包干，超收分成，超支自负，一定三年”的街道财政管理体制，[3]把经济发展任务全面“发包”给街道，并鼓励街道通过放手发展经济来提升自身财力，“自收自支”地应对辖区内的各项治理任务。据T街道档案资料记载，当时的超收分成返回经费主要用于三个方面：一是用于补贴按规定列支的街道行政经费、居委会经费超基数的支出；二是辖区内精神文明建设所必需的经费；三是应付各类不确定问题、提升街道治理灵活性的一些经费。在这种“发包”特征明显的财政体制下，区政府仅用较少的投入就可以推动街道办事处有效运行。

1996年以来区对街的“发包”趋势变得更明显：从行政权配置上来看，区政府把大量治理职能赋予了街道办事处，同时给予后者较大的自由裁量权。比如，根据档案梳理，P区政府自1996年开始逐步将以下行政权力下放给街

---

〔1〕如常见的“一门式政务服务中心”“社区文化中心”等。

〔2〕街道办事处虽在行政级别上高于派出所等“条”上驻街道职能部门，并在形式上具有整合、领导后者的职能，但实际上由于“条块分割”等原因很难直接领导后者。在计划外财力等灵活性充裕的情况下，街道大多以“项目化”的方式，通过提供额外资金将治理任务发包给后者。

〔3〕资料来源：N区颁布《关于改革街道财政管理体制的意见》，1988年。

道办事处：(1) 部分城区规划的参与权；(2) 综合协调权；(3) 属地管理权。其中后两者都属于蕴含着较大自由裁量权的职能，这些行政权力被明确“发包”给街道办事处，意味着作为承包方的街道职能、权限得到了较大扩充。

从激励模式来看，区政府赋予了街道办事处以及相应工作人员更大的税收返还奖励，这种强激励机制是“发包”制的又一特征。根据P区“十五”财政管理体制对街道经济工作的相关规定，区对街道招商引资的纳税资金实施“区—街”分成制度，即街道招商引资额越高，相应的税收返还金额也越高。此外，区还明确规定对积极引进和推荐招商引资工作的有关人员实施一次性奖励。这一时期街道招商引资税收返还资金已成为社区建设中主要资金来源。可见，区通过“发包”机制，运用财政激励手段，使承包方的街道办事处自筹了大量经费以应对发包的治理任务。与行政配置和经济激励相匹配，区政府在内部控制维度上也很少插手街道的工作。可以说，在“区—街”层面，“发包”制成为主导的治理机制。

这一时期来自外界的压力尚不显著，多层级发包体系主要按照自身的演化规律发展。当“区—街”关系以“发包”为主要特征时，街道治理体系也偏重于向“发包”的方向同步演进。其中的变化主要在于街道治理体系“发包”的重心随着宏观制度的变化而有所调整：在1984—1996年的基层治理体系转型初期，街道主要把治理任务发包给居委会，街道赋予居委会处理行政事务的大量自由裁量权，并允许居委会自办各种盈利项目，以从中提取利润用于开展卫生整治、便民服务等。在内部控制维度，街道办事处除在居委会主任、书记人选的形成上会倾注一定注意力外，对居委会的内部运作基本不做太多干预，街道主要对“发包”给居委会的主要事项进行绩效考核。但这种过度倚重于对居委会“发包”的治理模式很快就引发了负面后果，由于居委会把工作重心都放在发展经济等经营性事务上，弱化了公共服务与管理上的投入，引发了居民的不满。于是S市于1996年正式发文，将居委会的经济职能上收至街道办事处，强调居委会逐步回归群众自治组织的角色。此后，街道对居委会的全面“发包”情形有所弱化，作为替代，街道开始强化对其下属各类事业编制服务中心及“条”上派驻机构“发包”。[1]

概括来看，1984—2006年T街道治理体系处于一种“层层发包”的治理格局中，这时街道一方面需应对自上而下的各种层层加码的治理任务；另一方面又手握较大的自由裁量权，尤其是拥有“发包”治理机制下税收返还资金的灵活运用权，后者为街道应对来自上级的各种不确定任务提供了重要支持。在这种格局下，街道掌握的资源及可调动的力量与上级布置的治理任务间大体上处于一种相对匹配的状况：对于那些例行化的治理任务，街道大多会将其进一步“发包”至居委会、下属事业中心或“条”上派驻机构；而对于非预期的突发任务或“运动式”治理项目，街道除了采用前述方法外，还可以利用自身财力上的灵活性以雇佣大量编外人员（如各种“协管”人员）[2]，或购买市场服务的方式予以应对。

在这种情形下，T街道大约从1993年开始面对发展社区社会组织这一新问题。[3] 那么，T街道当时是如何看待社会组织的呢？研究发现，由于这一时期街道内部的“发包”体系就足以应对绝大部分的治理任务，因此街道最初总体上以一种“可有可无”的态度来看待社会组织，一位当年的街道领导对此回忆：

> 基层政府是务实的，在整个20世纪90年代，（公共）服务要求没有今天这么高，管理的精细化要求也不高，街道自己的力量就足够了。换句话说，大家对发展社会组织没有急迫感……所以我们当时的态度就是，如果有社会组织能参与社区建设更好，没有问题也不大……（访谈资料：2017.03.16）。

---

〔1〕以T街道为例：1996年以后，街道开始重点建设一批具有独当一面能力的服务中心，即：社区服务中心、社区事务受理中心、社区老年服务中心、社区文化教育中心等。街道每年把大量治理任务直接“发包”给各中心，并赋予后者实施治理的自由裁量权。而对“条”上派驻机构的“发包”则常常以街道额外给这些机构提供“津贴”“活动经费”“补贴”等非正式方式实现，通过这些额外的经费补助，街道可以“绕过”这些部门的上级，向其指派一定的工作，并要求后者实现一定绩效。

〔2〕据我们观察：从1996年到2006年年底，T街道雇佣的各类编外“协管”人员已经从50多人扩充至近600人。据面上调查，对这一时期的街道政府而言，这一编外人员规模只是中等水平。

〔3〕当年，P区主要领导开始在一些场合不断提到“小政府，大社会”的政府改革方向，尤其是提出要“发展一批社会中介机构”。此后，发展社会组织的问题开始日渐频繁地进入街道的治理情境中。

街道保存的档案资料对于基层政府这种“可有可无”的态度提供了一个更具说服力的例子：我们翻阅了1993—2000年街道向上级政府和职能部门提交的所有汇报材料，虽然从记录中可以清晰地看到这一时期已有一些社区社会组织开展了具有较大社会影响力的服务活动，但街道却从未把这些活动作为“亮点”向上级汇报，也未纳入年底的创新工作总结。从统计数据上看：2000年前，注册地在T街道的社区社会组织仅有5家，且这5家社区社会组织的上级主管单位都属于上级“条”上机构，作为属地政府的T街道并未“孵化”任何社区社会组织，这也表明早期T街道对发展社会组织基本没兴趣。

2000年后，情况有了一定变化。由于S市和P区政府都开始对基层政府的公共服务能力提出更高要求，经常将公共服务绩效作为考核指标，并鼓励基层政府间展开竞争，且把社区建设“实体化”作为社区建设目标，而发展社会组织则普遍被看作社区建设“实体化”的重要指标。因此T街道逐步转变了最初对待社区社会组织“可有可无”的态度，转而强调社区社会组织是政府服务的“助手”。按照街道领导的说法，就是“政府把主要工作做好，社会组织充当补充和助手……确保社会组织为我所用，切实做到有序发展……”（访谈资料：2016.01.15）。这时，街道开始鼓励社区社会组织围绕上级强调的公共服务领域开展活动，并开始以“购买服务”的形式对社会组织实施扶持。资料显示：2001—2006年，T街道辖区内又出现了21家社区社会组织，这些社区社会组织在科普、养老服务、文化教育等领域先后承接了一批服务项目，并开始在街道治理体系中占据一定位置。

进一步来看，当街道治理体系处于“层层发包”境况时，基层政府由于在财政和行政权的配置上都有很高的灵活性，可以很方便地拓展直属治理网络，因此总体上并不关注通过社区社会组织重建灵活性的问题。此时，基层政府更多地把社区社会组织理解成公共服务的帮助之手，也会出于风险控制的考虑采取一些“行政吸纳社会”的治理技术。这一时期基层治理场域中的政社关系呈现出以下基本特征：

首先，街道以项目为载体鼓励社区社会组织发展，并实现对其的引导与“吸纳”。这一时期，T街道逐渐形成了通过控制项目发包领域来“吸纳”社区社会组织融入街道治理体系的经验，正如一位长期在街道民政领域工作的领导所言：

> 街道怎么来管社会组织？怎么让它们与你（街道）同心同德？

基层政府又没有太多的管理力量，民政科长期就两三个人，怎么管得过来？我们的体会是要用好“项目”这个载体，我们希望社会组织往哪些方面和我们保持一致，我们就多往这些领域发包一些项目。我们从2003—2004年前后就开始形成了这些经验，所以当时有句话，叫“以项目管（社会）组织”……（访谈资料：2016.12.19）

项目化的引导机制保证了街道对辖区内社区社会组织的有效“吸纳”，同时也为社区社会组织发展政府预期的公共服务能力提供了重要的支持。

其次，上述“行政吸纳社会”的机制又是有边界的。表现为街道并不致力于越过组织边界对社区社会组织的内部运作进行干预和控制。其中的原因在于，在“层层发包”的治理情境下，街道及其下属各科室手中都有足够的灵活性与弹性，发展出自己可以直接控制的力量，以应对各种治理难题，因此没有哪个部门有兴趣“吃力不讨好”、大费周章地介入社区社会组织内部运作。

再次，街道对社区社会组织的活动领域有严格的限定。主要鼓励社区社会组织在公共服务领域发挥作用，但并不支持其在维权、环保等相对敏感的领域开展活动。这一时期T街道辖区内所有社区社会组织主要都沿着政府公共服务职能及其延伸领域开展活动，基层社区社会组织发展格局呈现出了鲜明的以服务为导向发展特征。

最后，街道下属各部门与社区社会组织之间的关系纽带较弱。由于T街道在发展社区社会组织时主要考虑的是其“公共服务助手”的角色，因此主要的扶持标准在于其公共服务能力的强弱，与这一标准相比，其他因素对于社区社会组织能否获得项目扶持的影响都不甚显著。比如：街道发包项目时并不过多考虑是否优先向自己为主管单位的社区社会组织倾斜，许多挂靠单位不是T街道的社区社会组织（如P区社会工作协会、P区居家养老评估和服务指导中心等）在与挂靠于T街道的社区社会组织竞争时，都顺利胜过后者从街道拿到了服务项目。再如：一些跨行政区域活动的社区社会组织都因其表现出的较高服务能力而从T街道获得了资助，这表明在这一时期，属地这一具有特殊主义纽带意义的因素，对街道的社区社会组织扶持制度影响较弱。

上述特征表明，在“层层发包”的治理情境下，街道围绕公共服务体系的完善，逐步发展出以项目为切入点的行政“吸纳”社会治理机制以发展社区社会组织。这里的“吸纳”表现为基层政府试图通过控制资源供给，实现对社区社会组织发展方向、运行领域的引导，最终使其与行政体系运行保持协同与一致。但这种“吸纳”机制并未使基层政社关系的组织边界变得模糊不清，社区社会组织的自主性有较大的空间。从某种意义上说，这种以强调社区社会组织公共服务能力为重心的基层制度环境提供了一种相对开放的社会组织发展空间，为早期基层社会力量的发展提供了一定的条件。

2. 行政发包治理机制的张力凸显与行政“借道”社会（2007 年以来）

2007 年，P 区在市委、市政府的推动下开始了基层治理体制的深度改革。这项改革有双重含义：一是借此推动街道办事处将工作重心全面调整至公共服务、公共管理、公共安全领域；二是由于 P 区经济进入新发展阶段，客观上需要在更高层次统筹经济布局，因此上收街道招商引资权。这项改革对“区—街”以及街道治理体系的运行都产生了较大影响，在一定程度上改变了“层层发包”的传统运行模式。

这一时期的“区—街”关系总体可以概括为以“发包”为主，内涵“行政”要素的治理机制。一方面，区政府在推动各项治理任务时，总体上仍以“发包”方式部署至街道。突出表现为两点：一是在行政权的配置上，区政府及其下属部门把更多的治理任务以及相应的行政执行权与实际决策权下放给街道。P 区编制办公室 2012 年的一份调研报告指出：

> 各部门向街镇下放大量的事务性工作，将责任明确分解在基层。有些下放经过了区委、区政府同意，有些则是有关工作部门根据行业管理要求下放，并纳入条线对街镇的考评内容。据统计，各部门对镇绩效考核指标达 79 项，对街道的考核指标达 70 项。（资料来源：P 区编办 2012 年内部调研课题稿）

二是在内部控制机制上，区政府及其职能部门在自上而下部署治理任务时只看最终成效，对处置过程和规则关注不多，表现出了结果导向的控制理念。这一时期，上级部门开始设计考核与评估方法，对“发包”至街道的治理任务进行结果考核，但考核体系鲜有涉及治理的具体流程与程序。这表现出了鲜明的“发包”特征。

另一方面，这一时期“区—街”关系中又开始出现了一些强调收权与控制的“行政”要素。这主要与激励模式的转变有关：传统的建立在招商引资税收返还基础上的强激励制度，随着街道经济职能的上收而消解，取而代之的是区政府对街道实施上级全额拨款的部门预算制。这意味着街道所有的资金都在上级的控制与监督下。从这个维度来看，街道治理的灵活性与弹性空间得到了一定的抑制，体现了自上而下监管的“行政”特征。此外，受宏观政策的影响，“区—街”行政发包制中还有其他一些具有“行政”意味的机制开始浮现，其中最显著的当属编制控制机制。

在前一阶段的治理实践中，基层政府普遍以招收编外雇佣人员的方式来扩充自身队伍，导致政府实际雇员规模快速膨胀，引发了上级政府的顾虑，于是，从2009年开始，P区开始核定街道的各类人员总额，尤其是对政府雇佣人员总数进行严格核定。以T街道为例，其下属的各专业服务中心计划配置人员119人，但经编制控制后只能配置107人。这种编制控制机制使得街道办事处的灵活性和弹性有所缩减。

上述改革使“区—街”治理机制从典型的“发包”治理模式，向“发包”主导但蕴含一定“行政”要素的治理模式转变。同时，这一时期传统的街道“发包”治理机制所依赖的条件不断弱化，逐步向“行政”主导的治理机制转型：

首先，街道对居委会的“发包”受到越来越大的约束。由于S市上收了居委会的经济权，这意味着街道很难再通过经济承包来使居委会成为基层治理中弹性和灵活性的主要来源。此外，从2007年开始，S市多次发文要求强化居委会的自治组织属性，并先后于2010年、2012年、2014年三次由市有关部门推动发起了居委会“减负”活动，以制度化方式约束街道办事处任意向居委会部署任务。这些做法在一定程度上改变了街对居的任意“发包”格局。

其次，街道对下属事业机构的“发包”也变得越来越难。由于上级政府的编制控制，街道已不能像以往那样通过扩大编外人员数量来不断强化下属事业机构的“接包”能力。此外，大约从2010年开始，S市从市级层面出台了街道下属服务中心的运作规范。这些做法都使街道下属事业机构越来越回到一个依规运作的境况，传统的目标导向“发包”机制难以维系。

最后，街道对“条”上机构的“发包”基础不断弱化。街道有经济权时，会通过给“条”上机构提供补贴等非正式方法实施“发包”。但随着街道经济权的上收，所有开支都需向上级申请财力保障，此类资金不可能得到上级支持。此外，2007年以后，许多“条”上机构进一步加大了对下级机构依法依规运行的督查力度。这些都进一步弱化了街道“发包”的运作基础。

街道政府的运行方式在上级政府的推动下，开始向依法依规的“行政”治理机制转变。但“区—街”层次仍以“发包”为主，这导致了上下级治理机制间衔接难题。于是，街道治理体系必须找到新方法以重塑弹性与灵活性空间。

正是在这种情境下，T街道从2011年开始实施远超历史水平的公共服务外包活动。我们根据T街道各部门的档案资料，大体推算出2010年以来街道购买社会组织服务的资金总量（如表2－2所示）。

表2－2　T街道历年购买社区社会组织服务资金量〔1〕

单位：万元

年份	2010	2011	2012	2013	2014	2015
街道购买社会组织服务资金	217	1200	2000	1300	1450	1517
年度支出预算总额	14363	15083	17681	16536	17339	16864

表2－2中，T街道自2011年来在购买社区社会组织服务上进入了“快车道”。据统计，T街道辖区内共有26家以街道为业务主管单位的社区社会组织，其中22家的登记时间在2007年以后。T街道辖区内活动的社区社会组织总数自2009年以来一直保持着高速增长，到2015年已有112家。街道在多个重要的发展规划中都明确提出，要快速发育社区社会组织。

那么，T街道快速发展社区社会组织的原因是什么呢？是根据上级要求执行的结果吗？从时间上来看，国家宏观政策明确提出“激发社会组织活力”以及四类社会组织直接登记要到党的十八届三中全会（2013年），有关部委连续推出发展社会组织的系列文件要到2014年，S市以市委名义下发文件鼓励发展社会组织要到2015年年初，T街道进入社区社会组织发展高峰期比这些政策信号都早，这说明这一现象背后还有着其他的现实原因。此外，研究团队还对比观察了与T街道同处P区的L街道和W街道的情况，这两个街道随着经济权的上收和上级编制控制措施的实施，分别于2009年和2010年都进入了社区社会组织的快速发展期；而同一时期我们在未上收经济权的Z区L街道却并未观察到相近的态势。〔2〕这些都表明T街道快速发展社会组织与其所处

〔1〕在当前的购买服务体制下，购买资金大多由科室从自身的部门预算中抽离出来。因此，在街道的总体开支记录中无法获得购买服务资金的总数，只能将每个部门的购买资金加总估算出总数。受档案资料记载详细程度所限，有些年份的资金总数可以较为精确地记录，有些年份则只能请当事部门根据回忆约略估算。

〔2〕L街道在S市素有善于激发社会活力的声誉，但即使如此，2009—2012年社会组织发展速度也逊于T街道。

的改革情境有着直接关系。

田野观察发现，T街道的做法实际上有更隐蔽的逻辑在驱动——这就是通过发展社区社会组织来解决基层政府灵活性不足问题。街道一位工作人员在一次访谈中提道：“改革要学会借‘势’，以前我们比较看重向‘条’上部门借力，现在要学会向社会组织借力。发展更多社会组织来承担我们的工作，那么行政部门就不要老提编制不足这些问题……”（访谈资料2014.07.11）。街道长期分管社区社会组织的一位干部更是进一步指出了发展社区社会组织对于街道行政体系的意义：

> 现在的改革有很多地方还存在脱节的地方。比如，这几年在人、财等方面，上级的控制越来越严，但很多时候它自己又管不住其他部门往下扔任务……相当一部分任务下来了，保障却不下来，都要街道干，我怎么干？现在各个科室也聪明了，它也不问你要编制，因为要了也批不下来。那它就建个社会组织来替它干活……有些科室在做预算的时候，实际上就把这块考虑到了，它把一部分经费用于购买社会组织服务……这样子方便应对各种任务……（访谈资料2015.04.17）

以T街道组织科孵化的社区社会组织X为例，其负责人曾有长期的体制内工作背景，组织成立以来主要承接的项目都由组织科委托，实际上承担的是组织科现有人力和资源难以应对的各类“溢出”事务，例如：社区党员教育、党建宣传等。在成立以来的最初三年里，X的最主要经费来源都来自组织科，其负责人也曾多次在访谈中抱怨无法承接街道其他科室发布的项目，因为这些项目大多都给了这些科自己成立的社区社会组织。X承接项目时，主要以组织科的工作目标为导向，即使是超出项目协议的内容也会主动承接。街道其他科室也孵化出了类似于X的社会组织。

换言之，T街道试图以购买社会组织服务的策略来应对行政发包体系内的繁杂发包任务。经验观察揭示了这种外包的深层特征：

首先，行政部门掌握着对承包方的很强控制能力，两者间事实上处于一种从属关系而非市场意义上的平等状态，这种控制关系往往通过人员控制而非契约来实现。我们仔细研究了T街道下属26家社区社会组织的法人资料，发现其中有16家社区社会组织的法人曾有过体制内工作经验，占总数的61.54%。这种控制机制可以确保多数社区社会组织围绕街道及其职能部门的需求开展工作。T街道职能部门实际上常把这些社会组织看作“自己人”。

其次，购买服务的“契约”始终处于次要位置，具有弱约束性。与典型的市场外包不同，我们在T街道观察到的服务外包是围绕行政部门的工作要求和应对各种不确定发包任务而产生的。因此发包方和承包方实际上都清楚发包任务的边界是模糊的，承包方常会应发包方的要求增加或调整工作事项。

再次，由于这种外包具有服务于属地行政发包体系的作用，因此其中蕴含着特殊的信任机制和依赖关系，发包方根据偏好在属地内选择主要合作伙伴。据跟踪观察，T街道购买社区社会组织服务项目时偏好于在属地内社区社会组织中选择承包方，如2013年街道9个科室申报了31个项目外包给18个社区社会组织，其中16个社区社会组织是街道科室培育的。这就清晰地表明了在这种服务外包中，蕴含着属地化偏好的选择机制。

最后，由于这种外包的核心目标是解决行政发包体制内的问题，因此承包方往往会被赋予一定的“准行政权威”，甚至获准使用行政部门的内部权力运行管道。我们收集了T街道N居委会自2013年以来的“台账”资料，发现“台账”准确地记录了“街—居”间行政任务的流转轨迹。经详细比对，我们发现2013年N居委会记录的工作台账中，约有32.12%的工作任务实际上由各类社区“社会组织”所部署。社区社会组织与居委会间本是平等关系，但前者能向后者发布工作任务，就表明前者由于承包了体制内的各种任务，因而具有一定的权威地位。

上述特征表明，T街道越来越倾向于把“购买”社会组织服务当作重塑自身灵活性与弹性的策略。在这种思路下，基层政府表现出了很高的发展社区社会组织的积极性，这种做法也确实提升了基层政府的公共服务供给能力，但在社区社会组织总量快速增长的背后，却出现了基层政府“借”社会组织之“道”来解决自身治理问题的新逻辑。这种背景下快速成长的社区社会组织实际上“社会”属性总体不足，其与基层政府之间的组织边界日趋模糊。

回顾T街道基层政府部门与社区社会组织关系的演变轨迹，我们可以清晰地发现，其受到“区—街”与街道治理体系互动机制的影响。无论是行政“吸纳”社会，还是行政“借道”社会，都不是某种社会理念或宏观政策的简单映射，而是基层政府面对不同压力时所做出的策略性选择。

总体来说，发生在T街道的故事并非偶然。在多层级行政发包体制内部遇到相近的张力时，以行政“借道”社会手段来应对问题是一种普遍的选择。在同样面临着上级“发包”、下级“行政”张力问题的西南地区C市J区，我们也看到相似的现象：该区于2010年上收街道招商引资权，取消街道的税收返还奖励。此后该区基层政府就开始大规模孵化社会组织，全区累计购买服务资金仅2014年即1.8亿元，较2010年增幅达1000%。这些社区社会组织也存在紧密嵌入基层行政网络的行政“借道”社会现象。

三、启示与进一步思考

我们在理论和案例分析的层次上讨论了，多层级行政发包体制不同演变形态对政社关系的影响机理。本书的理论内涵与当前国内理论界几种主流理论相比存在显著区别，值得进一步梳理和引申。

首先来比较本书理论框架和“国家与社会”理论解释的差异。历经多年的发展，以及伴随着“多元主义”“法团主义”等西方理论视角的引入和本土化融合，“国家与社会”理论已成为当前国内社会学、政治学研究领域研判国家社会关系的主流理论。“国家与社会”理论常把各级政府整体化地看作“国家”，并设想“国家”具有清晰一致的发展和引导社会组织的战略思路，因此自上而下地设计了社会力量所处的制度环境。在此假设下，研究者大多强调改革国家的宏观制度设计，并引入更为积极的“国家社会合作理念”，[1] 从而整体性地推动社会组织制度环境优化。

和“国家与社会”理论不同，多层级行政发包理论认为，国家与社会的边界实际上是由政府内部运作逻辑与过程决定的，行政发包体制内部多层级政府代理人之间的互动、冲突与调适决定了社会组织的功能定位及其动态调整。根据传统的“国家与社会”理论，国家被视为一个整体，理性地设计和选择政府与社会组织的关系与边界。这更体现了委托人的机制设计视角，而本书的理论更是从代理人的视角，强调多层级政府代理人之间的互动关系与内在张力，如何“意外”地塑造了社区社会组织的功能与特征。

本书理论框架区分了不同政府层次治理结构的演变，因而可以分析行政体系内更为复杂的权力和资源配置机制，以及这种机制与社会力量发育之间的隐蔽关联。在此基础上，面对相似的基层治理现象，多层级行政发包理论可以看到和“国家与社会”完全不同的方面。比如：本书的分析框架允许我们识别

---

〔1〕 梁昆、夏学銮：《中国民间组织的政治合法性问题：一个结构—制度分析》，载《湖北社会科学》2009年第3期；严振书：《现阶段中国社会组织发展面临的机遇、挑战及促进思路》，载《北京社会科学》2010年第1期。

出行政“吸纳”社会与行政“借道”社会两种不同的国家社会关系形态，并注意到不同情境下社区社会组织发展面临着迥异的难题与挑战。又如：我们发现，在行政“借道”社会的情境下，街道与社区社会组织之间的边界从外部特征（如资产所有权）来看，体现了国家与社会的清晰边界，而我们的案例分析表明，两者之间所谓的国家与社会边界其实是不清晰的。这个例子充分说明，在中国识别国家和社会边界的复杂性，必须深入研究两者关系的本质特征。[1]

在改革思路上，多层级行政发包理论主张应该基于行政发包制的运行现状重新考察社会组织的制度环境。本书的理论思路更强调通过合理的方式，推动多层级治理转型的同步化和协调化进程，同时以制度化方式明晰行政权的配置边界，缩减行政发包中的自由裁量权空间，改革激励模式以鼓励发包方政府探索以社会机制解决治理创新问题。

另外，本书理论与新公共管理运动中服务外包理论也存在显著差异。近年来，随着新公共管理运动在国内公共管理研究领域产生越来越重要的影响，许多学者开始用西方的服务外包理论来解释城市基层治理中日趋普遍的政府购买社会组织服务现象。新公共管理理论主张用市场的力量改造政府，让私营部门与其他社会主体参与公共服务的供给，在公共部门与私人部门之间、社会机构之间引入竞争机制，从而提高服务供给的质量和效率。[2] 在这一理论看来，运用政府合同外包的方式来发展社会组织，既可以提升服务的效率和质量，又可以降低公共服务的成本。因此该理论假设了基层治理转型的改革方向是塑造透明、具有竞争性的公共服务外包市场。

多层级行政发包理论则提醒我们注意新公共管理理论在中国服务外包领域的适用范围。在本书看来，一旦由于多层级行政发包体系出现张力而呈现出行政“借道”社会情形时，该理论想象的市场竞争逻辑即不适用。在这种境况下，政府购买服务核心目标并不在于控制成本及提高效率；相反，我们的理论倾向于认为这种购买服务体现了，基层政府以“曲线”方式重塑自身的弹性

---

〔1〕 行政发包制理论关于国家和社会边界的识别不是简单地根据资产所有权，而是更强调晋升序列作为主要判别标准的意义。参见周黎安：《行政发包的组织边界：兼论“官吏分途”与“层级分流”现象》，载《社会》2016 年第 1 期。

〔2〕 世界银行：《政府向社会组织购买公共服务的国际经验》，2009 年 6 月 1 日，载 http：//documents. shihang. org/curated/zh/219751468023961919/Outsourcing – social – services – to – CSOs – lessons – from – abroad，2020 年 8 月 6 日。

和灵活性空间的努力。一个典型的例子是，许多研究都发现基层政府在购买服务时常排斥跨区域的承包方竞争，甚至为竞争者设置“隐性竞争壁垒”,[1]——这类现象在服务外包理论看来是不合理且需要改革的。但在本书看来却是行政“借道”社会模式下基层政府的必然选择。基层政府之所以排斥跨区域的承包方竞争就在于，其要通过“外包”来解决行政体系内部的张力，因此必须和承包方之间形成特殊主义的关系纽带，而跨属地边界的承包方与基层政府间形成此类纽带则更为困难。

在改革方向上，多层级行政发包制理论并不过于强调引入市场竞争机制来推动基层政府的公共服务外包改革。本书的理论倾向于改变购买服务的模式，强调基层政府购买服务必须以社会的实际需求而非行政部门诉求为依据，这就需要形成公共服务外包与基层民主、自治之间的良性对接。

总体来看，多层级行政发包理论与传统理论在研究发现上的这些差异，启发我们从中观层次的当代中国治理转型情境出发，剖析当前国家社会关系中的深层次问题，从而使我们得以超越宏观和应然的理论话语羁绊，在更为具体的层次讨论治理转型的条件与约束。

立足于进一步推动社会力量发展的宏观改革战略目标，本书认为当前社区社会组织发展中的一些深层问题，实际上与基层政府缺乏长期战略的技术主义发展思路有着密切关联。而这种情况的出现，在较大程度上与基层政府所面对的治理条件、约束复杂多变有关——如果缺乏一种长期、稳定的保障机制，那么基层政府在这种多层级治理体系运转方式不断调整的影响下，就倾向于实施短期、工具主义的制度措施，进而导致社区社会组织难以形成长期发展预期。针对这一深层问题，我们认为当前较为可行的改革思路包括两个方面：首先，通过强化党建对基层治理体系的引领与统筹作用，推动基层政府形成治理创新的长期战略。由于党建组织网络是当前基层治理中跨政府部门、跨不同组织体系以及上下级联动的重要整合力量，因此充分发挥党建引领作用有助于提升不同层级行政改革的协同度，也有助于帮助基层政府控制治理实践中的不确定性，进而形成长期的社会组织发展思路。另外，通过法治手段，为政府与社会组织间的良性互动提供重要保障。从而使基层政府在发展社会组织时，面对一

---

[1] 敬乂嘉：《社会服务中的公共非营利合作关系研究——一个基于地方改革实践的分析》，载《公共行政评论》2011年第5期；黄晓春：《当代中国社会组织的制度环境与发展》，载《中国社会科学》2015年第9期。

些刚性的、立足长远的制度约束，提升政府治理与社会自我调节良性互动的水平。

总体而言，本书的理论分析有助于研究者对当前基层治理场域中，政府与社区社会组织关系的多样性及其背后的决定因素形成总体研判。这将为新时期进一步推动政府治理与社会自我调节、良性互动提供重要的理论和政策依据。与传统的宽泛研判不同，我们识别出了社区社会组织领域政策执行中三种不同的制度环境，即：强激励政策背景下“鼓励发展”、弱激励背景下“风险控制”，以及行政体系内部改革出现张力时的行政“借道”社会。这种理论视阈为政策优化提供了更具针对性的类型学框架，从而超越“一刀切”式的传统治理模式。

此外，在治理转型的时代背景下，基层政府行政“借道”机制在于其双重功能：一方面能解决行政体制面临的改革难题；另一方面又为新型组织的出现和发展提供了可能——因为一旦改革的不协调问题得以解决，那么基层政府就可能减少对这些“借道”组织的隐蔽控制，此时，后者已经具备一定规模，并有可能在新的起点上发展自主性，进而促成新的经济社会空间成长。就此而论，从长周期看，基层治理中的行政“借道”机制也是一种特定情境下的政府发展社会力量的机制。

第三章　党建引领：迈向系统制度构建

近年来，“党建引领”这一制度要素开始在中国社会治理的各领域发挥核心作用，例如：在基层治理的跨部门协同中，党建引领成为“条条”之间、“条块”之间，跨越组织藩篱开展高效协同的重要制度依托；[1] 在基层社区居民自治领域，党建引领逐步成为有序推动社区公共性构建的重要保障；[2] 在社区服务与建设领域，党建引领成为基层治理体系治理能力提升的重要条件。[3] 这些改革创新探索一方面与党的十九大以来，党中央明确强调以提升基层党组织的组织力为重点，强化基层党组织领导基层治理的改革要求有关；另一方面也与党建治理机制所蕴含的独特制度优势密切相关。

在当代中国治理转型的四十余年改革历程中，党建引领的制度优势是逐渐浮现的，其工作领域也经历了一个不断拓展的过程。以城市基层党建为例来看：改革初期，城市基层党建主要在体制内单位发挥作用，彼时街道党建的工作领域主要限定在“街—居”体制内，发挥作用的空间也比较有限；随着20世纪90年代末至21世纪初基层治理任务的急剧扩大，街道党建逐步向“社区党建”转变，这时基层治理部门开始发现党建网络的弹性、灵活性和延展性可以更有效地推动跨部门协同和跨领域联动，于是党建工作逐步成为基层治理领域整合多方力量的重要制度保障，“区域化党建”“城市大党建”的工作理念也逐步形成；[4] 随着党的十八届三中全会以来，国家日益注重发展社会组织和激发社会活力，如何进一步发挥党建制度优势以便更好地引领社会力量发展，成为近年来基层改革创新的重要着力点，在这一阶段，全国各地都探索出

---

〔1〕 李友梅：《当代中国社会治理转型的经验逻辑》，载《中国社会科学》2018年第11期。

〔2〕 黄晓春：《党建引领基层自治共治：实践与理论思考》，载《党政论坛》2017年第3期。

〔3〕 曹海军：《党建引领下的社区治理和服务创新》，载《政治学研究》2018年第1期。

〔4〕 这些工作理念都强调，通过党建工作推动跨领域的制度协同与力量互补。如上海市徐汇区从2007年开始就强调“单位党建、区域党建、行业党建”互联互补。

了许多内涵丰富的党建引领社会组织发展的治理模式。

考虑到历史的连续性和治理领域的整体性，本章将以一种系统制度研究的视角，聚焦党建引领在基层社区发挥的总体性制度效应，并基于此考察党建引领对于社区社会组织发展的重要影响——这区别于传统的局限于社会组织内部党建工作而展开的研究。[1] 基于这一研究设计，本章首先将讨论党建引领对社区治理领域的整体性意义，继而在此基础上研判党建引领对社区社会组织发展的重要影响机制，最后本章将结合国内前沿地区的改革探索，简要讨论未来党建引领社区社会组织发展的制度创新思路。

一、党建引领与社区治理创新

在当代中国社会治理研究领域，党建引领及其运行机制也许是实践与研究积累反差最大的研究议题。一方面，在过去多年的治理实践中，党建机制在许多重要领域都发挥了战略性功能；但另一方面，学界迄今为止对党建引领的讨论，更多是停留在现象描绘与经验概述的阶段，对党建引领所依赖的组织机制及其条件、约束缺乏深度研讨。其后果是，研究者无法从总体上形成党建引领社会治理的分析框架，也就难以对未来改革方向做出总体性研判。这种研究现状客观上需要我们超越对党建引领的各种形式描绘，向机制分析的纵深层次探求内中机理。

此外，现有研究对“党建引领”这一术语的运用也是抽象而含混的。由于论者很少区分党建是在哪些维度以哪些方式发挥作用，往往是笼统地谈论党建引领的治理功能，因此很难在学术积累的层次推动概念化和解释机制的纵深化发展。例如：有些研究在分析党建引领时，实际上强调的是其在治理网络上的强有力整合性；[2] 另一些研究更强调党建引领的价值倡导与协调功能；[3] 还有研究关注的是党建的基层公共文化建设功能。[4] 这些研究虽然都发现了

---

〔1〕 在这些传统研究中，研究者把分析的视角更多聚焦于社会组织内部的党组织建设及其效果之上，相对忽略了党建工作通过推动社区治理领域的总体性变化，而施加于社会组织的影响。

〔2〕 李威力：《党建引领的城市社区治理体系：上海经验》，载《重庆社会科学》2017 年第 10 期。

〔3〕 叶敏：《新时代党建引领社会治理格局的实现路径》，载《湖南师范大学社会科学学报》2018 年第 4 期。

〔4〕 唐亚林、刘伟：《党建引领：新时代基层公共文化建设的政治逻辑、实现机制与新型空间》，载《毛泽东邓小平理论研究》2018 年第 6 期。

基层实践中党建的某些功能，但由于其缺乏对“党建引领”功能维度进行细致勾勒，因此导致不同研究间难以形成有效率的学术对话。不仅如此，由于多数研究并未在党建的组织工作特质与功能间建立起清晰的因果机制，因此亦难形成党建引领社会治理的整体知识脉络。质言之，这也是该研究领域理论建构不足的重要缘由。

针对上述研究现状，本章试图以中观组织学研究视角对党建引领社会治理创新的运行机制进行整体性讨论，从而构建党建在社会治理领域发挥作用的基准理论框架，并在此基础上研判未来进一步推动党建引领社区社会组织发展的相应改革思路。需要说明的是，党建工作是一个包含宽广内涵的系统工作领域，[1] 其在不同治理层级和不同治理领域有不同的工作重心，本书的讨论主要限于社区的治理领域。

学界普遍认为，当代中国社区治理模式转型是一个多线程的复杂进程。涉及三条基本主线：第一条主线是本土情境下多元治理结构的发展。这一改革主线强调治理转型的方向是改革传统的政府单边治理模式，形成国家、社会与市场多主体间的良性合作关系，以及保障治理主体间的分工协同。[2] 围绕这一改革主题，国家提出“党委领导，政府负责，社会协同，公众参与，法治保障的社会治理体制”“激发社会组织活力”等宏观政策目标，并鼓励各级政府探索政社合作新模式。第二条主线涉及政府职能转变的过程与机制。理论界普遍认为，治理转型也是政府角色与职能调整的过程。在操作层面，政府职能转变的改革进程强调，在不同层级政府、不同职能部门间厘清职能边界，塑造高水平协同治理的整体治理网络。[3] 第三条主线主要围绕践行基层民主治理模式展开。这种治理方式更切合现代多元、分化社会发展形态的内在要求，[4] 国

---

〔1〕 详可参见中共中央文献研究室、中共中央党校编：《刘少奇论党的建设》，中央文献出版社1991年版。

〔2〕 肖文涛：《社会治理创新：面临挑战与政策选择》，载《中国行政管理》2007年第10期；张康之：《合作治理是社会治理变革的归宿》，载《社会科学研究》2012年第3期；宋煜萍：《公众参与社会治理：基础、障碍与对策》，载《哲学研究》2014年第12期；李培林：《社会治理与社会体制改革》，载《国家行政学院学报》2014年第4期。

〔3〕 胡佳：《迈向整体性治理：政府改革的整体性策略及在中国的适用性》，载《南京社会科学》2010年第5期。

〔4〕 姚远、任羽中：《“激活”与“吸纳”的互动——走向协商民主的中国社会治理模式》，载《北京大学学报》（哲学社会科学版）2013年第2期；赵秀玲：《“微自治”与中国基层民主治理》，载《政治学研究》2014年第5期。

家日益强调在基层民主和协商民主领域探索新型运作机制、推动制度创新。

这三条主线相互交织于一体，构成了中国社区治理模式转型的总体历史图景。在一个渐进式改革的总体框架下，不同主线都会遇到一些深层次的改革难题，由于制度的相互嵌入性，这些难题还会相互交织、互为强化，这对于社区治理领域的改革无疑会提出更高挑战。相较于西方国家上百年的治理实践而言，我国仅用较短的时间就取得了上述领域的显著成就，[1] 这其中的深层机理恰恰蕴含于党建治理机制的时代探索之中。

1. 多元治理中的活力与秩序双重把关：党建引领的核心要义

抽象来看，社区治理体系就是塑造社会生活秩序系统的一套结构性制度安排。其中，来自政府和社会的力量构成了这套秩序体系维系的重要依托。这两种力量的权力来源各不相同，政府权力来自科层体系的强制权威；而社会权力则来自社会契约与协商认同过程。在治理实践中，政府与社会力量互为补充、相互协同，共同塑造了社会生活中的日常秩序。以当前基层治理中的社区发展目标（社会团结机制、多层次公共服务体系、社会组织体制和多元治理结构）为例，这些目标的实现无不需要政府与社会力量的合作治理。就此而言，当代中国基层治理现代化的历史进程，首先要探索新型的政府与社会合作治理模式，在此基础上不断建构多主体参与的多元治理结构。

从宏观政策导向来看，国家也一直试图构建富有中国特色的多元社会治理体系。党的十六届四中全会就明确提出，要“加强社会建设和管理，推进社会管理体制创新……建立健全党委领导、政府负责、社会协同、公众参与的社会管理格局”。党的十八大报告进一步指出，“要围绕构建中国特色社会主义社会管理体系，加快形成党委领导、政府负责、社会协同、公众参与、法治保障的社会管理体制”。党的十八届三中全会在此基础上不仅提出，要“鼓励和支持社会各方面参与，实现政府治理和社会自我调节、居民自治良性互动”，更单辟一点强调“激发社会组织活力”。党的十九大报告在新的历史方位上提出，“打造共建共治共享的社会治理格局”，并指出未来社会治理创新与改革的方向是“社会化、法治化、智能化、专业化”。上述梳理表明，近十年来，国家日益把政府、社会多元参与治理的社会治理格局提上议事日程。

然而，在治理实践层次，要推动多元参与，尤其是实现政府治理与社会自

[1] 李友梅：《中国社会治理的新内涵与新作为》，载《社会学研究》2017 年第 6 期。

我调节良性互动并非易事。立足于中观层次的分析，我们可以发现：政府行政治理所强调的纵向秩序整合机制与社会力量参与治理所借助的横向秩序协调机制，各自暗含着一些相互矛盾诉求，并在各自运作的领域中自发地排斥另一套机制的涉入。比如：纵向秩序整合机制本质上是建立在一元权力中心基础上的自上而下命令协调机制，它借助于等级化的科层管理架构和相对封闭的命令体系而运作，使社会生活按照某种预设的“秩序图景”而演化；而横向秩序协调机制则是产生于开放式社会的多中心之间。它的实现方式主要借助于跨利益群体、党派、阶层的平等协商，形成基于多方“同意”的秩序——可见这两者在基本组织方式上都暗含着相互排斥的要素，因此，任何一个社会试图将两者有机结合起来，都会面临很大的挑战。〔1〕

从这个角度来看，“政府治理和社会自我调节、居民自治良性互动”的多元治理改革目标，实际上就是要从深层次上推动政府行政治理与社会自我调节系统间的相互衔接与融合。而要素有在“强政府”传统的当代中国实现这一目标，就需要形成一些强有力的保障措施以克制政府行政体系的扩张冲动，并为社会自我调节系统留下足够的制度空间。在现实中，这些保障措施常常难以实现，因此政府治理与社会自我调节系统的相互衔接也就常会遇到深层次“瓶颈”，以至于出现“行政吸纳社会”的现象，〔2〕比如：我们常常会发现社区自治平台在行政干预下处于“空转”状态，许多横向协商机制也处于可有可无的状态。

立足于当代中国渐进式改革的时代情境，我们可以从基层改革中看到上述政社合作难题的深层肇因。由于基层政府处于运动式治理和“层层加码”治理体系的末端，〔3〕常面临着目标考核的艰巨压力，〔4〕因此面对林林总总的治理目标时，总倾向于用最直接、见效最快的行政治理手段，这样就导致社会机制和多元协商的空间缺乏有效的保障。在这种现实改革情境下，何种力量与机

〔1〕 李友梅：《中国社会管理新格局下遭遇的问题：一种基于中观机制分析的视角》，载《学术月刊》2012 年第 7 期。

〔2〕 康晓光、韩恒：《行政吸纳社会——当前中国大陆国家与社会关系再研究》，载《中国社会科学》（英文版）2007 年第 2 期。

〔3〕 荣敬本、崔之元：《从压力型体制向民主合作体制的转变：县乡两级政治体制改革》，中央编译出版社 1998 年版。

〔4〕 王汉生、王一鸽：《目标管理责任制：农村基层政权的实践逻辑》，载《社会学研究》2009 年第 2 期。

制可以为政社良性互动提供重要支持？又是何种制度网络可以为多元协作治理提供重要的保障？

从历史的视角来看，许多重要城市的党建治理机制最初就是沿着上述治理瓶颈逐步发展起来的。不同于行政系统具备明确的治理目标，党群部门的发展目标相对模糊，旨在逐步加强党对基层社会的价值引领和组织领导，对公共服务型社会组织的发展有着极为特殊的认知结构和影响机制。[1] 基层党组织从巩固党的执政基础、强化党的群众工作的角度出发，常常愿意为自下而上的社会自我协调机制形成提供重要的制度保障。

改革开放以来，随着社会结构深刻转型，党建支持多元互动的制度化网络得到了快速发展。1996 年，上海首倡“社区党建”，并迅速成为各地普遍采用的制度模式。2004 年上海试点“区域化大党建”并逐步扩展。同年，《中共中央办公厅转发〈中共中央组织部关于进一步加强和改进街道社区党的建设工作的意见〉的通知》（中办发〔2004〕25 号）首次提出了区域化大党建的概念，要求各级党组织结合实际进行探索实践。党的十七届四中全会后，中组部对区域化党建的内涵进行了深化，明确提出区域化党建是“以街道党组织为核心、社区党组织为基础，驻区单位党组织和全体党员共同参与，优势互补、资源共享、共驻共建的党建工作新机制”。在此期间，各地掀起了从“社区党建”到“区域化大党建”的城市基层区域化党建浪潮，学界对区域化党建的研究也与日俱增，逐步认可区域化党建是对传统党建的突破和创新，具有地域性、网络性、开放性、整合性、多元性等特点。这种新型治理机制有助于从深层次上保障政府行政力量与社会力量之间的和谐互动，也为社会力量的生长提供了重要的制度化支持。

2017 年，全国城市基层党建工作经验交流座谈会在上海召开，会议强调“强化街道党组织统筹协调功能，推进街道社区党建、单位党建、行业党建互联互动，扩大商务楼宇、各类园区、商圈市场、互联网业等新兴领域党建覆盖，健全市、区、街道、社区党组织四级联动体系”，一套组织严密、架构清晰的政党组织网络日渐成型，党的组织网络成为基层治理领域连接体制内外和不同治理主体的新平台。党建引领政社合作正在逐步探索一套超越行政机制和社会机制的新型制度框架，以及更具弹性的整合机制。近年来，许多地区的改

---

〔1〕 黄晓春、嵇欣：《非协同治理与策略性应对——社会组织自主性研究的一个理论框架》，载《社会学研究》2014 年第 6 期。

革实践进一步表明，党建引领对于推进多元治理结构的有序运行具有极为重要的改革意义。可以说，以党建机制为保障和支撑体系，推动多元治理结构的有效发展，已成为近年来各地基层治理创新的重要切入点。

2. “整体治理结构”与跨体系协调：党建整合机制的制度性优势

20 世纪 70 年代以来，世界各国都注意到了克服行政部门“碎片化”运行惯性，提升行政部门间的协同治理水平，以构建扁平化、无缝衔接“整体治理”模式，对于提升治理效能具有至关重要作用。[1] 我国政府也高度重视在社区治理中提升跨部门的整体治理能力，这就涉及如何有效构建跨行政体系的部门协同机制这一深层问题。前沿研究发现，这个问题的有效应对涉及国家治理中一个两难挑战：一方面，“条”和“块”关系并不像传统研究所定义的“专业管理”和“属地管理”那么简单，客观上还承担着行政体系内分权与相互制衡的总体性治理目标，因此事实上必需保持一定张力；[2] 另一方面，在基层治理实践中，“条”“块”间又必需保持高度协同，以更好地提供公共产品和服务。面对这种深层次的两难挑战，传统的部门整合、制度整合方案由于无法兼顾上述两方面诉求，因此常难以为继。

具体来看，改革以来，社区治理领域中的“条”“块”关系几乎一直在调整中。[3] 其中面临的核心难题可以概括为一种“两难困境”：一方面，“条”上职能部门大多是专业治理部门，同时随着垂直化水平的不同，与上级职能部门保持着水平不一的标准化衔接。在“条”内部，要实现专业化能力的有效发展，就必须实现一定水平的封闭。[4] 同时从“条”的科层化技术理性发展角度来看，也要求“条”内形成自上而下的强有力的权威运行机制，这同时会强化“条”保持相对独立性的内在诉求。另一方面，“块”上政府要有效地对辖区实施综合管理，实现“守土有责”的“行政发包”的治理机制，[5] 就

---

〔1〕 胡佳：《迈向整体性治理：政府改革的整体性策略及在中国的适用性》，载《南京社会科学》2010 年第 5 期。

〔2〕 周黎安：《转型中的地方政府：官员激励与治理》，上海人民出版社 2008 年版。

〔3〕 以上海为例，有迹可循的“条块”关系调整就有 5 次之多。每次调整几乎都强调向“块”上赋权，强调“条块结合，以块为主”，不断强化“块”对“条”的协调和整合。但每次改革后不久，“条”上就开始收权，导致上一轮改革的成效在一定程度上弱化。如此周而复始，“条”与“块”之前的权力收放如同钟摆运转。

〔4〕 这其中的道理，汤普森在《行动中的组织》中已有明确的阐述。详可参见［美］詹姆斯·汤普森：《行动中的组织》，敬乂嘉译，上海人民出版社 2007 年版。

〔5〕 周黎安：《行政发包制》，载《社会》2014 年第 6 期。

必然试图对辖区内的“条”上职能部门进行多方面的整合，使其在“块”统一领导下以较高水平开展协作治理。这种内在诉求要求“块”打破“条”的组织边界，实现有效的跨部门协同。这样一来，社会治理领域就同时存在保持独立性的诉求和实现横向整合的诉求，这两种诉求各自都有着深远的体制内渊源，难以达成均衡。

在四十余年的治理实践中，党建作为一种新型治理机制开始日益显现出跨体系协调的政治优势。由于无论是“条”还是“块”上政府机构都在同级党组织的领导下，因此不同行政部门间可以借助党建组织网络迅速建立起稳定的制度化合作框架，由此就可以在既不打破“条”或“块”的既有组织边界，以及现有规章条例的情况下，灵活地依托党建联建网络形成意见交流、资源共享、优势互补的协同治理新模式。这种治理机制一方面符合“条”“块”间保持彼此独立性的宏观治理需求；另一方面又有助于在公共服务与管理中，促成部门合作，因此深受基层治理部门的欢迎。

20 世纪 90 年代始，北京、上海等特大城市就开始以社区党建为依托，探索以党建促进跨部门合作的治理经验。1996 年 4 月 20 日，中组部印发《关于加强街道党的建设工作的意见》，明确提出“街道党委要领导街道办事处和工会、共青团、妇联等群众组织，支持和保证行政组织、经济组织和群众自治组织依照法律和各自的章程充分行使职权，协调好各方面的关系”，在此之后，各地纷纷强化社区党建的组织网络建设，以街或镇党委为核心，以党建机制吸纳条线政府部门深度融入社会治理工作。党的十九大更是明确强调：“要以提升组织力为重点，突出政治功能，把企业、农村、机关、学校、科研院所、街道社区、社会组织等基层党组织，建设成为宣传党的主张、贯彻党的决定、领导基层治理、团结动员群众、推动改革发展的坚强战斗堡垒。”这意味着，新时期基层党建治理网络在整合、协调条、块关系的基础上有了更大维度的拓展和深化，开始把更多治理主体吸纳其中。

3. 公共性构建中的社会领域赋权机制：党建吸纳的深层机理

我国社区治理体系改革与创新的基本趋势是日益强调激发社会活力，动员社会组织、社会力量和公众参与到各类公共治理活动中去。从人类历史和社会治理模式演进的一般规律来看，激发社会活力首先要解决社会力量对公共问题的持续关注，继而形成长效、稳定的参与机制，以及理性、负责的参与精神。在社会结构日趋分化、社会开放度与流动水平不断提升的当代中国，上述问题的有效解决不仅涉及技术层次的制度建设，从深层次上看，还涉及公共性生产这一核心问题。

简单来说，公共性指涉的是人们从私人领域中走出来，就共同关注的问题开展讨论和行动，由此实现私人向公众的转化。从人类社会现代化转型的历史进程来看，公共性生产的过程就是个体基于理性精神参与公共活动，维护公共利益和价值取向的过程。若无公共性的持续生产，任何社会都不太可能有实质性的社会协同与公众参与，社会活力也将面临“无源之水”之境地。[1] 但公共性的生产是一个极为复杂的现代社会核心问题，其同时涉及公共领域的稳定营造、健全公民意识的培育、公平开放的社会参与程序，以及理性与法治的公共参与精神等多个维度。就此而言，“公共性”生产并不等同于中国传统语境下“公”的重塑，而是着重于参与机制和公众有序参与公共活动的过程。

从操作性角度来看，公共性生产的过程离不开两个相辅相成的历史进程：一是政府对社会领域的有序赋权。因为公共性的生长问题本质上是一种权力关系的改革，没有这种赋权即权力关系的调整，公共性的发育过程就充满不确定性。二是社会形成良性、有序的自我协调与自我组织能力。唯有如此，社会的主体性才能有序生发，个体超越自身狭隘利益，关注公共生活才具有稳定的社会基础。

在当前社会治理领域，公共性得以有效建构的前述条件都面临着一些深层难题：一方面，在渐进式改革的背景下，向社会领域的赋权势在必行，但赋权后如何保证有序的治理参与又是新问题；另一方面，社会形成良性的和有序的自我协调能力也是需要引导的，在一个日益开放、流动和观念多样化的时代，何种机制能有效保障这种社会自我协调能力的发展，也是一个新问题。如果这些难题不能在清晰的制度化框架下有效应对，那么公共性的生成就将遇到深层瓶颈。

正是在这个意义上，以党建机制吸纳社区参与，在确保循序渐进社会赋权的前提下，为社会自我协调能力的有序发展提供支持，就成为转型期治理创新的重要内容。近年来，国内许多地区都纷纷探索党建引领基层自治共治的做法，这一治理机制恰恰探求了一种以政党嵌入式工作机制，促进活力与秩序良性相依的新格局。一方面，党建的多层次引领功能更注重“软”的价值引领、

---

〔1〕 李友梅、肖瑛、黄晓春：《当代中国社会建设的公共性困境及其超越》，载《中国社会科学》2012 年第 4 期。

人才引领、专业引领和项目引领，从而实现了在活力迸发的，同时嵌入式的柔性引领，有助于基层自治与共治的秩序得到有效维护；另一方面，更具开放性的党建工作网络、平台与机制，又为自治与共治所依托的公共性形成提供了重要的赋权机制，因而有助于多元治理活力的不断激发。

概括来看，党建作为一种重要社会治理机制，对于推动跨部门和跨领域的协同治理，引领多元治理结构规范运行，乃至推动当代中国公共性的有序萌生，都具有不可或缺的核心作用。四十多年来，国内不同地区在推动社区治理模式创新的过程中，不断围绕上述领域探索党建引领社会治理的新做法，这些经验对于新时期不断创新社会治理、加强基层建设具有重要意义，值得学术界进一步从中提炼出相应的制度模式和理论话语。

专栏4：上海市临汾路街道党建引领社区社会组织发展〔1〕

近年来，上海的城市基层治理架构发生了重要的转变。一种更强调以民生为导向、向下负责的基层公共服务体系，以及注重激发社会活力，强调多元共治的新型治理模式正逐步取代注重服务经济和行政推动的传统治理模式。此时，临汾路街道开始探索新体制格局下党建引领社区社会组织有序参与基层自治共治的新做法。与传统工作格局相比，临汾路街道最近几年的改革更注重系统化、多层次的体制、机制建设，逐步形成了街镇、街区、居民区三个层次、一体化衔接的党建引领社区社会组织参与自治共治工作网络。

1. 街道层次推动社会组织有效参与多元共治

调研发现，临汾路街道的区域化党建工作网络有效推动了社会组织积极围绕公共事务参与多元共治。临汾路街道围绕市委创新社会治理加强基层建设的战略思路，将中心工作转移至公共服务、公共管理与公共安全领域。而公共服务、公共管理事务的定义则取决于区域化党建引领下的社区公共议事机制，社会组织成为多元议事机制中的重要组织力量，开始在更为广泛和深入的维度参与社区公共议事活动。举例来说，以往的社区重大服务实事项目往往是体制内决策决定的，但近两年来，临汾路街道辖区内活跃的社区社会组织都可以通过社区委员会机制自下而上地表达意见，并成为影响公共决策的重要力量。

2. 在居民区层次推动社会组织融入居民区自治体系

近年来，临汾路街道在居民区层次形成党组织引领、支持和保障的社区社会组织发展体系，并通过社区社会组织形成了发现（挖掘）社区需求、吸纳公众参与、培育社区骨干、增进社区认同的基层自治新路径。尤其是2014年上海市委推进社会治理深度创新以来，临汾路街道的许多居民区都开始进一步推动居民区党组织、居委会借力社会组织开展自治的新做法。

〔1〕 本案例来自黄晓春《上海市静安区临汾路街道社会组织发展观察报告》，民政部政策研究中心2018年组织的全国观测点研究报告。本书对报告内容进行了编辑和缩写。

3. 在街区层次实现社会组织与居民需求之间的有效对接

目前，为更有效地开展公共服务，临汾路街道在街区（包含多个居民区）层次建立了“一站式、综合化”的社区服务中心，将各类科教文卫体、助老、公益、便民、群团类服务平台归集起来，以增进邻里和谐、倡导互帮互助、促进居民自治为目标。街道依托各类社区社会组织和群众团队，采用项目化方式，提供各类为民服务活动。以街区为阵地，街道党组织整合社区单位资源、集聚社会组织、组建志愿者服务团队、引导居民自治活动，从而构建社区社会组织、社工、社区“三社联动”平台，进而提高社区共治与自治水平。此外，临汾路街道还在街区层次探索了群团组织资源集约使用的新机制，将街道的群团工作力量集中在街区使用，使党的群众工作通过共治、共享方法在街区发挥更大效能，使群众自下而上的诉求能更敏捷地传递到街道共治体系。

4. 依托社会组织形成了党建引领自治共治的“嵌入式”新方法

在现代背景下，自治与共治都日益体现出了专业化特征，因此不是单纯依赖积极性、参与热情和善意就能自然而然地解决问题。诸如小区停车难、物业设施维修等问题都需要相当的专业知识才能有效解决。因此，现代政党组织往往会通过扶持专业化支持机构的方式，在实施专业化支持的同时，实施“润物细无声”的有效引领。相较于传统的组织引领，这种方式更为有效，也更容易嵌入基层自治、共治的深层次运行机制中去。临汾路街道近年来在党建引领基层自治共治中，探索了许多以培育专业化社会组织为切入点的引领机制。比如：通过党组织孵化的专业物业服务机构，从而实现了党组织对业委会的有效引导；通过组建“社区自治指导服务中心”，探索了以专业化力量引导社区自治的新方法；通过组建更具专业性的“社区党群工作事务所”，更好地实现了以专业方法提升社区共治效能的治理目标。从这个角度来看，临汾路街道近年来的探索与创新，体现了以专业化思路推动党建引领基层自治共治的新思路。

总体来看，临汾路街道最近几年在发展社区社会组织的过程中，更注重以党建引领的方式推动其有效参与社区治理。这些做法对于转型期社会组织的有序发展具有重要意义。

二、党建引领制度网络与社区社会组织发展

通过上述分析可以发现，党建引领治理创新的过程，实际上也是构建基层治理系统制度网络的过程。从这一视角出发，我们讨论党建引领社区社会组织发展这一主题时，就不会把视阈仅局限于社区社会组织内部党建这一维度。来自实践的观察表明，基层党组织在引领社区社会组织发展时，实际上运用的是更为复合的机制与路径。

1. 以构建公共空间吸纳社区社会组织参与治理

社区社会组织的一个重要特征是大多紧密围绕居民日常生活领域运行，许多组织最初仅活跃于群众文体兴趣领域，较少涉及公共事务。另外，这类社会组织又具有较强的社会动员能力，若能有效将其引入公共治理领域，则可快速

提升基层治理的效能。近年来，各地在创新社会治理、提升基层治理能力时，都日益关注如何发挥好社区社会组织的治理功能。而党建引领下的公共空间构建，则成为一种普遍的改革探索方向。实践中一些常见的工作机制包括：

一是围绕社区公共事务形成党建引领下的多元共治制度链条。许多地区都围绕构建社会治理共同体的战略思路，推动街镇政府强化公共职能。在此过程中，基层党建工作网络和相应制度平台充分发挥了吸纳社会多元力量，共商公共事务、塑造公共空间的重要作用。如：上海的多个区都探索在街道党工委的领导下，通过社区党员代表会议选举产生社区党委，通过社区代表会议选举产生社区委员会的工作机制。在此基础上，社区党委领导下的社区共治得以常态化运行，社区公共空间日渐成型。如：静安区天目西路街道基本形成了“社区委员会提议—区域化党建联系会议商议—社区代表会议评议”的“三议”社区共治协商议事的工作链。通过这种制度链条，越来越多的社会力量，包括社区社会组织都被吸纳到社区多元共治的公共空间之中，一些社区社会组织开始从“自娱自乐”的社群兴趣领域，转向公共事务治理领域。如：许多地区都通过吸纳“广场舞”群众团队，在社区治理中发挥了重要作用，一项由国家统计局中山调查队开展的社会调查表明，多数广场舞团队都在地方治理网络的吸纳下，承担了一定的公共治理功能。[1]

二是通过组建社区基金（会）支持社区社会组织进入公共治理领域。近年来，一些治理转型前沿城市开始规模化地组建社区基金（会）。[2] 其中：新组建的社区基金（会）大多在基层党组织的引导下开展工作，如2014年上海市委“一号文件”第七条明确提出“推进区域化党建，提高社区共治水平”，在这条政策意见下，文件又进一步指出：“在街道、乡镇层面探索建立社区发展基金（会），有序拓展社会资源参与社区治理的渠道。”这表明，这些地区开始在党建网络的指引下，依托基金会的形式吸纳社会资源推动社区治理，由此构建了以政府、市场、社会多方资源支持社会力量成长的新型社区社会组织

〔1〕 王谦：《谁说大妈只跳广场舞？广场舞群体还积极参加社会治理》，载南方网2017年6月13日，http：//kb. southcn. com/content/2017 – 06/13/content_ 172508372. htm。

〔2〕 我国最早的社区基金会发轫于深圳，系“桃源居公益事业发展基金会”。该基金会是由深圳航空城有限公司和深圳桃源居地产集团捐资1亿元人民币成立的非公募基金会。近年来，一些治理转型前沿的城市开始规模化地设立社区基金，如：上海从2015年以来，开始大力推动社区基金（会）建设，许多区都鼓励街镇依托党建引领共治的制度网络设立基金（会），以推动社会组织发展，截至2020年5月，全上海市已建成81家社区基金会。

发展模式。更重要的是，在这种新型发展模式下，一种社会力量相互支持的基层社会组织生态体系逐渐成型，基层党组织通过调节引导这一生态体系的发展，进而推动社区社会组织发展，正在成为当前乃至未来一个阶段基层党建创新的重要内容。

三是依托党建引领构建稳定的社区治理公共议题形成机制。现代社区的自治要有效运行，首先需要形成公众普遍关注的公共议题——而公共议题的形成又必须和公共资源、资金的配置以及公共服务优化等关键问题密切相关。以往的基层自治工作重心常放在自治制度建设上，但却很少在自治议题的稳定形成机制上深入探索。近年来，我国许多地区的基层街、镇普遍在居民区层次探索党组织引领下的自治金、党员服务群众经费优化使用的新方法，并以此为着力点，推动社区社会组织围绕公共问题形成自治参与积极性。

总体来看，基层党建通过推动社区公共空间性形成，可以为社区社会组织进入公共治理领域提供重要支持。这也是新时期党建引领机制创新的重要领域。

2. 以搭建多元治理网络支持社区社会组织成长

党组织可以依托跨组织、跨体系、跨领域的多层次组织网络，为社区社会组织发展提供重要支持。区别于政府部门在资源、场地等维度提供的支持，党组织提供的网络支持为社区社会组织与外部组织环境之间建立起紧密合作提供了重要的保障。在这个意义上，基层党组织所提供的支持，更多的是一种合法性和机会赋予维度的柔性支持。经验观察表明，这种支持对于转型期社区社会组织成长具有重要意义。

灵活的合法性赋予机制为社区社会组织成长提供机遇。合法性是社会组织发展的重要基石，在这里我们是在宽泛意义上使用“合法性”这一术语的，其不仅指涉社会组织在法律规范意义上的合法身份，也指涉在社会普遍共识与认知维度上的合法性。[1] 通常来说，中国社会组织主要从公共部门的扶持、赞助中获得合法性来源，一些深入的田野研究发现，即使社会组织采用各种复杂组织战术，可以部分地获得一些社会合法性，其也必须以得到公共部门背书

---

[1] 在这个意义上，我们更多是从组织研究新制度主义的视角来理解“合法性”概念。相应讨论可参见周雪光：《组织社会学十讲》，社会科学文献出版社2003年版。

来进一步强化公众的合法性认知。[1] 具备较强草根性特征的社区社会组织在寻获政府部门支持时，常会因为自身运作领域与功能取向不清晰而遇到难题。因为政府部门通常都有严格定义和边界清晰的公共职能，其对于超出本部门职能或功能较为宽泛、抽象的社区社会组织常常难以提供实质性的支持。而基层党组织却可以本着“巩固党的群众工作基础”“广泛联系基层群众”等包容性更强的组织宗旨，为这些社区社会组织发展提供初始的支持。这也是经验观察中许多草根社会组织在发展初期主要从街居党组织处获得支持的重要缘由。就此而言，灵活的合法性赋予机制成为基层党建支持社区社会组织发展的重要路径。

网络链接机制为社区社会组织快速发展提供机遇。社区社会组织要进一步发展，就需要建立起更为多维的资源依赖结构，并与外部环境间建立起紧密的链接纽带。在当前创新社会治理的制度背景下，基层党组织通常在两个层次为社区社会组织发展提供机遇：首先，城市基层大党建或区域化党建的制度网络为社区社会组织在街、镇乃至更高层级的地方公共治理层级建立起与政府部门、驻区单位、企业间的合作提供了可能。许多草根社区社会组织，正是依托这一网络而实现了进一步的专业化和规模化发展。如：有研究曾观察到一家环保领域的草根社会组织，正是借助党建组织网络实现了关键性的组织发展目标。[2] 另外，基层党组织为许多非本地化社区社会组织开展“落地”活动提供了重要支持。近年来，我国许多地区都出现了一些快速成长的社区社会组织，随着组织专业化能力的提升，这些社区社会组织开始在更广泛的地域范围内承接各类社区治理项目。当这些组织面对陌生社区时，通常都会遇到如何有效嵌入当地社区治理网络的难题。此时，许多社区社会组织都会向基层党组织寻求帮助，通过后者更为快速地与本地居民、单位建立起合作纽带。如：上海市浦东新区在全区范围内成立了社会组织联合会，该联合会在基层党建的制度框架下开展工作，并为各类社会组织开展社区服务提供“落地”支持。

政治吸纳机制为社区社会组织在更大舞台发挥作用提供支持。虽然目前国家在许多文件中都肯定了社会组织的重要价值，各职能部门对于社会组织作用

---

〔1〕 张紧跟等学者在关于广州业主委员会联合会的发展策略研究中发现：以各种方式获得房管、卫计等部门的支持成为业联会长期生存与发展的重要保障。详细讨论可参见张紧跟、庄文嘉：《非正式政治：一个草根 NGO 的行动策略——以广州业主委员会联谊会筹备委员会为例》，载《社会学研究》2008 年第 2 期。

〔2〕 李朔严：《政党统合的力量：党、政治资本与草根 NGO 的发展——基于 Z 省 H 市的多案例比较研究》，载《社会》2018 年第 1 期。

的认识也越来越深刻，但总体来看，社会组织仍缺乏制度化的参政议政的渠道。对于主要活跃于城乡基层社会的社区社会组织而言，其能获得的制度化参政议政渠道就更为有限了。在这种情况下，基层党组织的政治吸纳为社区社会组织的参政议政提供了重要机会。在各地的实践中，上级党组织通过对优秀社会组织党建工作领导人的政治吸纳并赋予其政治身份，较好地帮助其在更高舞台上发挥作用。现阶段，这种政治吸纳主要表现为基层在选举人大代表、青联委员、政协委员、党代表等一些与体制紧密联系的职务时，将社区社会组织负责人列入推荐名单。通过这些渠道，社区社会组织得以在更大的舞台上发挥重要的治理功能。

质言之，党建组织网络不仅为社区社会组织进一步提升资源、汲取能力提供了支持，而且还为社区社会组织在多元共治结构中争取制度性位置提供了基础性保障。就此而言，从党建视角来分析社区社会组织发展的机会结构，显然是一种重要的研究视角。

3. 以组织建设引导社区社会组织规范发展

20 世纪 90 年代以来，社会组织党建工作逐渐起步。党的十四大以后，随着我国社会主义市场经济的快速发展，新经济组织、新社会组织迅速成长，中央日益重视在社会组织中开展党的组织建设。党的十四届四中全会与时俱进地分析了国内外形势和党建工作新环境，通过了《中共中央关于加强党的建设几个重大问题的决定》，该文件明确提出，“各种新建立的经济组织和社会组织日益增多，需要从实际出发建立党的组织，开展党的活动”。2000 年，中共中央组织部印发了《关于加强社会团体党的建设工作的意见》，对社会组织党建工作提出了进一步的要求。2015 年，中央在《关于加强社会组织党的建设工作的意见（试行）》这一文件中，将社会组织的党建作为一项重要工作在全国范围内推广。2016 年，中共中央办公厅、国务院办公厅发布的《关于改革社会组织管理制度促进社会组织健康有序发展的意见》明确指出：“社会组织党组织要紧紧围绕党章赋予党的基层组织的基本任务开展工作，团结凝聚群众，保证社会组织正确政治方向；对社会组织重要事项决策、重要业务活动、大额经费开支、接收大额捐赠、开展涉外活动等提出意见，加强对社会组织分支机构党建工作的指导，对具备条件的分支机构，督促其及时建立党组织。”这表明，随着社会组织的迅猛发展，其内部党组织建设不仅发挥着政治把关、教育党员和开展党的工作等使命，还开始在引领发展和决策把关等维度发挥了重要功能。

在地方治理实践层次，不同地区根据区域经济社会发展的特质探索了大量行之有效的社会组织党建新方法。如：上海市早在2001年就提出了对“两新”组织实现党组织全覆盖的工作目标,[1] 为了实现这些目标，上海市创新党建工作形式，采用联合支部、临时支部等诸多形式推动社会组织党建。浙江、北京、江苏等也探索了诸多社会组织党建领域的制度创新，如：北京市于2018年成立了社会组织党建服务中心，该中心承担了党建指导、活动支持、宣传展示、资源链接、信息传播等多重功能，可以为社会组织开展党建工作提供多方面的支持。近年来，一些地区还以派驻党建联络员等方式，进一步提升了社会组织党建的专业化水平。

就社区社会组织的情况而言，由于此类组织规模较小，内部治理结构较为松散，因此党建工作对于提升内部治理的制度化和民主化都具有重要作用。2018年调查数据显示，已经建立党组织的社区社会组织，相对而言拥有更高民主决策和内部透明化水平。超过92.2%的建有党组织的社会组织会对重大决策进行民主讨论，而在没有建立党组织的社会组织中，经常性对重大决策进行民主讨论的比例则为72.62%（见表3-1）。不难看出，社会组织党建对推进社区社会组织内部建设方面具有积极意义。

表3-1　是否建立党组织对社会组织民主讨论的影响

单位：个,%

是否建立党组织	大多经民主讨论		偶尔有讨论		负责人说了算		合计	
	数量	百分比	数量	百分比	数量	百分比	数量	百分比
已建立	414	92.20	18	4.01	17	3.79	449	100
未建立	1941	72.62	337	12.61	395	14.78	2673	100
合计	2355	75.43	355	11.37	412	13.20	3122	100

此外，调查数据还显示，党建水平对于社区社会组织的对外透明度也具有重要意义。对社区社会组织建立党组织的情况与其财政公开的情况进行交互分析可以发现，在已经建立党组织的社区社会组织中，有69.59%的比例会经常

[1] 上海市于2001年提出了实现两新组织党建工作全覆盖的目标，见洪梅芬：《积极探索锐意创新上海基层党建硕果累累》，载《解放日报》2001年6月23日，新浪网转载http://news.sina.com.cn/c/284454.html，2020年8月6日。

性地公开财务信息。而在没有建立党组织的社区社会组织中，会向资方定期公开财务信息的仅占总体的38.61%（详见表3-2）。

表3-2 建立党组织对社会组织对外透明度的影响

单位：个,%

是否建立党组织	公开财务信息		不公开财务信息		合计	
	数量	百分比	数量	百分比	数量	百分比
已建立	309	69.59	135	30.41	444	100
未建立	1027	38.61	1633	61.39	2660	100
合计	1336	43.04	1768	56.96	3104	100

总体来看，调查数据表明，绝大部分社区社会组织都认为党建工作能够在引导组织正确发展、帮助获得政府信任、获得群众支持、融入基层治理体系、获取资源，以及提升组织内部管理水平方面发挥重要作用（选择率均超过50%）。这些数据从一个侧面表明，社区社会组织党建工作有助于提升其内部治理机制和决策模式的制度化水平。由于党建工作在组织学习、党员教育和日常讨论方面都有较高要求，当这些工作嵌入社区社会组织的内部治理模式后，可以有效提升后者的稳定性和制度化水平。

专栏5：长春市宽城区团山街道长山花园社区党建引领社会组织发展[1]

长山花园社区位于吉林省长春市宽城区团山街道团山街，地处城乡接合部。近年来社区一直探索以党建引领推动社区社会组织发展。其主要做法包括：

1. 强化党建引领，充分发挥党员在社会组织建设中的带头作用

一是健全组织网络。2003年年初，社区党委一次性接收企业退休回归社区的党员194名，壮大了社区的党员队伍。社区党委从建立楼宇党组织入手，将辖区党员划分成10个楼栋网格党支部，构建起了“社区党委—楼宇党支部—楼栋党小组—党员家庭户”的四级组织结构，并在所有党员的家门口张贴党员标志牌，实现了“楼宇有组织，楼栋有支部，处处有党员”的局面。

二是强化理论武装。社区党委从2003年开始，将每个月15日定为“党员学习日”，雷打不动，对那些白天不在家、休息日不固定的党员，通过党建微信群和QQ群等方式，定期推送“微信息”，并常年为党员免费订阅《长春日报》，保证了党员随时学、经常学。为丰富学习内容，定期邀请老党员、非公党员、大党委兼职委员走上讲台，分享不忘初心的入党故事，传授党的发展历程和正能量。

三是发挥党员先锋作用。在社区的12支义工队伍里，每一支都是以党员为主

[1] 本案例来自张金荣：《党建引领与多元协同共治——社会组织参与社区治理的长山经验》，民政部政策研究中心2018年组织的全国观测点研究报告。本书对报告内容进行了编辑和缩写。

体，就连退休的老党员们，也在这里找到了彰显一技之长、发挥余热的用武之地。每个楼宇党支部都组建了“红袖标志愿者巡逻队”，党支部书记率先带头，每天早6点至晚6点，对社区进行巡逻，为居民营造平安的居住环境。

2. 优化社会组织的服务功能，让居民在幸福生活中获得认同感

一是完善硬件设施，升级社区社会组织的服务阵地。2012年，社区建成了1800平方米标准化服务中心，设立了幼儿早教、课后托管、老年棋牌等多个功能室，可以满足不同年龄人群的服务需求。党的十九大召开后，社区积极宣传新理念、新思想，打造升级社区新时代传习所，通过举办老年大学、科普讲座、艺术团大型演出、国家级室内音乐会、党课学习等，充分发挥活动阵地功能。

二是搭建组织网络，整合社区社会组织的服务资源。社区党委实行“三社联动”，为居民在“养老、育小、助学”等诸多方面带来服务、便利和实惠。在养老方面，注册成立康乐之家老年服务中心，为老人们开展送理发、送配餐、送医药等“十送服务”；在全市率先启动了“12349”养老便民服务模式，探索开展集医疗、康复、养生、养老等于一体的居家医养结合服务。在育小方面，与社会组织合作，成立了全市首家“社区早教基地”，创建“蒲公英少年之家”，解决了辖区家长幼儿教育、课后托管的难题。在助学方面，联系爱心企业及知名人士，累计为100余名特困学生捐资80余万元，其中70名学生已成功读完大学走向社会。此外，社区党委还积极协调宽城区妇联资源，在社区开办丽人学堂，举办烹饪、烘焙、缝纫、美容美发、瑜伽健身等课程，提升辖区女性生活品质。

三是创新工作模式，活化社区社会组织的服务方式。2007年，由于物业公司违约造成的小区物业管理质量直线下降，成了困扰居民生活、产生邻里矛盾的最大问题。为此，社区探索建立了自治管理模式，即以社区党委为核心，居民代表、社区工作者组成的“居民自治管理委员会”为辅助的管理架构，形成了政府总管、街道主管、社区代管、居民监督的“四管合一”体制，由居民自管会负责小区物业的日常管理和财务管理，并于2010年正式申报成立了社会组织——“居民事务志愿服务站”，让居民自己的事情自己说了算，社区在自我管理与自我服务中实现了自我教育和自我监督。2013年，社区党委和服务站多次协调燃气公司，为小区解决了燃气问题，同时把清掏下水井做成一项工程，进行招标，签订了十年的清掏合同，从根本上解决了清掏问题。通过一件件实事，居民的心情好了，心气顺了，对社区的归属感、认同感明显增强。

四是引入“互联网+”，激活社区社会组织的服务能力。长山花园社区建立长春市首家社区“一门式、一张网”便民服务平台，连接街道政府，承接政府服务职能，在服务中社区党委提出“五代六心工作法”，社区干部实行“5+2错时AB岗工作法”，以“全年候”的服务让居民们体验到了服务便捷性。

3. 创新体制机制，以党建引领提升社区社会组织的组织力

一是实行社区“1+1”大党委制。积极探索城市社区党建管理模式，将辖区内外的十几家企业、事业单位纳入社区大党委，实现资源共享、共建、共治，互惠双赢。

二是创新志愿服务积分制。率先开展“红马甲”志愿服务，本着“人人都是志愿者，人人都是受益者”的工作理念，将参与志愿服务的次数、时长和为社区建设中所做的贡献等折合积分，用于兑换生活用品、报刊或公益服务，形成了“奉献—回报—奉献”的健康良性发展模式，使“红马甲”党建服务品牌更加深入人心。

总体来看，在长山花园社区，社区党委通过孵化社会组织，整合社会资源，构

建“1+1”大党委工作格局，汇集多方社会力量参与社区治理工作和社区服务事项，不断壮大社区党组织的号召力和影响力，提升社区社会组织服务的整体质量，凝聚社区合力，促其达到1+1>2的聚合效应，进一步壮大社区党员队伍在社会组织建设中的作用，提升了基层的组织力和凝聚力。

建立在上述分析的基础上，可以发现：近年来，基层实践中出现的党建引领社区社会组织发展的相应做法，实际上比传统研究视野中的“社会组织党建”更复杂，其不仅涵盖了社区社会组织的内部治理环节，还涉及外部吸纳、网络支持以及价值引导等多个维度。就此而言，一方面，党建引领社区社会组织发展的治理模式具有更强的系统性特征，其在一定程度上有助于在基层治理场域中化解社会组织制度环境中，部门主义施策的“碎片化”和“权宜性”问题。[1] 另一方面，这种新型治理模式虽在实践中已显现效能，但由于其有效运行对现有基层治理制度网络有更高的要求，因此目前主要在一些治理转型前沿地区初显雏形，未来还有很大的探索创新空间。

三、党建引领下的国家与社会关系新特征

迄今为止，国内学术界仍较少聚焦于党建引领制度背景下基层治理领域国家与社会关系的新特征。这种研究现状一方面和传统“国家与社会”的理论范式忽略党政差别，而泛化研判“国家”行为的研究进路有关；另一方面也归因于学术界对“党建引领”的路径、范畴与内涵缺乏系统讨论。通过前文的分析，我们可以发现，随着党建引领制度要素在基层治理领域发挥越来越重要的作用，传统的国家与社会关系开始呈现以下新特征：

1. 组织边界日趋模糊

在传统研究视角下，国家与社会间存在泾渭分明的组织边界，[2] 即使是在“行政吸纳社会”等理论中，行政部门虽然会引导社会组织发展的方向与功能，但两者间仍存在一定的边界与区隔。这种组织边界也是理论界关于“国家”“社会”两分理论预设的重要现实依据。但在党建引领社区社会组织发展的过程中，国家与社会间的组织边界日趋模糊，突出表现在以下两个方面：

〔1〕 黄晓春：《当代中国社会组织的制度环境与发展》，载《中国社会科学》2015年第9期。

〔2〕 肖瑛：《从“国家与社会”到“制度与生活”：中国社会变迁研究的视角转换》，载《中国社会科学》2014年第9期。

一方面，随着党建引领机制不断嵌入社区社会组织内部治理结构，国家与社会的互动也逐步进入组织内部。在建有党组织的社区社会组织中，党组织活动的过程与社区社会组织的内部决策过程往往是重合的。经验观察中，许多社区社会组织往往将党组织活动与自身内部会议、组织培训和重大活动结合在一起，使得带有政党动员和教育性质的体制内活动与社会性动员机制，在社区社会组织内相互交织并融合于一体。如：上海公益新天地园区联合党支部，通过将党组织活动内化于社会组织能力建设过程中，有效提升了社会组织创始人、总干事、理事长等负责人的业务能力；上海市阳光善行公益事务中心党支部，则将党建工作与社会组织等级评估考核、机构公益活动紧密结合起来，从而在开展党支部工作的同时促进机构的发展。在这些基层治理实践中，国家与社会间清晰的组织边界逐步模糊，国家的动员和引导逐步进入社区社会组织内部。

另一方面，随着区域化党建（城市大党建）的深入推进，社区社会组织开始进入传统的体制内公共治理过程，并成为一些重要体制内议程的参与者。在传统研究看来，社会组织通常被看作是购买服务的对象，其依据合同、契约承担相应公共服务项目——在此过程中，作为发包方的政府部门和作为承包方的社会组织间分工明确、边界清晰。但随着区域化党建的推进，尤其是党建引领自治、共治成为基层治理的重要制度安排，上述分工逐步变得有所模糊。比如：在一些转型前沿地区，购买服务的项目不再单纯由职能部门决定，而是需要经过党建引领自治共治的制度网络来定义，而一些重要的、具有较强社会代表性的社区社会组织，本身就是这一制度网络的重要参与者，此时这类社区社会组织已不单纯是项目承包者，其已成为体制内决策的重要参与者。又如：基层党组织在策划区域化党建活动时，为提升活动的有效性和专业性，常引入专业社区社会组织参与整个活动的设计与推进，这些社区社会组织实际上也紧密嵌入了体制内的治理过程之中。概言之，随着更具开放性的城市大党建工作的不断深化，一些具有较大影响力的社区社会组织逐步在体制内治理体系中承担一定角色，国家与社会间的清晰边界也不断因此淡化。

基层治理领域中国家与社会边界的模糊意味着当代中国基层治理正在形成一种新的合作治理形态。一方面，社区社会组织依托党建网络在许多开放性决策环节嵌入国家基层治理过程；另一方面，国家的意志与目标也借助于社会组织党建，有效嵌入社区社会组织的运作之中。这种“双向嵌入”的结构使得国家与社会双方的权力都得到了提升,[1] 在一定意义上形成了“双向赋能”。这也意味着国家与社会在基层治理领域正在形成日益紧密的合作模式。

2. “双向赋能”的互动特征逐步显现

在传统的国家与社会理论看来，既定治理领域中的国家与社会力量之间存在此消彼长的关系。因此为了保护社会的自主性，必须明确国家的边界，并确定社会在独立的领域运行。[2] 但前文的分析表明，当前党建引领基层治理领域国家与社会关系出现了“双向赋能”的新特征，这也意味着两者间的互动超越了此消彼长的早期理论想象。这种“双向赋能”表现为：

一方面，借助社区社会组织的力量，基层党政组织的治理能力得到了极大的提升。近年来的大量观察和研究已经阐明了社区社会组织对于基层政府能力提升的意义，本书在此不再赘述。这里主要聚焦于社区社会组织发展对于基层党建的作用，我们的观察和研究发现，这些作用包括三个方面：首先，社区社会组织有助于提升基层党组织的社会动员能力。借力于社区中的各类群众团队和草根组织，基层党组织可以更好地开展政治宣传和教育，并吸纳更多的社区积极分子参与到共建共治共享的基层治理活动之中。其次，社区社会组织能提升党组织的引领能力。在当前的治理实践中，基层党组织承担着引导物业公司、业委会等基层治理主体发展的重要使命。面对自主性和专业性都较强的这些治理主体，基层党组织如何与时俱进地提升引领能力呢？——最近的许多田野观察表明，基层党组织通过孵化或培育专业化的支持性社区社会组织，找到了应对问题的新路径。比如：上海市虹口区的基层党组织孵化了业委会专业支持性社会组织“新家园”，并通过后者，以润物细无声的服务式引导方式推动业委会健康发展。这些实践显著提升了基层党组织以专业化方式引领治理的能力。最后，通过发展社区社会组织，基层党组织进一步织密了自身在基层社会的组织网络。由此可以更好地在诸如楼宇空间、流动空间等新型社会领域发挥作用。总体来看，近年来快速成长的社区社会组织已成为基层党建开展工作的重要着力点。

另一方面，依托基层党组织的支持，社区社会组织得以不断提升各方面组

---

〔1〕 纪莺莺：《从“双向嵌入”到“双向赋权”：以N市社区社会组织为例——兼论当代中国国家与社会关系的重构》，载《浙江学刊》2017年第1期。

〔2〕 这一观点在“多元主义”理论中尤为鲜明。详情可见张静：《法团主义》，中国社会科学出版社1998年版，第10—11页。

织能力。在社会组织党建工作的推动下，一些社区社会组织开始改变早期内部治理结构和过程较为随意的现状，逐步建立起来规范的内部治理结构。在基层党组织的网络支持下，许多社区社会组织寻获了更大的发展空间，并开始建立更为多维的资源汲取路径，这些社区社会组织逐步开始在超越居住社区的范畴内发挥治理效能。此外，一些跨区域、跨属地活动的社区社会组织也在基层党组织的帮助下，更好地与当地社区形成了紧密对接，更好地嵌入当地基层治理网络之中。就此而言，基层党建的“赋能”作用对于化解当前社区社会组织发展中的一些“瓶颈”问题具有重要意义。

在“双向赋能”的基层党组织与社区社会组织互动过程中，国家与社会之间双向共赢的新模式渐显雏形，这也是当前基层治理体系的一种重要制度特征。

3. 多元互动生态环境初显雏形

随着区域化党建的不断发展，基层治理领域多元互动的组织网络日渐成型。随之，一个多要素参与的社区社会组织生态环境开始初步呈现出来。我们在这里强调“生态环境”，意在指出这种环境比早期社会组织发展中的国家与社会关系或政社关系更为复杂。其通常包含以下新维度：

（1）社会组织之间的合作网络。在党建引领自治共治的过程中，基层党组织往往会推动社区基金（会）或一些枢纽型社会组织建设，并通过这些基金（会）组织来引导或支持其他社区社会组织的发展。这些枢纽型组织则以资金支持、场地支持及推动经验交流等方式，推动不同类型社区社会组织之间形成横向合作与交流的组织网络。于是，一种社区社会组织之间互动合作的组织生态体系初步呈现。举例来说，北京市自2010年以来，在区县建立了近200家枢纽型社会组织，这些枢纽型社会组织都组建了党建工作委员会和社会组织联合党组织，其链接了24000多家社区社会组织。每个枢纽型社会组织都在一定范围内联系了一批活跃的社区社会组织，并在党建工作网络的支持下推动这些组织相互合作与交流。这在无形中构建了一种社区社会组织自我支持的组织生态环境。

（2）社会组织与驻区单位之间的合作网络。在区域化党建网络支持下，社区社会组织的资源获取途径进一步拓宽，一些活跃的社会组织与辖区内的医院、学校、企业之间建立了合作网络。在这一网络中，社区社会组织发展获得了政府以外的资源渠道。举例来说：在上海市浦东新区陆家嘴街道，依托街道党组织搭建的“公益城”项目，众多驻区单位以各种方式认领公益项目，并支持承担项目的社区社会组织开展活动。

当基层治理领域中上述新型合作网络出现后，一种更为多维的社区社会组织生态体系逐步显现。当然，在现阶段，这一生态体系主要还分布于一些治理转型前沿地区。随着这种新型组织生态体系的出现，社区社会组织内部开始出现了分工、分化与合作的新态势。[1] 这时，基层治理领域国家引导社区社会组织发展的模式，也逐步从行政部门直接干预转向治理部门调节社会组织生态体系，就此而言，国家与社会互动形态发生了更为复杂的转变。

专栏6：北京市东城区东四街道以党建引领搭建社区社会组织成长平台[2]

北京市东城区东四街道充分发挥和拓展党群活动服务中心作用，为辖区党员群众和各类社会组织搭建起社会化、开放式的基层党建和公共服务平台。街道财政投入专项资金200余万元，调整、压缩、合并机关办公用房，在东城区核心区域建成了600平方米的党群活动服务中心，搭建党员服务中心、社会治理支持中心、社区服务中心和文化活动中心四大服务平台，将中心打造成一个集服务党员、联系群众、居民自治、社会组织孵化等职能于一体的综合性服务场所。按照政府购买服务、项目化运作的方式，街道委托专业社会组织作为运营管理方，负责中心场地的规范化运营管理。此外，街道还制定管理制度，协调安排公共场地使用，接待来访交流，征集服务对象意见建议，根据党员群众需求，不断调整完善场地的服务功能，提高场地的使用效率。

近年来，街道建立社区治理支持中心，引入专业力量，打造培育发展社会组织的新模式。为了更加积极主动地推进政府职能转变，发挥好政府、市场、社会组织在基层治理中的作用，东四街道采取党委领导下的政社合作方式，与专业社会工作机构——北京市协作者社会工作发展中心合作，于2015年5月成立了“东四社会治理支持中心”，搭建地区性社会治理平台。社会治理支持中心是党群活动服务中心的重要板块，它起到了社区社会组织“孵化器”的作用，以项目化的形式，扶持更多的社区社会组织自发地参与到社会治理中来，帮助其实现自我管理、自我教育、自我服务的目标。

作为东四地区支持性社会组织平台，社区治理支持中心旨在通过构建地区规划与评价支持体系、地区专业建设支持体系、地区专业服务创新支持体系，在持续协助东四街道转变政府职能、促进社会化改革、提高社区治理与服务水平等方面发挥了促进作用。街道通过“规划评估支持部、服务创新支持部、专业建设支持部”三个实体工作室，开展社区、社会组织和社会工作者“三社联动”，开发服务品牌、总

---

[1] 比如，在经验观察中我们发现，一些大型社区社会组织开始朝着“支持型组织”角色发展，而另一些组织则朝着某一专业化方向发展，不同组织之间开始出现协同合作。一些跨区域活动的专业社会组织也往往会找当地的社区社会组织合作，以提升居民效能。

[2] 本案例来自肖林《北京市东城区东四街道社区社会组织发展年度观察报告》，民政部政策研究中心2018年组织的全国观测点研究报告。本书对报告内容进行了编辑和缩写。

> 结服务经验、创新服务形式、优化服务结构，促进社区参与，提高社区服务与治理水平。在专业团队的支持下，“社区居民会议常务会”“社区物业管理党建联建联席会”“胡同自管会”等议事协商制度得到进一步完善，市区拨付的20万元社区党组织服务群众经费的使用也更加合理、有效，社区党组织的服务更加贴近需求、特色鲜明、效果明显。这一做法有效推动了社区社会组织更好地融入基层治理体系中。

四、当前党建引领制度体系面临的深层挑战

回顾我国当前以党建引领社区社会组织发展的治理模式，可以发现许多创新做法都是基层在遭遇困难和挑战时，自下而上的探索与尝试，这些经验虽事后很快得到高层的支持并引发了相应制度变革，但总体上仍有局部创新的特征，缺乏和治理转型全局性制度安排的整体性深层勾连。此外，相较于其他领域的改革，党建治理机制的发展和创新成效很难在短时间内被清晰评估，因此该领域的实质性创新和“形式创新”常混杂在一起难以识别，进一步导致该政策领域的激励不足等深层问题。具体来看，在党建引领社区社会组织发展的过程中，存在以下深层挑战：

1. 缺乏系统的支持保障体系

目前来看，基层党建在引领基层治理体系发展、推动社区社会组织成长时，仍面临着支持保障体系不足的发展难题，主要表现为两个方面：

一是现有基层党建体系缺乏总体性、深度嵌入社会治理关键领域的运行机制作为支撑，因此其发挥制度合力推动社区社会组织成长的制度稳定性不足。在实践中，党建引领社会治理创新常会遇到“谈起来实，做起来虚”的困境，其中主要因素就是许多党建创新做法常在党建体系内自我循环，缺乏与基层公共物品配置、社区社会组织发展、自治共治体系建设等关键治理领域间的深度对接。如果这些问题不解决，党建引领社区社会组织发展就很难进一步发挥实效，并为后者的快速成长提供重要支持。

二是党建引领社区社会组织成长缺乏专业化党建公共服务平台的支持。在推进基层党建深入发展的新格局中，需要构建一个对社区社会组织、驻区单位全方位开放，以社会化方式整合资源的党建公共服务平台。此外，在党建引领社区社会组织发展的过程中，还需要基层党组织能有效驾驭多方力量，推动社区公共性有序发展的能力——这些都亟须专业服务组织的保障。但从实践情况来看，基层党建领域的这方面保障还很不足。即使在一些改革前沿地区，基层党组织专门设置了党群服务中心，但这些中心目前的主要工作还停留在常规化

党务领域，可以说党建引领机制的专业化发展面临不小挑战。

2. 党建引领多主体参与治理面临内生活力不足的难题

党建引领下的社会治理新格局首先是一个多主体共建、共治、共享的体制架构。但目前看来，无论是体制内单位对于基层党建的参与，还是社区社会组织对于社会领域党建的参与，都存在内生动力不足的难题。一方面，体制内单位参与基层社会治理缺乏精细化的资源整合和对接制度保障，因此对党建联建的收效认识不足。由于目前基层实践主要停留于要求党建共建单位开放资源，但对不同单位间按需精确共享资源缺乏支持手段，因此许多单位往往是被动式参与党建联建。另一方面，由于社会领域党建更注重行政手段，缺乏激发社会内生活力的新方法，因此也面临活力不足的难题。当前，社会领域党建主要通过在各类社区社会组织中建立党的组织网络和工作载体开展工作。这一做法在初期对于引导社会力量的有序发展具有重要意义。但从深层次看，这一做法并未形成党组织对社会领域的有效吸纳。从发达国家的普遍经验来看，政党组织对社会领域的有效引导主要建立在两方面的基础上：一是塑造社会生活中吸引各类社会组织、社会团体的公共空间，进而通过在公共空间中把握议程设置、引导注意力分配等方法来引导社会组织发展。二是通过引导公共资金的投入方向，对各类服务型社会力量的发展方向进行有效引导。目前，基层党建在这些方面还需要展开进一步的探索。

3. 党建引领机制的有效运行缺乏相应观念、文化体系的支撑

任何一种制度的有效运行都需要建立在相应观念、文化和认知体系之上。[1] 改革开放前的街居管理体制之所以能顺利发挥作用，一个主要因素是其得到了“集体主义”价值观念体系的支持，因此即使在较低水平的制度整合下，社区生活体系也较容易达成秩序。党建引领社区社会组织发展也需要形成与之相应的文化、观念和符号价值体系。借此，“引领”机制才能以更低的制度成本得以践行，才能超越现实的党建组织网络，在更多维的社会生活领域中发挥作用，党建引领的制度体系也更容易内化于群体和个体的行为准则中。但在当前价值观念日益多元、信息传播方式日趋复杂、社会结构不断分化的新情况下，要有效构建这种文化和观念体系，正面临着前所未有的艰巨挑战。基层近年来的改革创新表明，新时代党建文化的有效构建既不能单纯局限于传统

---

〔1〕［美］理查德·斯科特：《制度与组织：思想观念与物质利益》，姚伟、王黎芳译，中国人民大学出版社2010年版。

党建叙事体系内，也不能一味追逐流行文化，更不能立基于单方面的自上而下灌输，而是要构建一种基于公共性之上的新型价值认同体系。这种新型价值认同体系的确立不仅取决于各级党组织对公共议题的科学合理设置，还取决于对现有公共物品配置的基本模式、公共决策的机制等进行系统性优化，最终形成多方主体都普遍认同的社区治理基本价值。可以料想，未来这方面的改革和探索还将持续相当长的一段时间。

下编　社区社会组织的发展特征

当代中国社区社会组织的发展正处于多重治理转型的交汇点上，不同改革逻辑相互交织对其形成了复杂的制度效应。本书第四章至第六章将呈现出多维制度环境下，社区社会组织发展的深层特征及其面临之挑战。与传统研究总是循着“国家鼓励抑或控制”的思路来研判问题不同，我们更强调中观维度不同制度逻辑之间的匹配、互动甚至碰撞所引发的复杂后果，因此本书所揭示的社区社会组织发展特征也更为细致。此外，由于我国不同地区的基层治理转型步伐不完全一致，不同地区的社区社会组织发展也会呈现出区域性特征，本书将基于数据分析呈现出这种多样性。总体来看，社区社会组织已成为当前我国基层治理的重要力量，深刻认识其发展特征对于理解治理转型的总体进程具有重要的“指示器”作用。

第四章　社区社会组织的发展态势

本章以民政部政策研究中心2018年在全国范围内开展的社区社会组织调查数据为基础，解析社区社会组织发展的基本态势。此项研究在全国性样本框架中先选定相应街道，再由街道负责人推荐在辖区内活动的社区社会组织作为调查对象。这里所说的“社区社会组织”，是指在社区中提供各类服务、承担管理职能以及开展文娱活动的各类社会组织，具体包括正式登记的社会组织（社会团体、民办非企业单位和基金会）、备案社会组织，以及社区认为有长期稳定活动的群众团队。具体的问卷填写人主要是社区社会组织负责人，也有一些受访组织属于大型跨区域活动的社区社会组织，当遇到这种情况时，访问员则会访问具体的项目负责人，因为后者对于该组织在当地社区的活动开展情况更为熟悉。上述调查过程保证了被访社会组织是社区中事实存在与开展活动的组织，并能够尽可能地全面获得该组织的相关信息。但这样做的风险则是，抽样过程受到负责人认知的影响，他们可能推荐与行政部门关系相对密切的组织。为此，民政部政策研究中心还同步在全国设立了32个观察点，请专业研究人员对当地社区社会组织发展的情况进行了客观评估。这些质性研究资料部分地可以帮助我们更为深入、细致地了解当前社区社会组织的发展趋势。

根据组织日常运转和参与治理的逻辑，本章接下来分为组织基本特征、内部治理结构、政社关系架构、社区社会组织的治理功能、发展困难与未来预期五个部分展开讨论。值得说明的是，尽管目前一些大型全国抽样调查中也包括了个体层面的组织参与数据，但都无法对全国社区社会组织的发展态势进行整体“画像”，更难以在此基础上形成区域比较。就此而言，本项全国性调查具有极为重要的学术与政策意义。

一、组织的基本特征

本节将从组织成立、活动、收入三方面的情况来介绍当前社区社会组织的基本特征。概括来说，样本表现出以下特征：

首先，当前社区社会组织在空间分布上表现出城乡和区域分布不均衡的特征，东南沿海地区的组织发展态势更快。

其次，样本中高达57.81%的社区社会组织是2012年以后成立的。特别值得指出的是，2012年之后，国家推动的趋势显著增强了，而纯粹由社会推动的社区社会组织比例较之前也有所下降。但从整体上来说，大部分社会组织报告，组织在成立时兼具政府与社会两者的推动力量。此外，社区社会组织成立的动力来源在各地区存在一定差异，一些省份以混合推动的模式为主，另外一些省份则存在政府主导或社会主导的情况。

再次，从开展活动的情况来看，绝大多数社区社会组织在开展活动时表现出强烈的地域归属意识，主要活动范围是基层社区，并以社区居民为主要服务对象。社区社会组织的规模一般以50人以下的中小型组织为主。单纯由政府推动成立的社会组织，其人员构成的专业性程度也更高。绝大多数社区社会组织主要集中在提供为老、帮困、助残等社会服务的方向上。

最后，社区社会组织资金的来源是比较多样化的，已经形成了来自政府部门、组织经营收费、社会捐赠等多个渠道的资金筹集方式。不过，在这些来源中，来自政府部门的支持和购买服务资金表现出较高的选择性。在详细汇报了2017年收入构成比例的组织中，41.73%的组织报告从未收到政府投入。此外，在曾收到政府投入的社会组织中，有19.01%的组织几乎全部依赖政府投入。

以下具体展开分析。

1. 成立特征

社区社会组织的成立特征包括其城乡属性、成立时间、服务领域、发展驱动力等。这些特征折射了当前我国社区社会组织的成长制度背景，也在一定程度上揭示了社区社会组织的成长轨迹与趋势。

（1）城乡和区域间非均衡发展。

在3131个受访组织中，有2273个组织的成员所在社区属于城市社区，占总数的72.60%；858个组织的成员所在社区属于农村社区，占比27.40%。在这些组织中，34.30%的组织正式在民政部门登记，30.50%的组织处于备案状态，34.88%的组织既没登记也无备案。在这955个没有登记的组织中，10.38%的组织是因为“不具备登记条件”，2.91%的组织是因为“不想登记”，4.89%的组织准备申请，2.78%的组织正在申请，没有遇到困难，但是1.34%的组织正在申请并遇到困难，还有7.86%的组织则出于一些具体的原因没有登记。例如，不知道登记事宜、不清楚登记条件及流程。

根据官方登记信息，3131个组织在全国各省、自治区、直辖市的分布状况如表4－1（按频次由高到低排序）所示。显然，各地区社会组织的密度并不相同。在样本中，社会组织数量排在前五名的省份为山东省、湖北省、江苏省、浙江省、广东省，分别占总数的12.20%、9.10%、9.10%、8.53%和8.50%。宁夏回族自治区、青海省和海南省的比例较低，分别只有0.45%、0.03%和0.03%。从调查数据呈现的情况来看，东南沿海省份的社区社会组织居多，内陆省份较少。但是，表4－1仅反映出社区社会组织绝对数量的比较。考虑人口规模和经济发展水平等方面的差异，即使同样数量的社区社会组织，在不同区域的意义也可能存在差异。

表4－1　接受调查社区社会组织在全国部分省市的分布

省市分布	频次	百分比（%）
山东省	382	12.20
湖北省	285	9.10
江苏省	285	9.10
浙江省	267	8.53
广东省	266	8.50
四川省	172	5.49
河南省	168	5.37
上海市	159	5.08
天津市	158	5.05
辽宁省	153	4.89
湖南省	96	3.07
安徽省	95	3.03
北京市	73	2.33
江西省	67	2.14
河北省	59	1.88
黑龙江省	58	1.85
陕西省	54	1.72

续表

省市分布	频次	百分比（%）
云南省	51	1.63
甘肃省	51	1.63
山西省	47	1.50
广西省	37	1.18
福建省	36	1.15
内蒙古自治区	33	1.05
贵州省	23	0.73
吉林省	20	0.64
重庆市	20	0.64
宁夏回族自治区	14	0.45
青海省	1	0.03
海南省	1	0.03
合计	3131	100.00

（2）2012 年步入发展“快车道”。

样本中在 1949 年 9 月之前建立的社会组织有 4 个。随后，社会组织的数量稳步增长。由图 4－1 可知，社会组织的数量总体呈上升趋势，并在 2012 年以后出现了激增。这种情况在东南沿海地区表现得尤为明显，2012 年以后江苏省、广东省、湖北省、山东省、浙江省的社区社会组织数量显著增加。

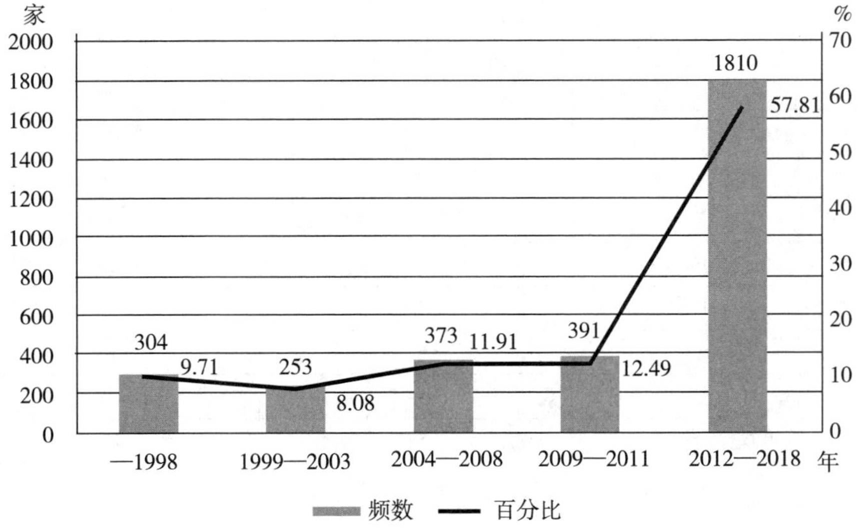

图 4－1　成立时间趋势

表 4－2　成立时间

成立时间	频次	百分比（%）	年增长速度（个）
—1998 年	304	9.71	—
1999—2003 年	253	8.08	50.6
2004—2008 年	373	11.91	74.6
2009—2011 年	391	12.49	130.3
2012—2018 年	1810	57.81	258.6
合计	3131	100.00	—

我们根据重要的时间节点加以区分。由于 1998 年出台了双重管理机关规定，社会组织制度建设进入了重要时期，因此我们将 1998 年标记为第一个时间节点。这之后大约每 5 年设置一个时间节点。2008 年发生的“汶川地震”等事件刺激了中国志愿精神的发展，进而社会对于社会组织的认同度大幅提升。而在 2012 年，党的十八大报告强调要“深入推进政社分开”、“加大社会组织党建工作力度”、“发挥基层各类组织协同作用”，中央财政安排专项资金用于支持社会组织参与社会服务，社会组织登记管理体制改革也在有序推进，因此这一年对于社会组织的发展至关重要，所以我们将 2012 年及以后作为一个时间段，终点则取至调查时的 2018 年。按照这个时间段区分，我们发现：样本框中约有 9.71% 的组织成立于 1998 年及之前，1999 年至 2003 年成立的组织占样本的 8.08%，2004 年至 2008 年成立的组织占样本的 11.91%，2009 年至 2011 年成立的组织占样本的 12.49%，而 2012 年以来社区社会组织的数量明显增多，占全部组织的 57.81%。

由于每个时间段包含的年限并不完全一致，我们还粗略计算了年均增长速度。结果显示，1998 年之后的第一个 5 年间，社区社会组织的年平均增长速度是最低的。1999—2003 年这 5 年间，年平均新成立社区社会组织 50.6 个。2004—2008 年，平均每年新成立社区社会组织 74.6 个。2009 年开始，年平均增长数量大幅提升。2009—2011 年，平均每年新成立社区社会组织 130.3 个。2012 年开始，平均每年新成立社区社会组织 258.6 个。

（3）服务多元化。

样本所涉及的主要是社会团体、民办非企业单位和基金会三大类。在已登记的 1069 个组织中，社会团体的比例最高，占总数的 56.13%；其次是民办非企业单位，占比 43.50%；而基金会仅有 4 家，占比 0.32%。从服务领域来看，社区社会组织服务范围广泛，对各个领域均有涉及，但不同类型的组织侧重点有所不同。社会团体主要负责“文体活动”、“老年人服务”、“便民服务”、“社区/村环保”、“帮困与就业援助”和“妇女关爱”等领域；民办非企业单位侧重于“老年人服务”、“儿童与青少年服务”、“文体活动”和“便民服务”等领域；基金会整体数量较少，相对较多地集中在“帮困与就业援助”和“残疾人援助”等领域。总体来看，在众多服务领域中，这三类组织提供较少的有“倡议维权”、“司法矫正”、“社区/村戒毒”和“经济发展”。因此，当前社区社会组织的服务领域较为多样，但大多数组织主要集中在为老、扶幼、帮困、便民等服务供给方向上。

表 4－3　组织类别

登记类型	频次	百分比（%）
社会团体	600	56.13
民办非企业单位	465	43.50
基金会	4	0.32
合计	1069	100.00

表 4－4　组织类型及其服务领域

组织分类	服务领域	频次	百分比（%）
社会团体	帮困与就业援助	258	48.50
	残疾人救助	250	46.99
	司法矫正	110	20.68
	老年人服务	352	66.17
	医疗卫生服务	182	34.21
	儿童与青少年服务	248	46.62
	妇女关爱	256	48.12
	便民服务	300	56.39
	社区/村戒毒	111	20.86
	社区/村教育	215	40.41
	文体活动	353	66.35

续表

组织分类	服务领域	频次	百分比（%）
	经济发展	77	14.47
	社区/村环保	275	51.69
	倡议维权	131	24.62
合计		3118	—
民办非企业单位	帮困与就业援助	166	42.24
	残疾人援助	162	41.22
	司法矫正	42	10.69
	老年人服务	276	70.23
	医疗卫生服务	155	39.44
	儿童与青少年服务	223	56.74
	妇女关爱	175	44.53
	便民服务	197	50.13
	社区/村戒毒	38	9.67
	社区/村教育	192	48.85
	文体活动	218	55.47
	经济发展	34	8.65
	社区/村环保	161	40.97
	倡议维权	61	15.52
合计		2100	—
基金会	帮困与就业援助	3	75.00
	残疾人援助	3	75.00
	老年人服务	1	25.00
	医疗卫生服务	2	50.00
	儿童与青少年服务	2	50.00
	妇女关爱	1	25.00
	便民服务	2	50.00
	社区/村戒毒	1	25.00

续表

组织分类	服务领域	频次	百分比（%）
	社区/村教育	1	25.00
	经济发展	1	25.00
	社区/村环保	2	50.00
	倡议维权	1	25.00
合计		20	—

（4）多元驱动的发展动力。

在1190个已经登记的社区社会组织中，“自然人出资”的组织最多，占总数的43.93%；其次比例较高的是“政府相关职能部门提供资金”，占比31.98%；另外还有“乡镇出资”“集体出资”“会员会费”等方式。相比之下，“企业提供资金”和“基金会提供资金”这两种方式较少，仅占总数的5.93%和1.79%。

表4-5　出资方式

出资方式	频次	百分比（%）
政府相关职能部门提供资金	340	31.98
企业提供资金	63	5.93
基金会提供资金	19	1.79
自然人出资	467	43.93
其他出资方式	301	28.32
合计	1190	—

对社会组织的成立背景的分析发现：57.22%的社区社会组织是由居/村委会发起的；其次占比较多的是“社区居/村民发起”和“政府职能部门推动”，分别占比54.57%和44.03%；仅有1.47%、0.13%、0.13%的组织是由“高校专家”、“港澳台机构”和“境外基金或组织”发起；同样，由原有政府部门转制而成的社会组织比例也比较低，只有3.04%。具体情况如表4-6所示。

为了更好地理解社会组织的发展动力，本书将成立背景重新编码。根据发展动力的来源区分为“（仅）政府推动”、“（仅）社会推动”和两者兼有的“混合推动”，其中政府推动包括“政府职能部门推动”“原有政府部门转制而成”“居/村委会发起”，社会推动则包括“高校专家发起”、“社区居/村民发起”、“专业机构发起”、“行业自发成立”、“国内基金支持”、“港澳台机构发起”、“境外基金或组织发起”和“其他”。总体而言，在3131个社会组织中，有985个组织的成立仅来自政府推动，占总数的31.46%；有774个社会组织的成立仅来自社会推动，占总数的24.73%；余下的1372个社会组织报告其成立动力是多元的，兼有政府与社会力量的推动，占总数的43.82%。

表4－6　成立背景

成立背景	频次	百分比（%）
政府职能部门推动	1378	44.03
高校专家发起	46	1.47
原有政府部门转制而成	95	3.04
社区居/村民发起	1708	54.57
专业机构发起	197	6.29
行业自发成立	379	11.82
居/村委会发起	1791	57.22
国内基金支持	17	0.54
港澳台机构发起	4	0.13
境外基金或组织发起	4	0.13
其他	111	3.55
合计	3131	—

对成立时间和成立动力的交互分析发现，1998年以前的社会组织以政府推动为主，占总数的38.49%。而1998年以后一直是政府与社会混合推动的类型比例最高。1999年至2011年，仅由政府推动成立的组织比例逐渐减弱，其间社区社会组织的成立动力也以混合推动为主。但从2012年开始，社区社会组织的增长趋势发生了一些重要的变化。政府推动的趋势再次增强，2012年后政府推动成立的组织占比32.65%，而单纯由社会力量推动成立的社会组织比例则下降至23.54%，混合推动的比例也同时略有下降。上述结果也通过了Pearson相关检验，在0.05水平上显著。这意味着自2012年以后，尽管整体上仍然是以混合推动为主，但相较而言，政府推动的趋势显著增强，在不同时间

段上成立动力的模式是有显著差异的。

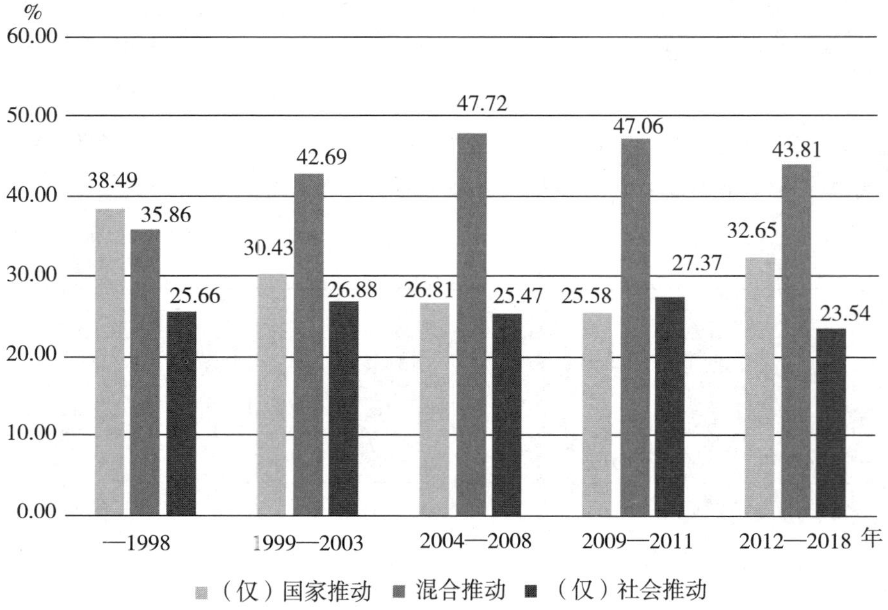

图 4－2 成立动力随时间变化趋势

我们也考察了成立动力模式的区域差异，图 4－3 直观地呈现了这种差异。以不同动力类型分布的均衡程度来说，河北、山西、江西这些省份属于各种动力都有的，并且比较均衡。在其他省份中，分布则一般偏向于某一种类型。政府推动力量显著强于其他省份的有江苏、安徽、福建、广东、湖南和云南。社会推动力量显著强于其他省份的有东北三省（辽宁、吉林、黑龙江）、广西、甘肃、河南、重庆和贵州。有趣的是，混合推动主导的区域有北京、天津、上海、浙江、山东、湖北、四川和陕西。有些省份值得再进一步仔细探讨。例如，内蒙古自治区则表现出一定的特殊性，混合推动和社会推动基本持平；青海和海南则呈现出完全由政府推动成立的特征，而宁夏回族自治区则主要表现为由政府推动和混合推动共同发生作用，社会推动没有发挥作用，这可能和涉及省份的样本量过小有关系。

表 4 –7　成立动力模式的区域差异

	北京市 Col%	天津市 Col%	河北省 Col%	内蒙古自治区 Col%	辽宁省 Col%	吉林省 Col%	黑龙江省 Col%
国家推动	21. 92	27. 22	32. 20	21. 21	19. 61	10. 00	12. 07
混合推动	61. 64	62. 03	32. 20	39. 39	32. 68	40. 00	39. 66
社会推动	16. 44	10. 76	35. 59	39. 39	47. 71	50. 00	48. 28
合计	100	100	100	100	100	100	100
N	73	158	59	33	153	20	58
	上海市 Col%	江苏省 Col%	浙江省 Col%	安徽省 Col%	江西省 Col%	福建省 Col%	山东省 Col%
国家推动	16. 35	39. 30	38. 58	44. 21	31. 34	44. 44	26. 18
混合推动	69. 81	33. 68	57. 68	32. 63	32. 84	25. 00	52. 88
社会推动	13. 84	27. 02	3. 75	23. 16	35. 82	30. 56	20. 94
合计	100	100	100	100	100	100	100
N	159	285	267	95	67	36	382
	湖北省 Col%	湖南省 Col%	广东省 Col%	广西省 Col%	山西省 Col%	河南省 Col%	陕西省 Col%
国家推动	31. 58	37. 50	38. 72	21. 62	27. 66	36. 31	25. 93
混合推动	47. 37	38. 54	35. 71	24. 32	34. 04	25. 60	44. 40
社会推动	21. 05	23. 96	25. 56	54. 05	38. 30	38. 10	29. 63
合计	100	100	100	100	100	100	100
N	285	96	266	37	47	168	54
	甘肃省 Col%	青海省 Col%	宁夏回族自治区 Col%	重庆市 Col%	四川省 Col%	贵州省 Col%	云南省 Col%
国家推动	25. 49	100. 00	42. 86	15. 00	34. 88	26. 09	50. 98
混合推动	31. 37	0. 00	57. 14	40. 00	45. 93	34. 78	25. 49
社会推动	43. 14	0. 00	0. 00	45. 00	19. 19	39. 13	23. 53
合计	100	100	100	100	100	100	100
N	51	1	14	20	172	23	51

续表

	海南省 Col%						
国家推动	100.00						
混合推动	0.00						
社会推动	0.00						
合计	100						
N	1						

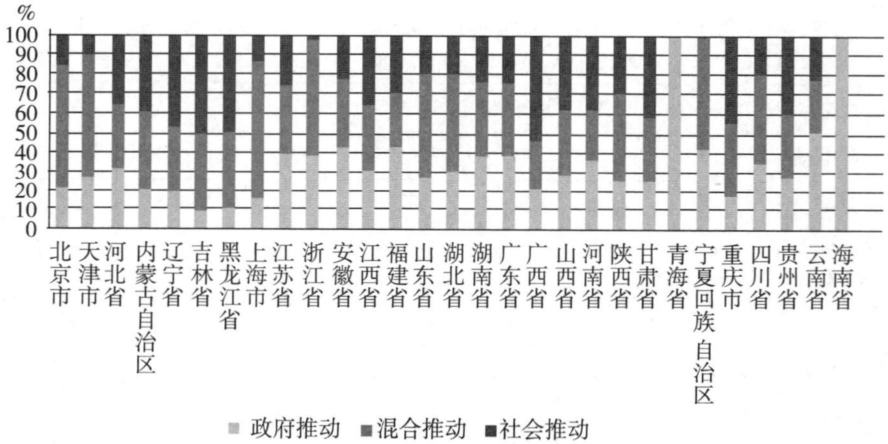

图 4－3　成立模式的区域差异

2. 活动特征

组织活动特征包括活动地域、组织规模、人员构成等。对这些要素展开分析有利于我们理解当前社区社会组织的行为机制及其影响。

（1）以社区居民需求为主要活动领域。

大部分社区社会组织都在基层社区层次活动，合计 79.24% 的社区社会组织集中在本社区、村、街道、乡镇的范围内活动；而在本省份内及更广泛范围活动的社会组织仅占 1.44%。

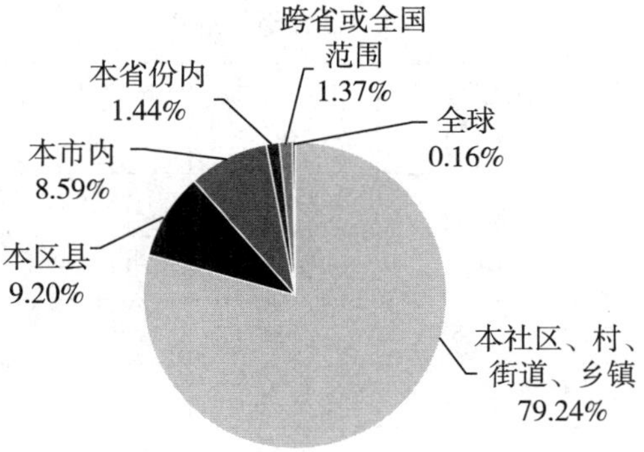

图 4－4　社区社会组织的活动范围

表 4－8　社区社会组织的服务对象

服务对象	频次	百分比（%）
会员	883	28.20
普通居/村民	2652	84.70
特定人群（如青少年、生活困难者等）	1350	41.68
社区工作者	615	19.64
其他	164	5.24
合计	5664	—

与基层活动范围一致，样本中社区社会组织的服务对象首先是以普通居/村民为主，占总数的 84.70%；其次是以特定人群（如青少年、生活困难者等）为主，占总数的 41.68%。这两类组织的数量远远高于以会员、社区工作者为服务对象的组织。这一方面表明当前社区社会组织提供的公共产品具有普遍性特征，另一方面也表明其服务领域缺乏细分。

综上，社区社会组织在开展活动时表现出强烈的地域归属意识和以社区居民为导向的社群意识。

（2）社区社会组织规模：以中小规模为主。

社区社会组织规模不仅对于评估社区社会组织的成长阶段具有重要意义，也是展现其组织能力和资源动员能力的重要“标尺”。调查数据显示，当前社区社会组织总体呈现出以中小规模为主的发展态势。

表 4 -9　社会组织规模

社会组织的个人会员数	国家推动（%）	混合推动（%）	社会推动（%）	合计
50 人以下	73.40	77.19	75.58	75.60（2367）
50—100 人	9.34	9.48	11.89	10.03（314）
100—500 人	11.88	10.20	9.82	10.64（333）
500—1000 人	3.15	1.82	1.16	2.08（65）
1000—2000 人	1.22	0.73	0.65	0.86（27）
2000 人以上	1.02	0.58	0.90	0.80（25）
合计	100.00	100.00	100.00	100.00（3131）

由表 4 -9 可知，75.60% 的社区社会组织的个人会员数小于 50 人，50—100 人的社会组织占总样本的 10.03%，100—500 人的社会组织占比 10.64%，而个人会员数在 500 人以上的组织数量锐减，500—1000 人的社会组织仅占总样本数的 2.08%，1000—2000 人的占比 0.86%，2000 人以上的则只占比 0.80%。就此来看，社区社会组织以中小规模为主。在国家推动成立的社会组织中，500—1000 人、1000—2000 人和 2000 人以上的比例，分别有 3.15%、1.22% 和 1.02%，相比之下，在由社会推动成立的组织与混合推动成立的组织中，相应的比例均较低。

（3）人员构成：政府推动成立的社会组织人员专业性更强。

表 4 -10、表 4 -11、表 4 -12 分别呈现了社会组织的专职人员、社工、专业人士的配备情况。总体来看，47.81% 的社会组织有专职人员，但是社工和专业人士的配备比例较低。配备社工的社区社会组织占总数的 26.81%，而配备专业人士的社会组织仅占总数的 20.99%。

我们还将成立动力与有无专职人员、有无社工进行交互分析，可以发现：由政府推动的社区社会组织中配备专职人员或社工的比例显著高于其他类型的组织，这一结果也通过了 Pearson 相关检验，并在 0.001 水平上显著。因此可以推论，政府推动成立的社区社会组织的人员构成的专业性更强。

表 4－10　有无专职人员

有无专职人员	政府推动（%）	混合推动（%）	社会推动（%）	合计
有	53.20	44.90	46.12	47.81（1497）
无	46.80	55.10	53.88	52.19（1634）
合计	100.00	100.00	100.00	100.00（3131）

表 4－11　有无社工

有无社工	政府推动（%）	混合推动（%）	社会推动（%）	合计
有	30.56	30.34	15.76	26.81（839）
无	69.44	69.66	86.24	73.13（2291）
合计	100.00	100.00	100.00	100.00（3131）

表 4－12　有无专业人士

有无专业人士	政府推动（%）	混合推动（%）	社会推动（%）	合计
有	18.98	20.50	24.42	20.99（657）
无	81.02	79.50	75.58	79.01（2473）
合计	100.00	100.00	100.00	100.00（3131）

3. 经济来源

表 4－13 呈现了 2851 个社区社会组织 2017 年收入状况的描述统计。由此可见，社区社会组织 2017 年的收入方差达到 214.12 万元，收入最高的组织获得了 7000 万元。

表 4－13　社会组织 2017 年收入的描述统计

单位：万元

样本量	平均值	最大值	最小值	方差
3131	21.85	7000	0	214.12

同上年相比，68.41% 的社会组织认为，2017 年的收入与 2016 年差不多；9.70% 的社会组织认为，2017 年的收入比上年有所增加，仅有 5.22% 的社会组织认为，2017 年的收入减少。

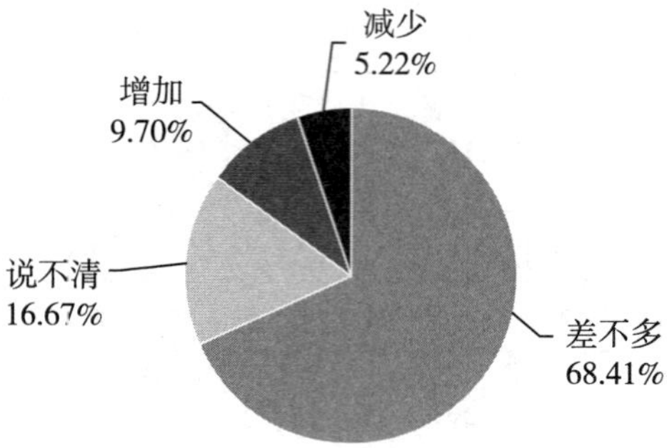

图 4-5　社会组织的收入变化

关于社区社会组织的收入来源问题，表 4-14 显示：2017 年在 1491 个有收入的社区社会组织中，排在收入来源前三位的是“面向个人消费者提供服务的有偿收费”、“政府补贴”和“发起人自己出钱”，分别占总数的 38.82%、35.87%和20.88%，这表明，比较而言，这三种方式是社区社会组织较为常见的财源。另外选择较多的还有“政府购买服务”、“居/村委会投入”、“公众个人捐赠”和“政府奖励”，分别占 20.15%、19.78%、13.88%和 12.53%。收入来自“企事业单位捐赠”和“企事业单位购买服务”的组织较少，占总数的 8.11%和 3.44%；其余的组织收入来源有“国内基金会投入”、“境外资金扶持”和“会员会费”，仅占总数的 1.60%、0.25%和0.25%。

表 4-14　2017 年社会组织的收入来源（此题为多选）

收入来源	频次	百分比（%）
政府补贴	292	35.87
政府购买服务	164	20.15
政府奖励	102	12.53
居/村委会投入	161	19.78
企事业单位捐赠	66	8.11
企事业单位购买服务	28	3.44
公众个人捐赠	113	13.88
面向个人消费者提供服务的有偿收费	316	38.82
国内基金会投入	13	1.60
境外资金扶持	2	0.25

续表

收入来源	频次	百分比（%）
会员会费	2	0.25
发起人自己出钱	170	20.88
其他	62	7.62
合计	1491	—

表4-15更进一步呈现了社区社会组织对属地收入和政府部门支持的依赖程度。可见，与活动范围一致，绝大部分社区社会组织的收入来自其登记、备案的区域，属地收入占比80%以上的组织占总数的60.7%。

进一步分析发现，来自政府部门的支持呈现出有趣的模式。政府部门支持是指来自政府部门的资助或购买服务经费。41.73%的组织报告从未收到政府部门的投入，19.01%的组织则报告80%以上的财源来自政府部门的投入，其他部分政府投入占比分布不均。这表明，政府部门对社区社会组织的投入呈现出较为鲜明的选择性特征——尽管有一半多的社会组织报告曾收到过政府投入，但19.01%的组织几乎全部依赖政府投入。

表4-15　收入比重

比重	属地收入比重		政府部门支持比重	
	频次	百分比（%）	频次	百分比（%）
0	64	10.14	338	41.73
0—20%	46	7.29	139	17.16
20%—40%	25	3.96	61	7.53
40%—60%	52	8.24	72	8.89
60%—80%	61	9.67	46	5.68
80%—	383	60.70	154	19.01
合计	631	100.00	810	100.00

二、内部治理结构

本部分将分别从负责人特征及其角色、组织决策程序、组织内部管理、党建情况这四个方面来描述当前社区社会组织的内部治理结构。

总体而言，社区社会组织表现出以下发展特征：

第一，社区社会组织负责人多以党员为主，约一半的社区社会组织负责人还兼任着居/村委干部、居/村委书记、议事会成员、联席会成员、政协委员、人大代表等角色，通过比较复合的方式整合进入社区治理体制中。并且，在国家推动成立的社会组织和混合推动背景下的社会组织中，负责人或核心骨干整合进入治理网络的程度要大幅高于社会推动的社会组织。

第二，社区社会组织的内部决策以民主讨论为主，其主要方式是每年召开成员大会和代表大会，并且国家背景和年收入对其具有正面影响，即较强的国家背景和较高年收入的社会组织更能够每年召开成员大会与代表大会。

第三，社区社会组织对政府具有较强的依赖性，原因多样，主要集中于缺乏资金、项目和自身发展不足等方面。不同类型的社会组织产生依赖的具体动机存在差异。在依赖政府的第一位原因中，政府推动的社会组织更多地选择“缺少可运作的岗位、项目”和“行政干预”，混合推动的社会组织更多地选择“缺钱”和“自身能力不足”，而社会推动的社会组织更多地选择“提升社会信任度”和“其他”。

第四，社区社会组织的内部监督还有待进一步加强，42.67%的社会组织能够定期向出资方公开财务信息，但是，50.72%的社会组织没有对所承担的所有项目进行项目评估。政府推动成立的社区社会组织内部监督则相对积极一些。

第五，在社区社会组织党建效果方面，样本中14.37%的组织建立了党组织，覆盖率还存在提升空间。具有体制背景和较高年收入的社区社会组织建立党组织的可能性更大。并且，成立了党组织的社区社会组织对党建效果的评价非常积极，81.58%都认为党建很有效果。一个重要的现象是，在部分评价维度上，党建对于国家与社会混合推动成立的社会组织效果更为显著。这表明，我们可以将社区社会组织的党建视为一种有效的社会组织赋能方式。

总体而言，混合推动和政府推动背景下的社会组织表现出更明显的发展优势，在内部治理结构的四个方面均优于单纯由社会推动的社会组织。

1. 负责人基本特征

在当前社区社会组织总体保持较小规模的情况下，其发展特征与负责人的人格特征、精神气质具有高度关联。就此而言，对社区社会组织负责人背景、角色的相应考察，对于理解这类组织的特质具有重要意义。

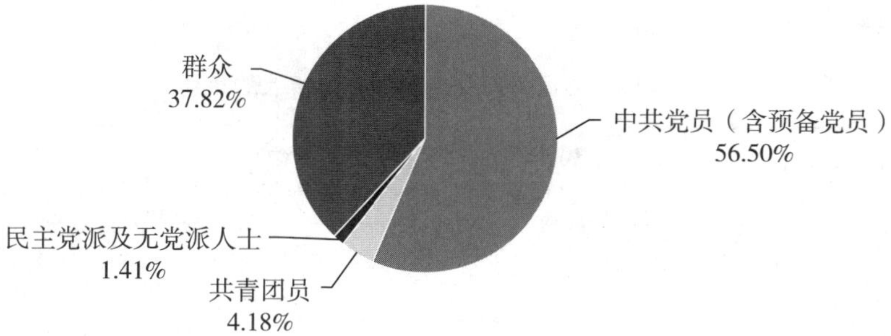

图 4－6　社区社会组织负责人政治面貌

在受访社区社会组织中，负责人的政治面貌以中共党员（含预备党员）为主，占比 56.50%，群众占比 37.82%。如表 4－16 所示，现任负责人在进入社区社会组织前所从事的职业中，社区/村工作人员占到 37.07%，其中包含了居/村委会主任、书记一职；其次，占比较高的是企业从业及退休人员，达到 21.41%。值得注意的是，共有 12.01% 的负责人来自政府机关和事业单位工作人员或退休人员，而有过社会组织从业经历的负责人也占到了 7.99%。

表 4－16　社会组织负责人先前的职业

负责人先前职业	频次	百分比（%）
政府机关工作人员或退休人员	119	3.80
事业单位工作人员或退休人员（含高校专家、学者）	257	8.21
企业从业及退休人员	670	21.41
社区/村工作人员（含居/村委会主任、书记）	1160	37.07
本组织工作人员	204	6.52
其他社会组织的领导或工作人员	46	1.47
无业或自由职业	410	13.10
其他	263	8.41
合计	3129	100.00

那么，社区社会组织的负责人或骨干一般还会在社区治理网络中兼任其他重要职务吗？这一点对于基层社会治理网络的整合性具有重要意义，也是理解社区社会组织在基层治理体系中制度性位置的重要“指示器”。表 4－17 呈现

了分析结果。

表 4－17　不同类型社会组织中负责人的角色

负责人角色	政府推动（%）	混合推动（%）	社会推动（%）	合计	Pearson
居/村委会主任或社区/村党支部书记	46. 14	32. 63	9. 83	31. 24（977）	267. 812***
街镇层面组建的共治议事机构、党建联建机构成员	9. 45	12. 19	3. 23	9. 11（285）	48. 044***
街道/乡镇办事处等政府机构组建的顾问委员会成员	8. 33	7. 15	3. 75	6. 68（209）	15. 433***
党代表	16. 57	12. 85	4. 92	12. 06（377）	56. 845***
人大代表	15. 55	10. 51	4. 40	10. 59（331）	56. 882***
政协委员	9. 45	12. 19	3. 23	9. 11（285）	48. 044***
不担任以上任何角色	42. 58	56. 42	79. 69	57. 82（1808）	246. 378***
$p<0.1$，$p<0.05$，**$p<0.01$，***$p<0.001$					

总体来看，社区社会组织负责人或骨干在社区治理网络中的嵌入程度是较深的。大约有 42. 18% 的被访对象报告同时还担任居/村主任/书记、议事平台成员、各机构委员会成员、党代表、人大代表和政协委员。总体上我们可以推论，社区社会组织嵌入治理平台或网络的程度较高，但仍然有一定拓展空间。

我们接下来对不同类型的社区社会组织嵌入治理网络的程度进行了进一步的比较。在社会组织负责人所扮演的六个角色方面，政府推动成立的社会组织、混合推动成立的社会组织，以及社会推动的社会组织在“街道/乡镇办事处等政府机构组建的顾问委员会成员”这一角色上具有 0. 01 水平的显著差异，三者在其他五个角色上均通过 0. 001 显著性水平的 Pearson 相关检验。总体而言，不同成立背景的社会组织在治理网络嵌入程度上具有显著差异，政府推动型组织的负责人嵌入各类治理网络的比例最高，达到 57. 42%；其次是混合推动型组织，达到 43. 58%；社会推动型组织的负责人嵌入各类治理网络的比例最低，只有20.31%。

具体比较各类兼任职务，只有6.68%的负责人报告兼任了街道/乡镇等政府机构组建的顾问委员会成员，在六类服务中比例最低。具体来看，在政府推动的社会组织中，这一比例为8.33%，混合推动的为7.15%，社会推动的为3.75%。社会组织负责人同时兼任居/村委会主任或社区/村党支部书记的比例最高，达31.24%。在政府推动成立的社会组织中，负责人担任居/村委会主任或社区/村党支部书记的情况占到46.14%；在混合推动的社会组织中，其比例是32.63%；而在社会推动成立的社会组织中，这一比例最低，仅有9.83%，三者存在显著差异。

同样的差异也存在于另外三种角色中，在政府推动成立的社会组织中，负责人分别担任街镇层面组建的共治议事机构、党建联建机构成员、政协委员、党代表、人大代表的这些身份的情况达到9.45%、9.45%、16.57%、15.55%，后两者均高于混合推动和社会推动的社会组织；在混合推动成立的社会组织中，这四个方面的比例分别占12.19%、12.19%、12.85%、10.51%，均高于社会推动成立的社会组织。也因此，社会推动成立的社区社会组织在“不担任以上任何角色”这一情况下的比率，显著高于国家推动和混合推动成立的社区社会组织。

上述分析表明，在政府推动成立的社区社会组织中，负责人更深地被吸纳进入国家治理体制之中，更多接触到来自“体制内”的资源和机会。而在纯粹社会推动成立的社区社会组织中，约有八成的负责人都没有担任这些属于国家正式体制的角色。但是，最为突出的是，混合推动成立的社会组织的情况：在六种角色中，其比例均高于社会推动的社会组织，仅在机构成员和政协委员这两个方面高于国家推动的社会组织。换言之，社会组织成立的推动背景与其负责人担任的角色之间具有一定的关联，即具有“体制”背景的社会组织的负责人，均更加有可能担任这些属于国家正式体制的角色，而社会推动的社会组织负责人，担任这些角色的情况均不如前两者。

2. 社会组织决策程序

在社区社会组织的重大决策程序方面，通过民主讨论完成重大决策是主要方式。数据显示，2355个受访社区社会组织在大部分情况下会进行民主讨论，占到总体的75.43%。只有13.20%和11.37%的社区社会组织分别采取“负责人说了算”和“偶尔进行民主讨论”的方式做出重大决策。

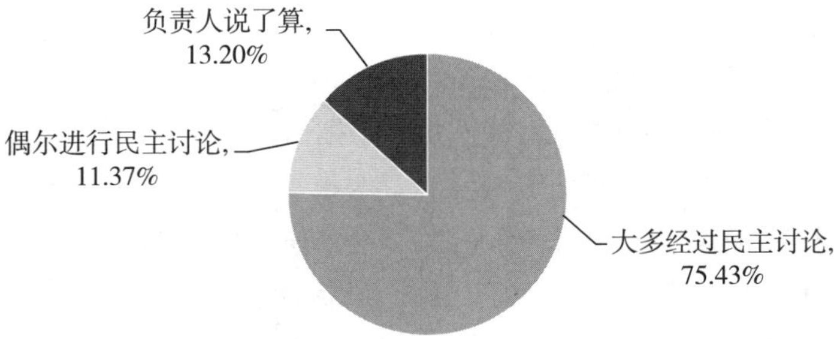

图 4－7　社区社会组织重大决策方式

在社区社会组织召开全员大会和代表大会方面，三种背景推动下成立的社会组织存在显著差异，均达到 0.001 的显著水平：如表 4－18 和图 4－8 所示，从社会组织每年召开全员大会的情况来看，政府推动成立的社会组织达到 69.92%，混合推动成立的社会组织达到 72.23%，社会推动成立的社会组织略低，达到 62.10%。而从社区社会组织每年召开代表大会的情况来看，政府推动成立的社会组织达到 66.12%，混合推动成立的社会组织达到 63.34%，社会推动成立的社会组织低于前两者，只有 52.52%。可见，混合推动的社会组织在召开全员大会和代表大会两个方面均高于社会推动的社会组织，但在每年召开代表大会这方面低于政府推动成立的社会组织。总体而言，不论是政府推动的社会组织，还是混合推动的社会组织，抑或社会推动的社会组织，它们召开全员大会和代表大会的比率均超过了半数。

表 4－18　不同类型社区社会组织召开大会的情况

	政府推动（%）	混合推动（%）	社会推动（%）	合计	Pearson
每年召开全员大会	69.92	72.23	62.10	69.00 (2159)	24.3081***
每年召开代表大会	66.12	63.34	52.52	61.59 (1925)	37.1589***
$p<0.1$，$p<0.05$，**$p<0.01$，***$p<0.001$					

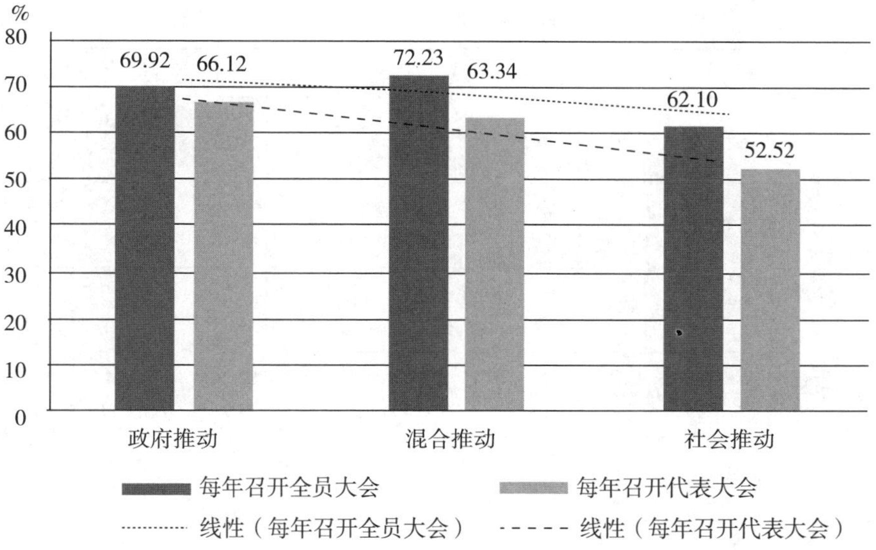

图 4-8　不同类型社区社会组织召开大会的情况

以下还对每年召开全员大会和代表大会进行了 Logistic 回归分析，以分析哪些因素影响社区社会组织在程序上的完备性。正如表 4-19 所示，个体会员数对每年召开全员大会和代表大会没有显著影响，因此，基本上可以认为组织规模对于其选择召开全员大会和代表大会的可能性没有影响。除此之外，如果以“社会推动”作为比较标准，政府推动和混合推动成立的背景，会对社会组织每年召开大会的可能性产生正效应，差异显著。具体来说，如果是政府推动的社会组织，它们选择每年召开全员大会的发生比是社会推动的 1.678 倍；如果是混合推动的社会组织，它们每年召开成员大会的发生比是社会推动的 1.865 倍。此外，对数年收入每增加 1，社会组织每年召开全员大会的发生比是原来的 1.097 倍，这三个结果均通过了水平为 0.001 的 Pearson 相关检验。从召开代表大会的回归分析结果来看，对于每年召开代表大会的发生比而言，政府推动的社会组织是社会推动的 2.105 倍，混合推动的社会组织是社会推动的 1.856 倍，对数年收入每增加 1，召开代表大会的发生比是原来的 1.091 倍，三项结果均在 0.001 的水平上显著。总而言之，拥有政府背景（包括政府推动和混合推动中的政府推动要素）和年收入较高的社会组织，更有可能每年召开全员大会和代表大会，而组织规模则不具备显著影响力。

表 4－19　对每年召开全员大会的 Logistic 回归分析

	每年召开成员大会	每年召开代表大会
会员人数	1.000 (0.000)	1.000 (0.000)
政府推动	1.678*** (0.176)	2.105*** (0.216)
混合推动	1.865*** (0.186)	1.856*** (0.178)
2017 年收入（自然对数）	1.097*** (0.012)	1.091*** (0.011)
常数项	2.236*** (0.197)	1.091* (0.119)
N	3086	3086
pseudo_ r2	0.0255	0.0283
Standard errors in parentheses * $p<0.1$，* $p<0.05$，** $p<0.01$，*** $p<0.001$		

3. 社会组织内部管理

在社区社会组织内部管理水平方面，本部分则重点关注对政府的依赖原因和内部监督机制，这是考察社会组织能力建设的重要方面。

（1）对政府的依赖原因多样。

从以上对社会组织负责人和社会组织内部决策的分析中可以看出，其内部治理结构对政府有着较强的依赖性：负责人大多与国家正式体制有着密切关系，政府推动成立的社会组织在重大决策和召开大会方面均有着更为突出的表现。那么，造成社会组织对政府拥有较强依赖性的原因有哪些？在完成的 9399 次选择中，被选择次数最多的三个原因是资金不足、自身能力不足、缺少可运作的岗位和项目，分别占比 28.18%、21.21%、19.44%。此外，排在第四位的原因是“社会组织为了提升社会信任度”，被选择的次数达到 14.70%，而选择“行政干预”的仅占 6.36%。由此可见，社会组织选择依赖政府并不是因为主要受到行政干预的影响，而是受到其发展条件的约束所导致的（如资金不足、能力不足、项目不足等）。

表 4－20 社会组织依赖政府的原因

依赖政府的原因	频次	百分比（%）
资金不足	2649	28.18
自身能力不足	1994	21.21
缺少可运作的岗位、项目	1828	19.44
社会组织为了提升社会信任度	1382	14.70
行政干预	598	6.36
其他	948	10.09
合计	9399	100.00

更进一步对不同类型社区社会组织所选择的前三位原因进行分析就会发现，政府推动、混合推动和社会推动的背景下成立的社会组织在主要原因、次要原因和第三位原因这三个方面都存在显著差异，均以 0.001 的水平通过了 Pearson 相关检验。

如图 4－9 所示，在造成不同背景社会组织依赖政府的第一位原因中，"资金不足""自身能力不足"和"缺少可运作的岗位、项目"的占比居前三位，分别是 59.13%、14.61%、9.56%；并且，三种推动力量下的社会组织均突出地选择了"资金不足"和"自身能力不足"这两项原因，政府推动的社会组织分别达到 61.44% 和 13.33%，混合推动的社会组织分别达到 60.80% 和 15.18%，社会推动的社会组织分别达到 52.33% 和 15.25%；但第三选项略有不同，政府推动型组织和混合推动型组织都比较困扰于"缺少可运行的岗位、项目"，占比分别为 10.58% 和 9.71%，但相比之下，社会推动型组织是出于"提升社会信任度"的原因而倾向于依赖政府，占比 10.47%。此外，社会推动的社会组织选择"其他"的比例高于前两者。总体来看，在依赖政府的第一位原因中，政府推动与混合推动的社会组织更多地选择"资金不足""自身能力不足"和"缺少岗位项目"，而社会推动的社会组织更多地选择"资金不足""自身能力不足"和"提升社会信任度"。由此可见，不同类型社会组织对政府的依赖性形成原因存在一定差异。

这一发现在对次要原因的分析中也得到了呈现："缺少可运作的岗位、项目"、"自身能力不足"和"资金不足"的占比也居于前三位，分别占比 28.93%、26.46% 和 16.07%。政府推动的社会组织更多地选择"缺少可运作的

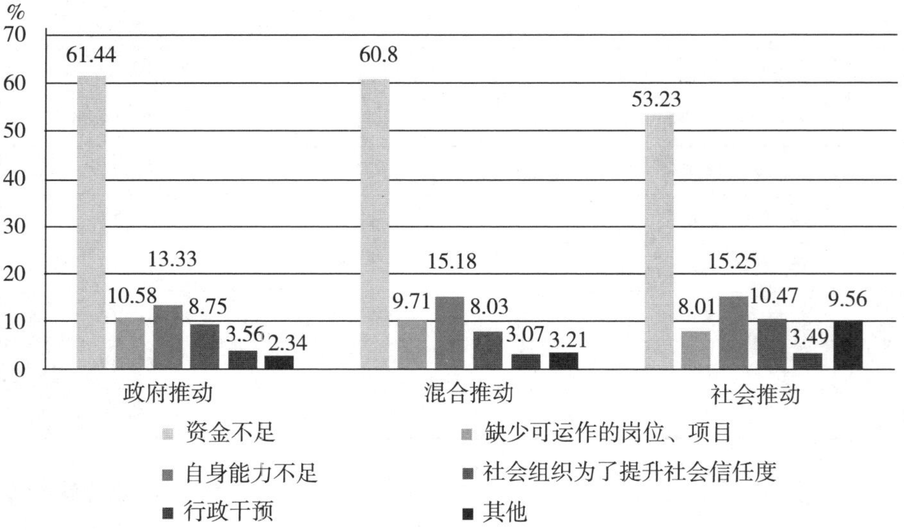

图 4－9　不同类型社会组织对政府依赖性较强的第一位原因

岗位、项目”（33.54%）和“行政干预”（6.83%），混合推动的社会组织更多地选择“自身能力不足”（29.04%），而社会推动的社会组织更多地选择“资金不足”（17.01%）、“提升社会信任度”（14.29%）和“其他”（16.74%）。

此外，关于第三位原因的选择结果也有所不同：“自身能力不足”成为首要选择（22.97%），“缺少可运作的岗位、项目”成为第二选择（20.23%），“资金不足”成为占比最低的选择（9.65%）。并且，在“提升社会信任度”和“行政干预”的选择中，政府推动的社会组织均高于混合推动和社会推动的社会组织，分别占比 22.82% 和 11.20%；在“资金不足”的选择中，混合推动的社会组织高于国家推动和社会推动的社会组织，达到 10.30%；在“其他”的选择中，社会推动的社会组织高于政府推动和混合推动的社会组织，达到 25.39%。

表 4－21　不同类型社会组织对政府依赖性较强的原因

	政府推动（%）	混合推动（%）	社会推动（%）	合计
最主要原因（第一位）				
缺钱	61.44	60.80	52.23	59.13（1849）
自身能力不足	13.33	15.18	15.25	14.61（457）

续表

	政府推动（%）	混合推动（%）	社会推动（%）	合计
缺少可运作的岗位、项目	10.58	9.71	8.01	9.56（299）
社会组织为了提升社会信任度	8.75	8.03	10.47	8.86（277）
其他	2.34	3.21	9.56	4.51（141）
行政干预	3.56	3.07	3.49	3.33（104）
合计	100.00	100.00	100.00	100.00
Pearson chi2（10）=73.7819 Pr=0.000				
次要原因（第二位）				
缺少可运作的岗位、项目	33.54	28.60	23.64	28.93（902）
自身能力不足	26.10	29.04	22.34	26.46（825）
缺钱	15.49	15.95	17.01	16.07（501）
社会组织为了提升社会信任度	13.05	13.90	14.29	13.73（428）
其他	4.99	7.75	16.49	9.04（282）
行政干预	6.83	4.75	6.23	5.77（180）
合计	100.00	100.00	100.00	100.00
Pearson chi2（10）=96.5005 Pr=0.000				
第三位原因				
自身能力不足	25.28	22.88	20.18	22.97（712）
缺少可运作的岗位、项目	19.32	22.08	18.10	20.23（627）
社会组织为了提升社会信任度	22.82	17.88	20.57	20.10（623）
其他	11.61	15.97	25.39	16.94（525）
行政干预	11.20	10.89	7.42	10.13（314）
缺钱	9.76	10.30	8.33	9.65（299）
合计	100.00	100.00	100.00	100.00
Pearson chi2（10）=75.1412 Pr=0.000				
N	2937	4098	2342	9345

总而言之，如果根据表4－21的总结来看，一方面，社区社会组织认为自己难以获得独立发展、转而依赖政府的原因集中于“三个不足”，即存在资金、项目和自身能力的短板；另一方面，不同推动背景的社会组织在具体选择上存在一些差异，相比之下，社会推动型组织也更希望通过依赖政府来提升社会信任度或解决其他具体问题。

（2）社会组织的内部监督。

社区社会组织的内部监督主要分为定期向出资方公开财务信息和进行项目评估两个方面。正如表4－22所呈现的结果，43.04%的社区社会组织会定期向出资方公开财务信息，29.50%的社区社会组织所承担的所有项目都有项目评估，19.63%的社区社会组织会对部分项目进行评估，而超过一半的社会组织不会进行项目评估。表4－23呈现的则是从社区社会组织的不同成立背景来考察项目评估情况，主要分为“政府推动”、“混合推动”和“社会推动”，三者差异显著且在0.01的水平上通过了Pearson相关性检验。政府推动的社会组织比混合推动和社会推动的社会组织更倾向于对所有承担的项目进行项目评估，达到了31.68%；混合推动的社会组织则比另两类社会组织更倾向于对部分项目进行评估，达到20.15%。在没有项目评估的情况中，社会推动的社会组织占比56.35%，高于政府推动的社会组织和混合推动的社会组织，后两者的占比分别为48.53%和49.45%。

表4－22　社区社会组织的内部监督情况

	频次	百分比（%）
是否定期向出资方公开财务信息		
是	1336	43.04
否	1768	56.96
承担的所有项目是否都有项目评估		
是	921	29.50
部分有	613	19.63
否	1588	50.86
合计	3131	100.00

总而言之，实施项目评估和没有项目评估的社会组织总体上大致持平，其中，根据社会组织成立的推动背景不同又存在差异，政府推动成立和混合推动

成立的社区社会组织内部监督机制要更为完善。

表 4－23　不同类型社会组织内部的项目评估情况

	政府推动（%）	混合推动（%）	社会推动（%）	合计
所有项目都有项目评估	31.68	30.40	25.13	29.50（921）
部分项目有项目评估	19.80	20.15	18.52	19.63（613）
没有项目评估	48.53	49.45	56.35	50.86（1588）
合计	100.00（985）	100.00（1365）	100.00（772）	100.00（3122）
Pearson chi2（4）＝13.7925 Pr＝0.008				

4. 社区社会组织党建情况

近年来，党建引领成为社区社会组织发展面临的重要制度要素，其也通过诸多机制影响了社区社会组织的各方面组织能力和公共品供给水平。

（1）党组织覆盖情况。

如图 4－10 和表 4－24 所示，从受访的 3131 个社区社会组织来看，14.37%的社区社会组织建立了党组织，尚有 85.63%的社会组织没有建立党组织；但在有共产党员的社区社会组织中，17.54%已建立党组织，据了解，社区社会组织党建覆盖率之所以偏低，有两方面原因：其一是因为根据党员组织关系管理的相关规定，许多社区社会组织中虽有党员，但其组织关系却在单位或在居民区党组织，在此情况下他们不大可能再组建新的党支部；其二是因为部分社区社会组织的组织化水平相对松散，规模较小，缺乏足够党员。

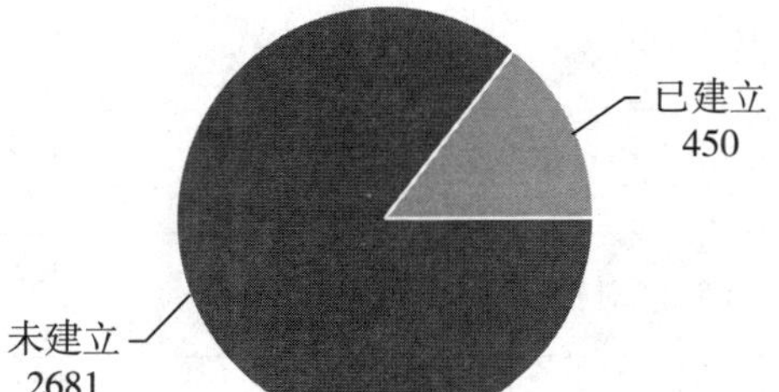

图 4－10　社会组织中党组织覆盖情况

表 4 – 24 是否有共产党员 * 是否建立党组织交叉表

	有共产党员（%）	没有共产党员（%）	合计
已建立党组织	17.54	0.86	14.37（450）
未建立党组织	82.46	99.14	85.63（2670）
合计	100.00（2537）	100.00（583）	100.00（3120）
Pearson chi2（1） = 106.8947 Pr = 0.000			

那么，哪些社区社会组织建立了党组织？本节试图通过对成立党组织情况进行 Logistic 回归分析来回答这个问题。根据表 4 – 25 所呈现的结果，会员人数对成立党组织的概率没有显著影响。但是，政府推动、混合推动和自然对数年收入都对社区社会组织成立党组织具有显著的正向效应，且在 0.001 的水平上显著：如果以“社会推动”作为比较标准，政府推动型社会组织成立党组织的发生比是社会推动的 2.525 倍，混合推动型社会组织成立党组织的发生比是社会推动的 1.988 倍，自然对数年收入每增加 1，成立党组织的发生比增加 11%。也就是说，社会组织的政府背景越强（包括政府推动和混合推动中的国家推动要素）、年收入越高，成立党组织的可能性也就越大，但是对社会组织的规模大小并不造成影响。

表 4 – 25 成立党组织的 Logistic 回归分析

	成立党组织
会员人数	1.000 (0.000)
国家推动	2.525*** (0.393)
混合推动	1.988*** (0.303)
2017 年收入（自然对数）	1.110*** (0.014)
常数项	0.132*** (0.017)
N	3087
pseudo_ r2	0.0407
Standard errors in parentheses * $p < 0.1$, * $p < 0.05$, ** $p < 0.01$, *** $p < 0.001$	

（2）党组织规模。

在 454 个建立党组织的社区社会组织中，单个组织中党务人员的数量平均在 4—5 人，其中，专职党务人员平均在 2 人左右，兼职党务人员的人数平均在 2—3 人。

表 4－26　社会组织中党务人员规模

	均值	标准差	样本量
专职党务人员	1. 97	2. 8912	451
兼职党务人员	2. 59	5. 0273	450

此外，对于 2017 年党组织开展的党员活动情况进行分析（见图 4－11），49. 01% 的党组织进行了 5—12 次党员活动，16. 56% 的党组织进行了 3—4 次党员活动，进行 1—2 次和 13—26 次党员活动的党组织分别占比 10. 15%、10. 38%。换言之，从开展党员活动的频率来看，接近一半的党组织每 1 个月或每 2 个月举办一次党员活动，接近两成的党组织至少每个季度举办一次党员活动，而一年或半年一次的社会组织（10. 15%）与每月 1 次或每月 2 次的社会组织（10. 38%）占有大致相同的比例，约有一成。因此，基本上可以认为，党组织活动开展良好，大部分党组织能够以正常的水平和频率开展党员活动，不积极的社会组织只占少数。

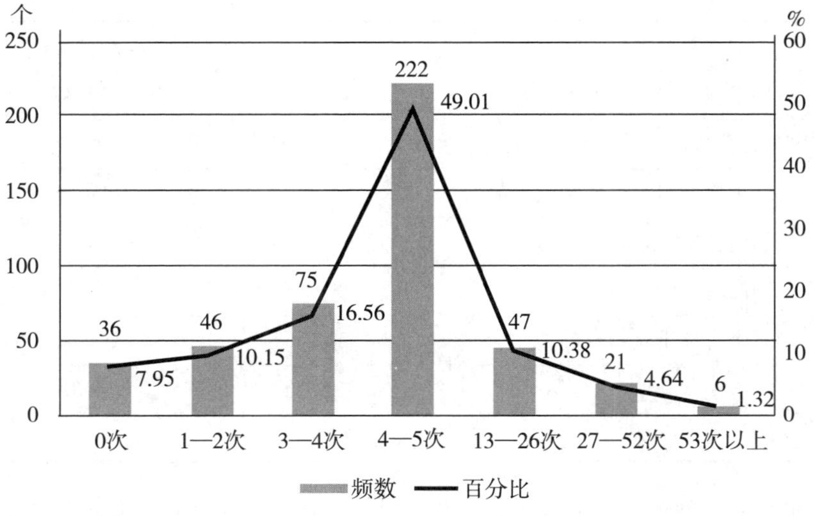

图 4－11　社会组织中党员活动情况

（3）党建效果。

对社区社会组织的党建情况进行分析时，一个重要的考察方面是党建的效果，表4－27和表4－28分别呈现了建立党组织对社会组织的帮助程度和效果。在454个已建立党组织的社会组织中，81.94%的社会组织认为建立党组织有显著帮助，仅有1.54%的社会组织认为建立党组织几乎没有作用。

表4－27　建立党组织对社会组织是否有帮助

	频次	百分比（%）
有显著帮助	372	81.94
偶尔有些作用	75	16.52
几乎没作用	7	1.54
合计	454	100.00

在对帮助内容进行的2038次回答中，“引导组织朝着正确方向发展”、“更容易获得群众的支持和信任”和“更有利于提升组织内部管理水平”是比例最高的三个方面，分别占比20.31%、19.97%和17.86%，其次是“更容易融入基层治理体系”、“更容易获得政府部门信任”和“更有利于获得资源”，分别占比16.88%、16.54%和11.87%。

表4－28　社会组织中建立党组织的效果

建立党组织的帮助	频次	百分比（%）
引导组织朝着正确方向发展	414	20.31
更容易获得群众的支持和信任	407	19.97
更有利于提升组织内部管理水平	364	17.86
更容易融入基层治理体系	344	16.88
更容易获得政府部门信任	337	16.54
更有利于获得资源	242	11.87
其他	25	5.59
合计	2038	100.00

那么，不同推动背景下的社区社会组织，在党建成效方面是否存在差异？由表4－29的分析可知，政府推动、混合推动和社会推动的社会组织仅仅在

“更容易获得政府部门信任”、“更容易获得群众的支持和信任”和“更容易融入基层治理体系”这三个方面存在显著差异，前两个结果通过了0.01水平的Pearson相关检验。在“更容易获得政府部门信任”中，政府推动占比75.14%，混合推动占比77.61%，社会推动占比69.86%；在“更容易获得群众的支持和信任”中，政府推动占比93.06%，混合推动占比92.54%，社会推动占比82.19%；在“更容易融入基层治理体系”中，政府推动占比78.03%，混合推动占比81.09%，社会推动占比63.01%。换言之，在这三个方面，政府推动型组织和混合推动型组织都比社会推动型组织更认可建立党组织带来的积极效果。

并且，混合推动型组织认可党组织帮助效果的比例甚至也要略高于政府推动型组织。或许可以推论，就建立党组织的效果而言，混合推动的社会组织获得了更多益处。相对而言，在“政府+社会”合作建立的社会组织中，成立党组织更加有助于社会组织获得政府部门的信任、获得群众的支持和信任，同时可以更好地融入基层治理体系。这表明，我们可以将社区社会组织的党建视为一种有效的社会组织赋能方式。

表4-29 不同类型社会组织建立党组织的效果

建立党组织的帮助	政府推动（%）	混合推动（%）	社会推动（%）	合计	Pearson
引导组织朝着正确方向发展	92.49	95.02	86.30	92.62	5.9672
更容易获得政府部门信任	75.14	77.61	69.86	75.39	1.7425**
更容易获得群众的支持和信任	93.06	92.54	82.19	91.05	8.4369*
更容易融入基层治理体系	78.03	81.09	63.01	76.96	10.0571**
更有利于获得资源	60.12	51.24	47.95	54.14	4.2954
更有利于提升组织内部管理水平	83.82	80.60	78.08	81.43	1.2842
其他	4.05	6.47	6.85	5.59	1.2933
* $p<0.1$，* $p<0.05$，** $p<0.01$，*** $p<0.001$					

三、政社关系架构

内部治理结构仅从一个维度勾勒了社区社会组织的属性特征。无论是实务界还是理论界，都十分关注社会组织与政府的具体关系形态，并认为这种恰当的政社关系对于社会组织积极发挥治理功能具有重要意义。本部分接下来主要从密切程度、合作类型、枢纽式管理、组织的自我定位这四个角度分析社区社会组织在政社关系架构中的现状。

整体而言，对调查样本的分析结果支持以下结论：

第一，社区社会组织认为他们与政府关系是相当密切的，尤其是与居/村委会/党支部的关系最为密切。相比之下，与其他组织的横向关系并不密切。

第二，政府对社区社会组织扶持的方式多样，并且具有政府背景的社会组织，在事实上与政府的合作程度更深，受到的支持也更多。

第三，针对社区社会组织的枢纽式管理方式虽然有一定普及，但还有发展空间。枢纽管理方式主要以基层政府成立的“社会组织服务中心”和基层党组织成立的各类党建服务机构为主。社区社会组织对枢纽式管理效果的评价较为积极。

第四，在客观分析之外，本节还同时考察了社区社会组织在政社关系架构上的自我定位。总体而言，社区社会组织认为自身与政府是良好的合作关系，也拥有较好的社会信任度和专业性，心态积极。

1. 政社互动密切程度

如表4－30显示，社区社会组织认为其与居/村委会/党支部的关系最为密切，得分最高（3.46）；其次与街道/乡镇党政机关较为密切，均值为2.91；再次是与政府职能部门，得分为2.68；最后是与其他社会组织的关系，平均分为2.45，仅仅比联系不多好一些。

总体来说，社区社会组织认为他们与政府的关系是比较密切的，并且与居/村委会/党支部的关系最为密切。

表4－30　与政府及其他社会组织的关系

与下列组织关系	非常密切	比较密切	联系不多	较为疏远	均值（标准差）
街道/乡镇党政机关	4	3	2	1	0.91（0.93）
政府职能部门	4	3	2	1	0.68（0.94）
居/村委会/党支部	4	3	2	1	3.46（0.76）
其他社会组织	4	3	2	1	2.45（0.89）

2. 政社合作类型

从结构分析的维度来看，政社关系密切程度的一个重要指标就是政府对社会组织的扶持。样本中84.26%的社区社会组织报告曾得到基层政府或职能部门的支持。如表4－31所示，在政府的各种支持类型中，最常见的形式是“政府提供活动或办公场地上的支持”，占到69.13%；其次是“政府提供资金扶持”，占到56.04%；再次则是“政府帮助登记或备案”，达到52.48%；而最不常见的方式则是“政府提供社会组织孵化机构助力成长”，仅占样本数的30.55%。

表4－31　政府支持的种类

支持类型	政府推动（%）	社会推动（%）	混合推动（%）	合计（%）	Pearson
资金扶持	58.35	44.32	59.46	56.04	37.7459***
活动或办公场地上的支持	65.37	64.06	74.09	69.13	26.5951***
帮助登记或备案	54.23	42.27	55.65	52.48	28.4903***
社会组织孵化机构助力成长	28.06	24.95	35.50	30.55	24.4891***
人力资源培训	45.77	34.64	42.57	42.05	17.3409***
其他	4.23	7.26	5.52	5.49	6.0347*
$p<0.1$，$p<0.05$，**$p<0.01$，***$p<0.001$					

比较不同成立背景的社区社会组织则发现了一些组织层面的差异。政府推动、社会推动以及混合推动的社会组织在上述五种“政府支持”中均存在显著差异，且达到0.001的显著水平。政府推动成立的社会组织与混合推动成立的社会组织在获得政府支持的比例上相差无几，但二者的比例均显著高于社会推动成立的社会组织。具体来看，在“资金扶持”方面，政府推动与混合推动的社会组织比例超过58%，而社会推动的社会组织比例仅有44.32%；在“活动或办公场地上的支持”方面，混合推动的社会组织比例高达74.09%，政府推动的社会组织比例其次（65.37%），而社会推动的社会组织仅有64.06%；在“帮助登记或备案”方面，政府推动的比例有54.23%，混合推动的比例是55.65%，而社会推动的社会组织比例仅占42.27%；在“社会组织孵化机构助力成长”方面，政府推动和混合推动的社会组织比例分别为28.06%、35.50%，社会推动的最少，比例仅为24.95%；“人力资源培训”

方面显示了同样的趋势，政府推动和混合推动背景的社会组织比例均超过40%，而社会推动的社会组织比例仅有34.64%。

总之，相较于政府推动和混合推动成立的社会组织，社会推动成立的社会组织较少获得各类政府支持。

3. 枢纽式管理

“枢纽式管理”平台可以看作一种处于政府管理部门和社会组织间的中介管理载体。在基层治理实践中，“枢纽式管理”通常指的是，通过该载体服务和管理一个系统、一个领域的社会组织，这种治理模式能够有效地促进社会组织自我管理和自我服务，也是近年来社会组织管理机制和体制创新的重要方面。从理论层面来看，枢纽式管理方式直接体现了政社关系结合的紧密性和制度化程度。

44.62%的社区社会组织报告了其所在街道/乡镇有“枢纽式管理”，42.77%的社区社会组织的活动区域里没有该管理形式。另有12.62%的社区社会组织表示不清楚是否存在该管理形式。进一步追问，哪些组织或机构承担着“管理枢纽”的角色呢？从图4－12中可以看到，最常见的是基层政府成立的“社会组织服务中心”，占样本的45.37%；其次是基层党组织成立的各类党建服务机构，占26.63%。相比之下，有一定官方背景的大型社会组织一般不承担枢纽管理职能，这种情况仅占样本的3.37%。

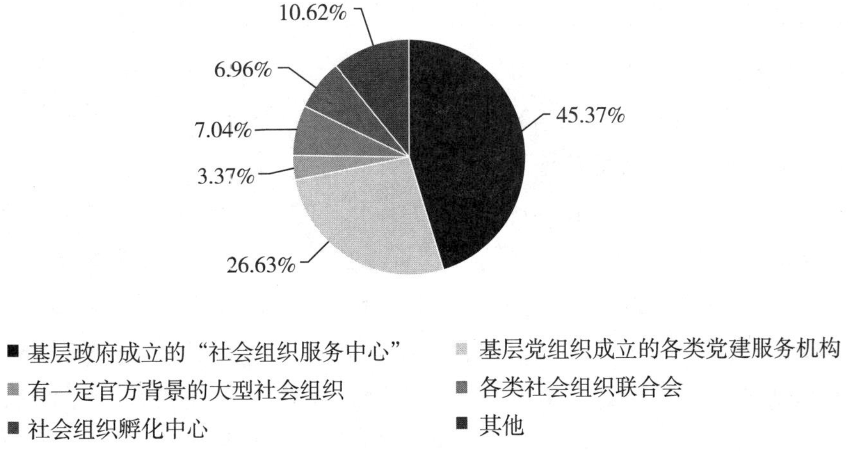

图4－12 枢纽组织情况

枢纽式管理起到了什么样的效果呢？如图4－13所示，绝大多数社区社会组织认为，枢纽式管理起到了政社间良性互动的桥梁（90.62%）和支持社会组织发展（86.61%）的效果；其次，71.30%的社会组织认为，枢纽式管理提高了社会组织专业水平；还有超过半数的社会组织认为枢纽式管理帮助政府管理社会组织（68.86%）和推动了行业自律（54.83%）。可见，枢纽式管理发挥了联系政社关系、促进社会组织专业性、行业自律等方面发展的作用。

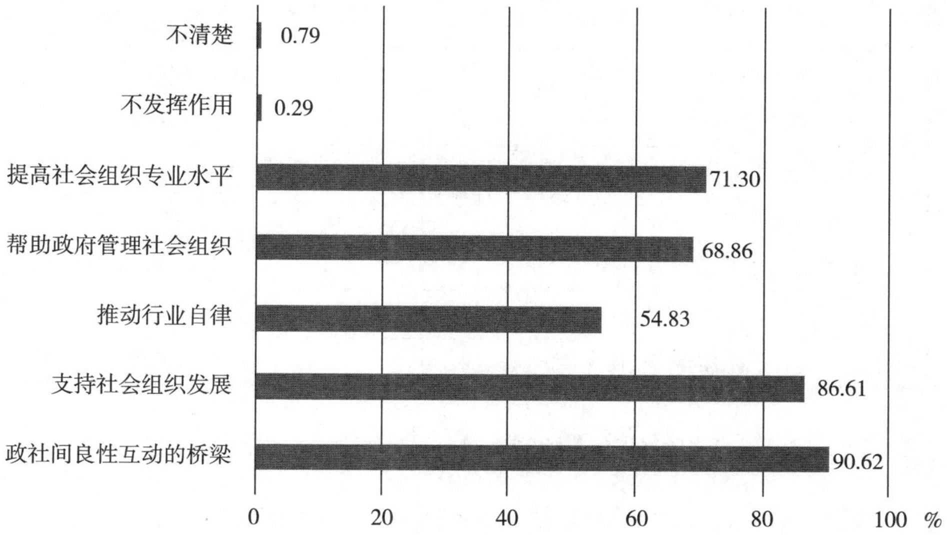

图4-13　枢纽式管理的效果

4. 组织的自我定位

在当前发展形势下，社区社会组织如何看待其角色与定位？对这一问题的回答部分地可以从“如何看待政府与社会组织的关系”和“社会组织自我评价”两个问题的回答情况中窥见一斑。表4-32总结了这两方面的特征。

总体来看，样本中社区社会组织负责人比较认同社会组织充当着政府的助手的角色，均值为4.40，标准差是0.75，这表明样本的认知波动不大。同时，样本中社区社会组织负责人也比较认同基层社会组织与居/村委会合作良好的关系，得分为4.61，标准差为0.61；并且对“与居/村委会有很强的竞争关系”持反对态度，得分为2.16。对于“与政府是平等的伙伴关系”的看法介于“说不清”和“比较同意”之间，得分为3.77，标准差也较大。总体来看，社会组织认为其与政府间具有良好的合作关系。

从社区社会组织自我评价来看，组织负责人比较同意社会组织的宗旨是反映社会诉求，得分为4.18。社区社会组织的负责人也较为承认其得到了社会信任，得分为3.96。但是对社会组织的专业优势和社会信任度的评价都非常接近于“比较同意”，得分分别为3.95和3.96。因此可以认为，社区社会组织对自己所具有的专业优势和社会信任度都比较有信心。

表4-32 您同意下列对社会组织的看法吗

对社会组织的看法	很同意	比较同意	说不清	不同意	很不同意	均值（标准差）
政府的助手	5	4	3	2	1	4.40（0.75）
反映社会诉求	5	4	3	2	1	4.18（0.80）
与政府是平等的伙伴关系	5	4	3	2	1	3.77（1.08）
与居/村委会合作良好	5	4	3	2	1	4.61（0.61）
与居/村委会有很强的竞争关系	5	4	3	2	1	2.16（0.97）
社会组织具有专业优势	5	4	3	2	1	3.95（0.96）
社会组织具有很高社会信任度	5	4	3	2	1	3.96（0.93）

四、社区社会组织的治理功能

本部分的重点在于讨论社区社会组织在社区治理的过程中，实际上发挥了什么样的具体功能，其效果又如何。此外，我们还将对影响社区社会组织治理功能的深层因素进行初步分析。下文主要从参与动员、提供服务、参与公共议事、社区治理、功能自评五个角度展开讨论。“参与动员”指社区社会组织帮助行政部门或党支部实施动员工作；“提供服务”指社区社会组织向会员或公众提供具体服务的面向；“参与公共议事”指社区社会组织通过各种议事平台参与议事的情况；“社区治理”则指社区社会组织在基层社区里通过调节纠纷和利益协调，优化社区治理结构的过程，上述四个方面基本概括了当前社区社会组织的重要治理功能。除此之外，调查问卷也要求社区社会组织对组织的治理功能实现情况进行自评。

第一，大约40.08%的社区社会组织积极介入了居/村委会或基层党支部的动员工作中。成立了党组织、由政府推动、由混合推动、有专业社工这四种背景的社会组织发挥相关功能的可能性更高。

第二，社区社会组织提供社区服务的功能得到较好发挥，83.17%的社区社会组织在过去一年中都曾经开展过社区服务。绝大部分活动以文体活动、老年人服务和便民服务为主。整体而言，社区社会组织的服务导向更为明显，而参与管理的意识则相对不明显。

第三，社区社会组织在参与公共议事方面作用显著，对议事效果的评价也比较积极。政府推动成立的社会组织最为频繁地参与公共议事，且议事效果最好，效果其次的是混合推动为背景的社会组织，而单纯由社会推动的社会组织则较少地参与公共议事，且效果欠佳。

第四，社区社会组织参与社区治理的程度比较深，途径也比较多样。换言之，社区社会组织对维持社会秩序和协调利益冲突具有重要意义。不过，也有相当比例的社区社会组织功能不良。由政府推动和混合推动成立的社会组织是发挥社区治理职能的主体，相比之下，单纯由社会推动的社会组织则较少发挥社区治理职能。

第五，在功能自评方面也表现出了有趣的模式。整体来看，基层社区社会组织对自己的评价都比较积极或比较理想，其中在“社区/村服务”和“增强居/村民对社区/村的认同感与满意度”两方面发挥的作用最理想。比较而言，成立党组织、混合推动成立和专业性强的社会组织的功能自评最积极。这也从侧面印证了，能够将不同方面的力量结合起来的基层社区社会组织，能够发挥更好的治理功能。

1. 参与动员情况

当受访社区社会组织被问及“是否帮助居/村委会或社区/村党支部动员居/村民”时，样本中40.08%的社区社会组织报告经常提供帮助，42.15%报告偶尔参与动员，17.77%报告从不这样做。

是什么原因造成分化呢？本节建立了一个简单的Logistic回归分析模型来回答这个问题，如表4－33所示。首先将选项按照“是否经常帮助开展社会动员”赋值为“经常＝1，偶尔/从不参与＝0”。如表4－33所示，成立党组织、政府推动、混合推动、有专业社工与“是否经常帮助开展社会动员”呈正相关关系，且在0.001的水平上显著。具体来看，成立党组织的社会组织经常参与到社会动员的发生比是无党小组的2.284倍；以“社会推动”作为比较标准，政府推动的社会组织经常参与社会动员的发生比是社会推动的3.473倍，混合推动的社会组织经常性参与社会动员的发生比是社会推动的3.416倍。另外，有专业社工的社会组织经常参与社会动员的发生比是无社工的社会组织的1.862倍。

总之，成立了党组织、由政府推动、由混合推动、有专业社工这四种背景的社会组织更可能经常地参与到帮助社会动员工作中。

表 4－33　社会组织开展社会动员的 Logistic 回归分析

	帮助开展社会动员
成立党组织	2.284*** (0.422)
国家推动	3.473*** (0.436)
混合推动	3.416*** (0.386)
有专业社工	1.862*** (0.243)
常数项	1.616*** (0.127)
N	3128
Pseudo_ r2	0.080

Standard errors in parentheses
* $p<0.1$，* $p<0.05$，** $p<0.01$，*** $p<0.001$

2. 提供服务情况

总体而言，样本中 83.17% 的社区社会组织在过去一年里开展过社区服务。

其中，社区社会组织提供的常见社区服务有文体活动（67.24%）和老年人服务（64.29%）以及便民服务（50.04%）。最少提供的服务是“经济发展”服务，仅有 8.87% 的社会组织提供该项服务。处于相对较低水平的服务则包括“司法矫正”（13.63%）和“社区/村戒毒”（14.75%）服务。我们判断这些服务较少开展的原因可能是社区需求少和所需专业性强。

当被问及本组织提供社会服务的主要依据为何时，约一半以上的社区社会组织认为自身提供服务的依据是“根据居民需要”——这可以看作一种非常强的扎根于基层生活的需求提取机制；其次，29.39% 的社区社会组织报告其依据是“居/村委会或社区党支部建议”，仅有 3.53% 的社区社会组织是参照其他组织开展服务的。如果比较不同成立背景的社会组织，政府推动的社会组织按照“政府购买服务的清单”提供社会服务的比例最高为 15.15%；相比之

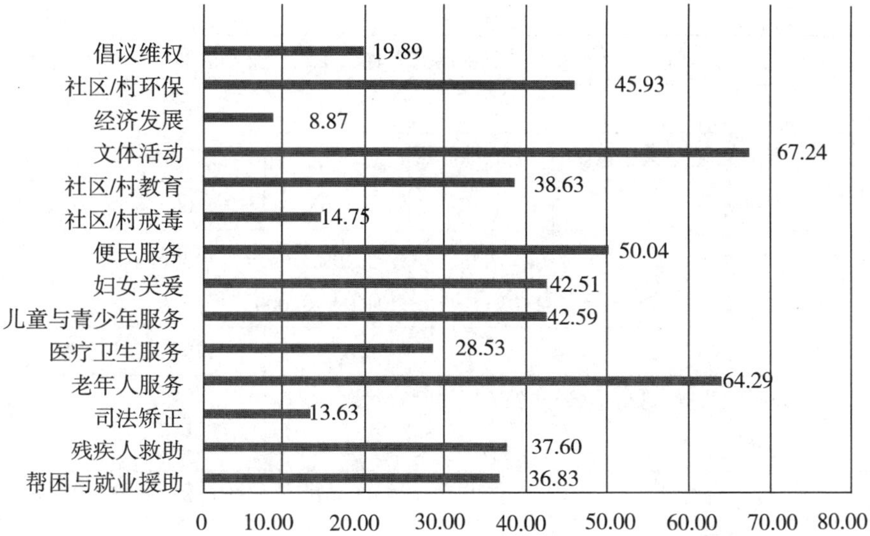

图 4－14　社会组织提供的主要服务

下，社会推动的社会组织按照“政府清单”提供社会服务的比例仅为 7.32%，两者在导向上的确存在显著差异。

同时，为了测量社区社会组织对于提供服务和参与管理的偏好情况，调查还问及了社区社会组织对这两项的看法。大多数（56.06%）的社会组织负责人更偏好在提供公共服务方面发挥作用，而非期待参与社会管理。其次，有 34.58% 的社会组织认为两者没什么差别，仅有 9.36% 的社会组织负责人更喜欢在社会管理领域发挥作用。也就是说，一方面，社区社会组织并不是总能清晰地区分提供服务和参与管理的区别；另一方面，社会组织对于参与社会管理的形势和认知显得更不乐观（详见表 4－34）。

表 4－34　社会组织对社会服务和社会管理的评价

	政府推动	社会推动	混合推动	合计
	Col%	Col%	Col%	Col%
本组织提供社会服务的主要依据				
政府购买服务的清单	15.15	7.32	8.92	10.68
根据居民需要	47.88	48.59	52.88	50.33
参照其他组织	2.76	5.25	3.34	3.53

续表

	政府推动	社会推动	混合推动	合计
	Col%	Col%	Col%	Col%
居/村委会或社区党支部建议	30. 08	27. 20	29. 86	29. 39
其他	4. 13	11. 63	5. 00	6. 07
合计	100	100	100	100
Pearson chi2（8）=70. 3204 Pr =0. 000***				
N	871	533	1199	2603
作为组织负责人更青睐公共服务还是社会管理				
社区/村服务	57. 77	52. 45	56. 86	56. 06
社区/村管理	9. 75	9. 82	8. 83	9. 36
两者没什么差别，视情况定	32. 49	37. 73	34. 31	34. 58
合计	100	100	100	100
Pearson chi2（4）=6. 6946 Pr =0. 153				
N	985	774	1370	3129

3. 参与公共议事情况

公共议事是社区社会组织一项非常重要的治理功能。那么究竟是哪些组织在参与公共议事？不同的社区社会组织参与议事的具体效果如何？图 4 – 15 的数据分析显示，57. 52% 的社区社会组织报告经常参与公共议事，而完全不参与公共议事的社区社会组织数占总体的 13. 38% 。

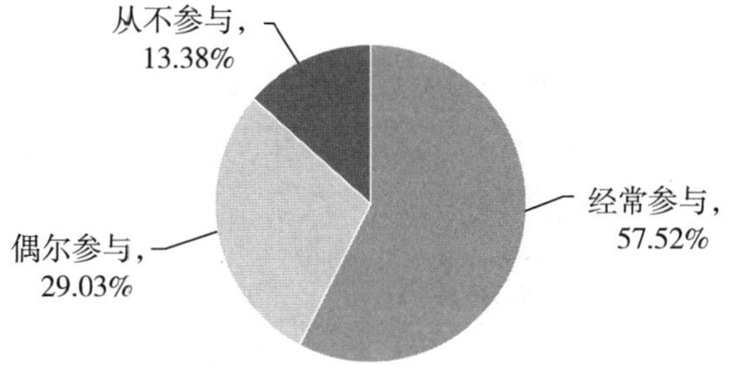

图 4 – 15　社区社会组织参与公共议事情况

表 4 – 35 的数据分析显示，政府推动、社会推动以及混合推动这三种背景的社会组织在“参与公共议事频率”及“议事效果”上存在显著差异，且

达到0.001的显著水平。从“是否经常参与公共议事”来看，社会组织的比例呈现出政府推动 > 混合推动 > 社会推动的趋势，三种社会组织的比例依次为68.63%、63.41%、33.03%，社会推动的社会组织经常参与公共议事的比例仅为前两者的一半。

再从“议事效果”来比较，政府推动和混合推动的社会组织意见被有效吸纳的比例均超过了44%，而社会推动的社会组织的比例仅为32.55%。相反，社会推动的社会组织报告了最多的“意见未被认真对待”情况，比例为4.19%。相比之下，政府推动和混合推动的社区社会组织持这一观点的比例更少，分别为3.29%和2.57%。

这说明，政府推动成立的社区社会组织最为频繁地参与公共议事且议事效果最好，其次是混合推动为背景的社会组织，而单纯由社会推动的社会组织则较少地参与公共议事，且效果欠佳。

表4-35　参与公共议事

	政府推动（%）	社会推动（%）	混合推动（%）	合计
	是否经常参与公共议事			
经常	68.63	33.03	63.41	57.56
偶尔	23.86	38.60	27.41	29.05
从不参与	7.51	28.37	9.18	13.39
合计	100	100	100	100
Pearson chi2（4）=317.358 Pr=0.000***				
	议事效果			
意见被有效吸纳	45.33	32.55	44.77	42.47
意见引起充分关注	27.99	25.50	30.63	28.69
虽未被吸纳，但更了解社区	21.41	32.37	20.10	23.04
意见未被认真对待	3.29	4.19	2.57	3.08
其他	1.98	5.24	1.93	2.62
合计	100	100	100	100
Pearson chi2（4）=68.554 Pr=0.000***				

4. 参与社区治理状况

当前社区社会组织的主要治理功能是什么呢？对这一问题的分析表明，排在第一位的是“参与组织居/村民自我管理”，样本中50.46%的社会组织报告自己在过去一年中曾经承担此类功能；其次则是“协助政府部门维持社区/村秩序”，占比48.29%；第三位的则是“参与处理邻里矛盾”，占比45.96%。而“帮助政府部门处理信访纠纷”亦有不少比例，达到25.48%；而最少的则是“参与解决物业纠纷”，占比20.38%。但是，也有27.05%的社会组织报告过去一年中没有任何社会服务的功能。

总体来看，社区社会组织参与社区治理的程度比较深，途径也比较多样。换言之，社区社会组织对维持社会秩序和协调利益冲突具有重要意义。不过，也有一定比例的社会组织功能发挥水平有待提升。

表4-36做了比较分析，政府推动、社会推动以及混合推动这三种背景的社会组织在发挥上述五种社会治理职能上存在显著差异，且达到0.001的显著水平。类似地，政府推动与混合推动的社会组织在发挥社会治理职能上的表现相差无几，但二者的比例均显著高于社会推动的社会组织。具体来看：

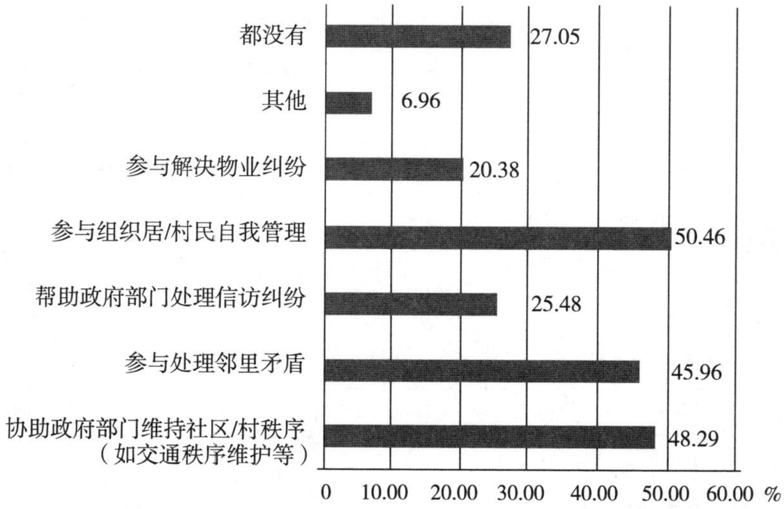

图4-16　社区社会组织参与社区治理情况

在“协助政府维持社区/村秩序”方面，政府推动与混合推动的社会组织比例超过55%，而社会推动的社会组织比例仅有26.49%；在“参与处理邻里矛盾”方面，政府推动的社会组织比例高达54.01%，混合推动的社会组织比例为52.55%，社会推动的社会组织仅有24.03%；在“帮助政府处理信访纠纷”方面，政府推动的比例是36.14%，混合推动的比例是27.99%，而社会推动的社会组织比例仅占比8.91%；在“参与组织居民自我管理”方面，混合推动的社会组织比例最高，高达60.13%，其次是政府推动的社会组织占比53.30%，仅有29.72%社会推动的社会组织报告了这一职能；“参与解决物业纠纷”方面显示了同样的趋势，政府推动和混合推动背景的社会组织比例分别为23.76%、24.93%，而社会推动的社会组织比例仅有8.01%。

反观之，49.10%社会推动的社会组织在过去一年中报告没有发挥治理功能，而这个比例在政府推动的社会组织中只有19.19%，在混合推动的社会组织中达20.26%。

可见，由政府推动和混合推动成立的社会组织是发挥社会治理职能的主体，相比之下，社会推动的社会组织较少地发挥社会治理职能。值得一提的是，在参与组织居民自我管理和解决物业纠纷方面，混合推动的社会组织表现出更大的优势。而政府推动的社会组织更善于处理政府相关事务，如协助政府维持社区秩序、帮助政府处理信访纠纷等。

表4-36 社会组织发挥的治理职能

社会治理职能	政府推动（%）	社会推动（%）	混合推动（%）	合计	Pearson
协助政府维持社区/村秩序	55.33	26.49	55.54	48.29	195.7880***
参与处理邻里矛盾	54.01	24.03	52.55	45.96	199.5575***
帮助政府处理信访纠纷	36.14	8.91	27.99	25.84	173.5701***
参与组织居民自我管理	53.30	29.72	60.13	50.46	187.7513***
参与解决物业纠纷	23.76	8.01	24.93	20.38	97.3978***
其他	6.90	6.46	7.29	6.96	0.5323
都没有	19.19	49.10	20.26	27.05	253.5065***
$p<0.1$，$p<0.05$，**$p<0.01$，***$p<0.001$					

5. 功能自评情况

在社区社会组织自评组织功能时，非常理想=5，比较理想=4，一般=3，不太理想=2，很不理想=1，不清楚=8。表4-37数据分析显示，社区社会组织在“社区/村服务”和“增强居/村民对社区/村的认同感与满意度”两方面发挥的作用比较理想，得分都超过 4 分，并且标准差较小，说明被访者认知一致，都认为比较理想。其次是在“社区/村管理与公共秩序维护”和“提升公众自我管理、自我服务能力”、“推动社区/村民主自治”领域，得分均超过 3.8 分，接近“比较理想”的程度。总体来说，社会组织在社区服务和社区管理上发挥作用的情况比较符合组织的目标、预期。但是对于“社区/村管理与公共秩序维护”和“推动社区/村民主自治”选项上答不清楚的比例相对较高。

那么，哪些社会组织能够较为理想地发挥功能呢？为了回答这一问题，本文进行了 Logistic 回归分析（表4－38）。首先将选项按照“发挥作用的情况是否理想”赋值为“非常理想/比较理想＝1，一般/不太理想/很不理想＝0”。如表 4－38 回归分析结果显示，成立了党组织、政府推动、混合推动、有专业社工的社会组织在上述五个领域里发挥出理想作用的可能性更大，且通过了显著性水平检验。

例如，就“社区服务”领域来说，成立党组织的社会组织发挥作用较为理想的发生比是未成立党组织的社会组织的 1.713 倍；若以“社会推动”作为参照组，政府推动的社会组织发挥作用较为理想的发生比是社会推动的 1.414 倍，混合推动的社会组织发挥作用较为理想的发生比是社会推动的 1.993 倍。另外，有专业社工的社会组织发挥出较为理想的作用发生比是无专业社工的社会组织的 1.384 倍。

更重要的是，将政府推动和混合推动的社会组织进一步比较来看，在“社区服务”“社区管理与秩序维护”“推动居民自治”“提升公众自我管理与服务”“增强居民认同感与满意度”这五个方面，混合推动的社会组织发挥理想作用的发生比均大于国家推动，政府推动型在“提升公众自我管理服务”和“增强居民认同感与满意度”方面与社会推动型并没有显著差异。这说明混合推动的社会组织在发挥上述职能方面比政府推动型组织表现得更好。这或许说明，将国家治理力量和社会性要素结合起来的混合状态更有助于社会组织发挥作用。

总之，成立党组织、政府推动、混合推动、有专业社工的社会组织能够较为理想地在公共服务和管理领域发挥作用。相反，在没有成立党组织、纯粹社会力量推动、没有专业社工的情况下，则不利于社会组织发挥相应作用。

表 4－37 对组织功能自评的描述统计

变量	均值（标准差）	不清楚（百分比）
社区/村服务	4.06（0.81）	0.35
社区/村管理与公共秩序维护	3.83（0.85）	1.61
推动社区/村民主自治	3.72（0.91）	2.31
提升公众自我管理、自我服务能力	3.81（0.86）	1.09
增强居/村民对社区/村的认同感与满意度	4.04（0.82）	0.63

表 4－38 哪些组织发挥的作用较为理想

	模型 1	模型 2	模型 3	模型 4	模型 5
	社区服务	社区管理与秩序维护	推动民主自治	提升公众自我管理服务	增强居民认同感与满意度
成立党组织	1.713*** (0.244)	1.334* (0.153)	1.246* (0.137)	1.490** (0.173)	1.330* (0.175)
国家推动	1.414** (0.156)	1.469*** (0.149)	1.424*** (0.142)	1.096 (0.110)	1.100 (0.119)
混合推动	1.993*** (0.211)	1.800*** (0.173)	1.976*** (0.188)	1.686*** (0.162)	1.991*** (0.215)
有专业社工	1.384** (0.146)	1.075 (0.096)	1.270** (0.111)	1.129 (0.101)	1.171 (0.119)
_cons	1.969*** (0.157)	1.246** (0.095)	0.895 (0.068)	1.359*** (0.103)	2.237*** (0.182)
N	3116	3072	3044	3091	3105
Pseudo_r2	0.0237	0.0124	0.0179	0.0140	0.0190

* $p<0.1$，* $p<0.05$，** $p<0.01$，*** $p<0.001$

五、发展困难与未来预期

本部分讨论社区社会组织当前面临的发展困难以及对未来发展的预期。整体来看，社区社会组织认为其面对的主要困难集中在“资金不足”和“专业水平不够”等资源匮乏方面。

从整体上看，社区社会组织对于未来发展预期都十分积极，认为发展环境正在不断变化，并且会越来越好。对于社会组织内部治理结构的未来趋向，大多数组织希望朝着专业化、规模化的方向发展，并争取与政府获得更密切的联系。

1. 社会组织面临的困难

总体来看，社区社会组织面临的主要困难主要表现在两个方面，依次是“资金不足”和“专业水平不够”，分别有75.19%和50.50%的社会组织报告他们面临此类问题。其次是“缺乏场地”和“人手不足”分别有47.46%和35.15%的社会组织报告他们面临此类问题。

比较而言，政府推动、混合推动、社会推动这三类社会组织面临的问题并不完全相同，尽管三者都面临一些共同问题，但它们对一些具体问题的评估存在差异。

具体来看，政府推动、混合推动的社会组织面临“专业水平不够”困难的比例要显著大于社会推动的社会组织。两类社会组织比例均超过了53%，但只有39.02%的社会推动的社会组织报告了这一困难；在“无法获得服务对象的需求”方面，更多的是政府推动和混合推动成立的社会组织面临这一困难，比例分别为16.69%和17.53%；而仅有11.26%的社会推动的社会组织报告了这一困难；在资金方面，三类社会组织的比例均超过70%，其中混合推动的社会组织占比最高，为77.13%；在面对“缺乏场地”这一困难上，混合推动的社会组织的比例最多，为49.75%；在居/村委会配合方面，社会推动的社会组织面临这一困难的比例高于政府推动和混合推动的社会组织，比例为9.76%；在面对“群众不太信任社会组织”这一困难上，政府推动的占比最大，其次是混合推动，分别为11.16%和10.43%，仅有7.50%的社会推动型社会组织报告面临信任困难。同样，仅有26.08%的社会推动型社会组织报告了“人手不足”的困难，而政府推动和混合推动的社会组织面临这一困难的比例均超过了36%。

总体来看，政府推动型和混合推动型社会组织比社会推动型社会组织更多地自报面临着“专业水平不够”、“无法获得服务对象的需求”、“群众不太信任”以及“人手不足”的困难，这些差别通过了Pearson显著性检验。社会推动型社会组织更多地面临着“居/村委会配合不足”的困难，但没有通过显著性检验。

表 4－39　社区社会组织面临的困难

困难类型	政府推动（%）	社会推动（%）	混合推动（%）	合计	Pearson
专业水平不够	53.51	39.02	53.42	50.50	35.321***
无法获得服务对象的需求	16.69	11.26	17.53	15.96	11.329**
资金不足	74.91	71.29	77.13	75.19	6.785*
缺乏场地	45.45	45.59	49.75	47.46	4.667
居/村委会配合不足	7.94	9.76	9.68	9.12	2.178
群众不太信任社会组织	11.16	7.50	10.43	10.08	5.190
人手不足	36.48	26.08	38.23	35.15	24.899***
其他	36.48	26.08	38.23	35.51	24.899***
$p<0.1$，$p<0.05$，**$p<0.01$，***$p<0.001$					

2. 社区社会组织的发展预期

最近，社区社会组织发展的外部制度环境和社会环境都发生了明显的变化，社会组织自身也在不同程度上感受到了这一点。

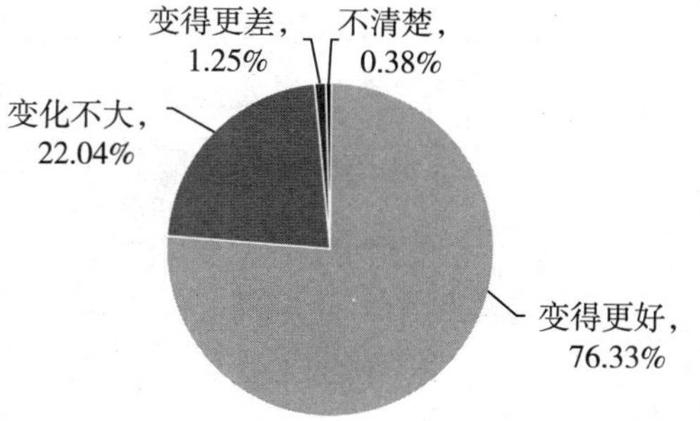

图 4－17　社会组织的发展环境变化

对于社会组织近年来发展环境总体上的变化情况，图 4－17 显示，76.33%的社会组织认为发展环境变得更好，22.04%的社会组织认为发展环境变化不大，1.25%的社会组织认为发展环境变得更差。基于对近年来发展环境的认知状况，社会组织对其成长环境的未来预期也较高。图 4－18 显示，89.30%的社会组织认为成长环境会变得更好，8.40%的社会组织认为成长环境变化不大，只有0.96%的社会组织认为成长环境会变得更差。

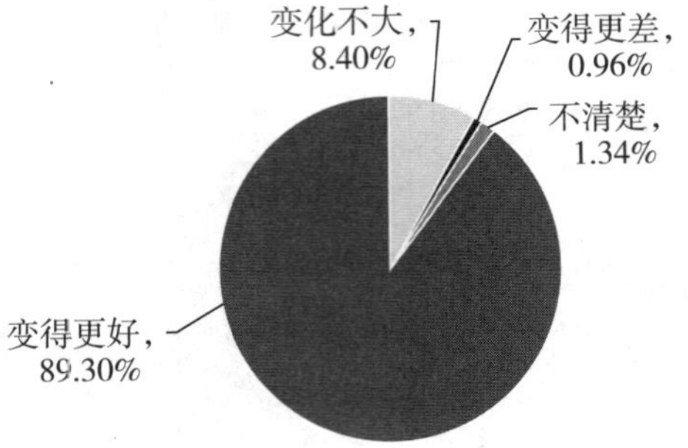

图 4－18　社会组织成长环境的未来预期

对于社会组织内部治理结构的变化，大多数社区社会组织认为应朝着专业化、规模化的方向发展，并争取与政府获得更密切的联系。表 4－40 显示，72.79% 的社会组织未来愿意进一步招收全职人员，86.59% 的社会组织愿意进一步扩大成员规模，84.64% 的社会组织愿意承接更多的政府服务项目。

表 4－40　社会组织的未来发展预期

	选项	频次	百分比（%）
是否招收全职人员	是	2278	72.79
	否	638	20.38
	说不清	214	6.84
是否扩大成员规模	是	2711	86.59
	否	305	9.74
	说不清	115	3.67
是否承接政府服务项目	是	2650	84.64
	否	337	10.76
	说不清	144	4.60
	合计	3131	100.00

第五章　社区社会组织参与治理的成效、机制与“瓶颈”

近年来，研究界和实务界都清晰地认识到了社区社会组织在当前基层治理中已经发挥了重要作用。第四章的数据分析表明，社区社会组织在全国范围内都承担了重要的治理功能，尤其在参与社区动员、提供公共服务、参与社区议事、促进社区治理等具体实践中，更是发挥了显著的作用。例如，样本中大约40.08%的社区社会组织积极配合了居/村委会或基层党支部开展各类社会动员工作；83.17%的组织在过去一年中都曾经开展过社区服务，绝大部分以文体活动、老年人服务和便民服务为主；此外，社区社会组织在参与公共议事方面的作用也成效显著，其对维持社会秩序、协调利益冲突和提高治理绩效具有重要作用。不过，也有部分社区社会组织参与社区治理的水平有限，在组织发展方面遇到不少“瓶颈”。本章拟在前述总体图景概览的基础上，通过深入案例分析，进一步呈现社区社会组织参与治理，并提升治理绩效的具体成效、机制与瓶颈。

本章分为两个部分：第一部分讨论社区社会组织参与治理、提升治理绩效的成效与机制，第二部分则试图讨论当前社区社会组织发展面临的深层困境和发展“瓶颈”。

一、社区社会组织参与治理的基本机制

从经验事实出发，本章将社区社会组织对治理绩效产生积极作用的路径总结为提供公共服务、优化利益协调机制和价值观整合三个层次。

第一个层次的治理功能是最早，也是最多被诸多研究所认识到的公共服务供给和资源配送功能。政府通过支持社会组织的发展，动员和整合社会资源，社会组织充当政府公共服务的帮手，从而达到增强政府公共服务的能力，提升政府的公共治理绩效与合法性的目的；而社会组织在此过程中，也获得了生存

与发展所必需的资源，有利于实现组织的发展目标。[1] 有学者基于这一判断，论证在中国社会组织的扩张带来了更好的治理水平，并提出“新法团主义模型”（new corporatism model）。其与传统法团结构的差别在于。第一，“新法团主义模型”是一种被官方所认可的社会多元主义制度结构，在这种制度结构下，社会组织具有实际上的自主性。国家允许多个社会组织在一个领域内发生竞争，甚至可与官方组织进行竞争，这正是多元主义的特征。第二，国家所使用的控制机制发生了变化。政府现在使用正向或负向激励来鼓励或约束社会组织，从而使其目标与政府目标保持一致。从目前社区发展的实际状况来看，社区社会组织通过各种形式与平台可以介入社区实际治理事务的范围是极其广泛的。社区社会组织有利于提供社区公共物品和社会服务，有利于提高社区治理绩效，这在研究界和实务界均有共识，分歧主要在于程度如何。

第二个层次的治理功能则集中于推动公众参与和社会利益协调方面。改革前单位制治理体系的萎缩与转型，使得个人与公共机构之间的制度化连接中断，社会成员缺乏利益的连接、代表、协调与表达机制。正是在再造社会组织化与利益中介机制的意义上，社会组织才具有重构治理体系的重要意义。[2] 在这个意义上，社区社会组织实际上也发挥了凝聚社会利益和表达公众诉求的作用。具体来说，社区社会组织发挥此功能存在类型多样的方式，包括参与社区协商、推动居民议事、组织民主恳谈、参与政策咨询、推动社区日常公共活动等常规参与形式，除此之外，也可能存在非常规的集体行动。这些集体行动或许不是一般意义上的公众参与，但它带有公共性质，对于理解基层社会治理具有重要意义，其发生机制显然与其他常规参与有很大不同。从当前的社区实践来看，社区社会组织的大量发展对于常规社区议事或协商的推进具有显著作用。研究者使用 CGSS2012 的数据发现，个体加入基层社区社会组织，显著提高了其在行动层面进行参与社区事务、扶老助残等帮扶事务和参与集体行动的可能性。[3] 近期的一些量化研究也支持广泛意义上，社会组织具有利益中介的功能。例如，民营企业主越来越有意识地借用经济协会等组织资源来介入政

---

〔1〕 唐文玉：《行政吸纳服务——中国大陆国家与社会关系的一种新诠释》，载《公共管理学报》2010 年第 1 期。

〔2〕 张静：《通道变迁：个体与公共组织的关联》，载《学海》2015 年第 1 期。

〔3〕 纪莺莺：《当前中国社会组织的要素来源和实践影响：基于 CGSS2012 的分析》，载《中国非营利评论》2020 年第 1 期。

策过程,[1] 而在更广泛意义上各类正式登记的社会组织也通过制度渠道不同程度地参与了政策过程。[2] 胡荣（2008）在一项针对厦门市小规模样本的分析中进一步发现，作为社会资本的重要组成部分，社团的参与显著地提升了“利益表达”行动的概率。[3]

第三个层次的治理功能凸显于价值观塑造层次。近一时期社区社会组织参与治理的活动内容，实际上已经超越了传统的服务递送和利益协调功能，基层政府同时侧重与强化了社区社会组织介入价值观引导与塑造过程，并由此推动社会整合的实现。当然，这一方面的活动并不是独立开展的，往往仍然与资源和服务递送活动相结合，或者以前者为基础，但这一趋向仍然表现出一定的独立意义。党群部门在强化意识形态立场上充分发挥社区社会组织网络的动员功能，这也构成执政党在变动社会条件下维持与强化自身社会动员能力的新路径。这一趋向虽然一直存在，但在近些年得到了强化，并不断出现创新形式。

接下来我们将用一些案例来讨论在以上每个层次上社区社会组织参与治理的具体路径。

1. 提供公共服务

上一章分析曾说明，全国样本中的83.17%的社区社会组织曾经在过去一年中开展过各种类型的社区服务。其内容涵盖已经十分广泛，几乎涉及社区生活的各个重要方面。我们在此对社区社会组织介入社区公共服务的组织机制进行进一步分析。如图5－1数据分析可见，社区社会组织提供各种类型的社区服务，例如文体活动（68.13%）、老年人服务（63.82%）、便民服务（50.32%）、社区环保（45.92%）、儿童与青少年服务（42.57%）和妇女关爱（42.66%）类型的公共服务。与此同时，最少提供的服务是“经济发展”服务，仅有9.01%的社会组织提供该项服务；其次是“司法矫正”（13.97%）和“社区/村戒毒”（14.98%）服务。社区社会组织对“帮困与就业援助”“残疾人救助”、“社区/村教育”和“医疗卫生服务”等带有专业性的业务涉

[1] 纪莺莺、范晓光：《财大气粗？——私营企业规模与行政纠纷解决的策略选择》，载《社会学研究》2017年第3期；沈永东：《中国地方行业协会商会政策参与：目标、政策与影响力》，载《治理研究》2018年第5期。

[2] 张长东：《社会组织与政策协商：多元主义与法团主义之辨》，载《浙江学刊》2017年第1期；杨佳譞、孙涛：《回应性倡导：政策倡导中社会组织有效行动的解释框架——基于T市与S市的双案例研究》，载《公共行政评论》2019年第2期。

[3] 胡荣：《社会资本与城市居民的政治参与》，载《社会学研究》2008年第5期。

入程度则相对较少，占比1/3左右。这一模式说明了以下基本特征：（1）社区社会组织提供的公共服务类型相当广泛与丰富，并且紧贴群众在社区生活中的实际需要。（2）社区服务中存在一些群众普遍关心的热点领域，例如照看老人儿童、提供生活便利和社区环境美化等群众关心的热点事项，这往往也与多处实地调研中的感受一致。研究团队在上海的实地调研中，一位社区的居委干部曾总结，"我们在社区中要想把活动做起来，就一定要紧紧抓住两个人群，一个是老人，一个小孩"。[1] 这一现实的客观背景是，在大部分社区，中青年职业群体往往以单位或公司为主要活动范围，实际上很难以社区为社会活动的中心。具有社交需求的老人和照管需求的儿童往往在事实上成为社区公共生活的中心，因此，社区社会组织通常都会涉及为老、儿童教育、家庭教育、社区公共环境美化等热门业务。（3）亦有部分组织投入到社区中残疾、病困、精神病患等特殊或少数人群的需要中，在这些领域活动的社会组织专业性更强。

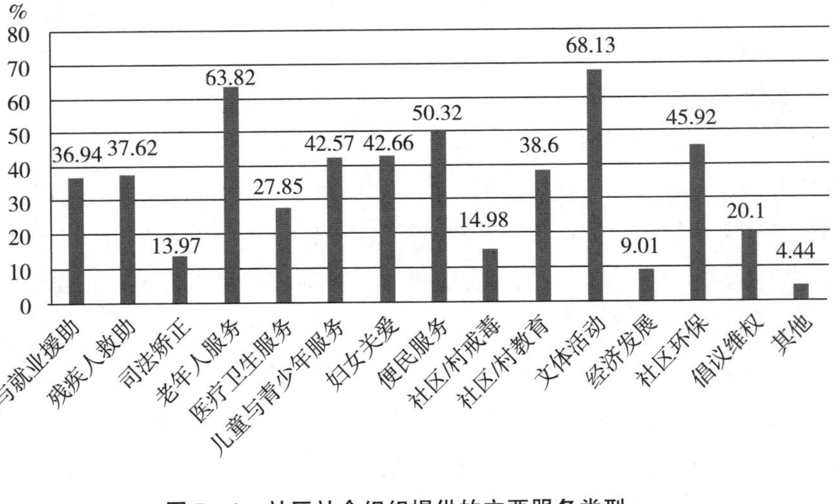

图5-1　社区社会组织提供的主要服务类型

在社区治理领域中，不同于基层政府部门，社区社会组织由于其在人员、时间和业务上约束较少，因此其所从事的社区服务类型更为细致、丰富与全面。更为重要的是，社区社会组织往往可凭借其更高的灵活性、专业性、技术性优势以及效率化和创意体系而对传统社区治理起到重要的补足作用，从而显著地提升基层治理水平。

---

〔1〕 课题组在上海展开的田野调研，2019年12月。

专栏7：重庆市上清寺街道以群众志愿团队提升社区服务能力〔1〕

重庆市上清寺街道户籍人口5.2万人，下辖7个社区。街道内社区类型多样，包括商品房社区、老旧社区、单位社区等多种类型。街道现共有备案或注册社区社会组织82个，以及部分未在民政部门注册或街道备案，但仍然积极参与社区治理的社区社会组织。社区社会组织从事着矛盾纠纷调解、社区巡防、环境卫生服务、四点半学校、便民维修服务、绿化维护、社区社工室、心理咨询、关爱空巢老人留守儿童特殊群体、房屋修缮、规范停车等具体业务，而文娱团体则包括舞蹈队、腰鼓队、门球队、冬泳队、太极拳队、手工坊、乒乓球运动队、合唱团、象棋家园、艺术团等多个门类。

以灵活性和效率为例，上清寺社区有一支并未备案的群众志愿队伍，是一个由社区老党员、楼栋长、志愿者组成的“杨开玉红袖章自治物管志愿服务队”。自该组织正式成立以来，一直开展社区治安巡逻、监督环境卫生、和谐邻里关系、帮扶空巢老人、代办居民事务等多项志愿服务。其负责人杨开玉是上清寺路的社区居民，退休后长期积极坚持参与社区志愿者服务，担任嘉陵桥西村5号、25—27号的楼栋长，担负着3个楼栋的常规管理，服务倾心尽力，同社区居民建立了良好的关系，得到了社区居民的广泛信任和尊重。在良好的群众关系基础上，杨开玉作为社区贤能发起成立自治物管志愿服务队，商讨出一套由社区居民自己管理、自己服务、改善居住环境的自治管理方案，得到了居民、社区和街道的多方好评。而在专业性方面，上清寺街道也拥有一些逐渐发展起来的专业力量。例如，“心心语”心理咨询服务组织，其主要从事教育、心理健康等方面的工作，运用专业知识帮助服务对象疏导压力、缓解压力，促进心理健康。“天使健康医疗志愿服务队”，借助专业力量定期向居民提供健康讲座和义诊医疗服务。

专栏8：上海市长白街道构建社区社会组织发展体系〔2〕

上海市长白街道现有人口7万人，下辖30个居委会。长期以来，街道面临的治理情况比较复杂，不仅要服务好不同类型的居民区，还要服务好辖区内的大量国有大中型企业和高校等驻区单位。在长期的治理实践中，街道逐步形成了以发展社区社会组织来提升公共服务能力的新型治理模式。街道辖区内现有注册或备案的社会组织28家，各类群众团队则多达100多支。长白街道辖区内活跃的社区社会组织类型多样，包括社区公益基金会、长白新村街道商会、体育健身俱乐部、养老机构、精神病患服务机构、文史研究中心、文体服务中心、睦邻中心等多种类型。这些多种多样的社区社会组织业务范围各不相同，部分组织的专业化程度达到相当水平，一些社区社会组织还结合社区资源发展出诸多深受居民好评的创意项目。

长白新村街道商会是由辖区内多个行业的商户组成，尽管不是严格意义上的居民组织，但却结合自身优势起到了扎根社区、服务社区建设的作用。商会党支部按月组织党员学习，多次举行参观学习交流活动，通过捐款落实长白新村街道“民生资金”（社区公益基金会）工作。长白新村街道的多家养老机构则在上海城市社区

〔1〕 本案例来自朱莉芬等《重庆市渝中区上清寺街道社区社会组织建设观察报告》，民政部政策研究中心2018年组织的全国观察点研究报告。本书对报告内容进行了编辑和缩写。

〔2〕 案例来源：研究团队上海调研资料，2019年12月。

老龄化日益严重的背景下，为社区老人提供专业化护理和全方位服务。“阳光心园”致力于对社区内较稳定的精神病患者提供日间照料和康复训练，每月4次由社区中心精防医生巡防和每月2次由区精神医生巡治，并请来华师大心理咨询室的国家二级心理咨询师为学员们定期上心理辅导课，采用对话、游戏、唱歌和手工等多种形式开展活动。明志文史服务中心依托上海市委党史研究室和上海市地方志办公室的支持，为上海市各级党建服务中心提供党史学习宣传、党建活动、红色文化传扬等多种服务活动，并努力在社区层面找到服务与教育相结合的多个结合点。瑞宁文体服务中心则实践“文体+党建”“文体+服务”的理念，立足于社区、立足于街道，以活泼生动、丰富多样的活动促进党建、团建，服务居民和社区。文体中心有一个名为“轮胎起义”的明星项目，以环保为主题，结合安亭“汽车城”的资源，利用废弃轮胎设计多种新颖玩法，培养儿童“挑战自我”和“勇于奋斗”的精神，项目每年参与人数200余人，也成为“六·一”儿童节的特色活动。中易心理与感知科学研究院虽然是市级注册的民办非企业，但其凭借专业能力，承接了杨浦区内多项社区心理服务项目。机构自身是上海最早具备心理咨询资质的机构之一，目前已发展成为集心理服务、学术研究、方案设计、测评软件开发、教育培训、教具生产为一体的综合性心理研究与服务机构。

总体来看，长白街道辖区内的群众活动团队涵盖了健身操、戏曲、歌唱、时装、棋牌、读书读报班、各类乐器、摄影、太极拳、文明养犬交流队、编织、民乐、健身、绘画、群防巡逻、党建服务等几十个门类，极大地丰富了社区居民的文化生活。

2. 优化利益协调机制

当涉及社区利益协调问题时，社区社会组织介入的途径也比较多样。例如，图5-2显示的全国样本中50.46%的社区社会组织报告自己在过去一年中曾经“参与组织居/村民自我管理”，这可能涉及动员参与等日常工作；占比48.29%的社区组织报告曾“协助政府部门维持社区秩序”；占比45.96%的社区社会组织报告曾“参与处理邻里矛盾”；而“帮助政府部门处理信访纠纷”亦有不少比例，达25.48%。比重最少的则是“参与解决物业纠纷”，占比20.38%。但是，也有27.05%的社区社会组织报告过去一年中没有任何社会服务的相关功能。

利用SUNS（上海大都市调查）数据，[1] 研究团队也做了一个辅助性的数据分析。当前上海社会组织自我定位主要集中于提供公益服务，SUNS样本中74.24%的社会组织都认为自己为社会提供公益服务，9.42%的社会组织认为自己参与社会治理，10.53%的社会组织认为自己满足成员的精神需求。这表明，绝大多数社会组织的自我定位是提供服务性产品。

---

〔1〕该调查由上海大学基层治理创新研究中心组织，覆盖上海市10%的村居样本。并在被抽样的社区寻找社区社会组织负责人填答社会组织专业问卷模块。

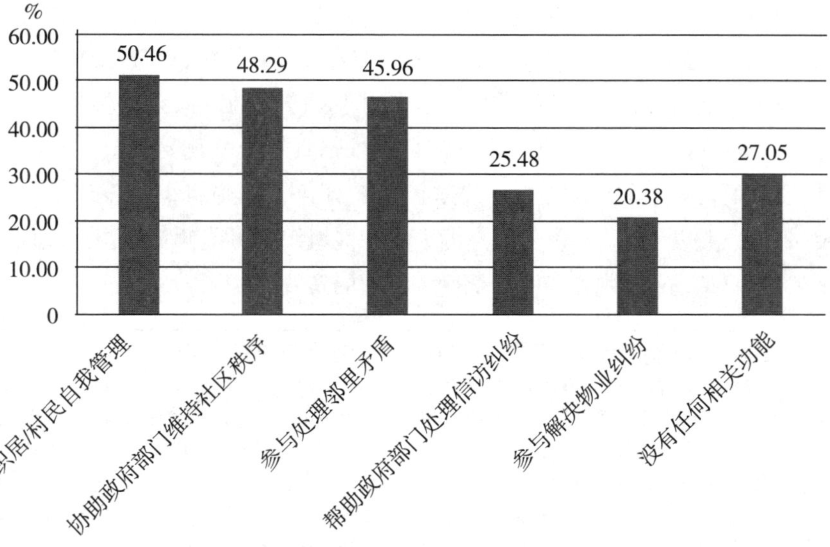

图 5－2　社区社会组织参与社区治理的方式

SUNS 数据还显示，社区社会组织所承担的社会治理职能，同样集中在协调邻里关系、协助政府部门维持社会秩序、帮助政府部门处理信访纠纷等几个方面。如表 5－1 所示，排在第一位的是“协助社会关系或邻里关系”，样本中 45.71% 的社会组织报告自己在过去一年中曾经承担此类功能；其次则是“协助政府部门维持社会秩序”，占比 35.46%；第三位的则是“向政府部门表达公众利益诉求”，占比 32.41%。而“帮助政府部门处理信访纠纷”亦有不少比例，达 31.86%。而最少的则是“解决物业纠纷”，占比 8.86%。但是，也有 26.59% 的社会组织报告过去一年中没有任何社会服务的功能。

表 5－1　社会组织过去一年中所发挥的治理职能

社会治理职能	百分比（%）
协调社会关系或邻里关系	45.71
协助政府部门维持社会秩序	35.46
帮助政府部门处理信访纠纷	31.86
向政府部门表达公众利益诉求	32.41
解决物业纠纷	8.86
没有功能	26.59

总结而言，社区社会组织参与社区利益协调的模式具有以下特征：（1）社区社会组织发挥作用的空间略小于公共服务提供，在这个意义上说社区社会组织深度参与社会治理仍然有发展空间；（2）社区社会组织对维持社区秩序、缓解社区利益冲突和表达社区居民诉求都具有十分重要的意义；（3）社区社会组织介入利益协调的方式或途径存在分化，一些组织侧重于协调邻里冲突，一些组织则侧重于表达群众诉求，一些组织则可能侧重于协助政府部门实现治理目标，这些类型都可见于社区治理的实践中。

专栏9：上海市崇明区司法局以专业社区社会组织开展调解工作〔1〕

上海市崇明区司法局积极推动社会治理重心向基层下移，通过制度和政策支持推动成立服务精准的调处类司法行政领域专业型社会组织，积极发展参与基层司法行政的综合性、基础性社会组织，同时鼓励具有相关知识经验和有社区声望的社会人士成立具有带头示范作用的个人调解室，并培养一批本地化、年轻化的专业人才。崇明区司法行政领域先后成立了7家个人调解工作室。其中，已在民政部门注册登记为民非组织的有2个（老潘调解工作室、胡文龙调解工作室），实际运行但未在民政部门注册登记的有5个（何其荣老娘舅工作室、老徐和事室、裕香益家人调解工作室、老丁调解工作室、春美调解工作室）。城桥镇则充分整合本地资源，严选了20位法律业务精通、口碑良好的热心人士，成立“法律明白人”工作室。东平镇胡文龙调解工作室统筹利用本地志愿者资源，组建桂林专业调解服务10人团队，主要受理调处各类民间纠纷、信访矛盾纠纷等。港西镇老潘调解工作室首创“老潘帮帮忙”婚姻家庭专业调解服务项目。

从成效来看，快速发展的专业类社会组织对基层治理贡献明显。2018年，个人调解室参与调处案件总数占所在乡镇（包括村居）调处纠纷总数的平均比例为33.7%，已过1/3。其中，老潘调解室、何其荣工作室参与本乡镇调解纠纷总数平均比例高达61.4%，已近2/3。设立在村居的个人调解室基本包揽了本村，甚至周边区域所有的纠纷调解事项。个人调解室不仅受理调处简易、普通类矛盾纠纷，还涉及镇域重大疑难复杂、特别重大或群体性纠纷等，为本地矛盾纠纷的有效化解做出了巨大贡献。在崇明区港西镇、中兴镇、东平镇及其周边等地区，基本上形成了纠纷调处化解的区域品牌效应。

〔1〕 资料来源：研究团队调研资料，2019年11月。

专栏10：杭州市西溪街道以“睦邻社”提升居民区治理水平〔1〕

在当前的社区治理基本架构中，大部分社区都将社会组织纳入了社区议事平台，建立由社会组织参与社区治理的制度化途径。杭州西溪街道以社区为单位，将辖区共建单位、社会组织等纳入其中，实行“4+X”组建模式，即社区负责人、城管部门联系人、原房屋权属单位联系人、自管小组负责人以及多个属地共建单位和社会组织参与。将自管小组联席会议作为自管小组和各方的联系纽带，定期组织各方开展联席会议，共同研究解决社区内环境整治、设施建设等涉及群众共同利益的事项。

街道下属的上马塍社区成立了79睦邻社，成为“4+X”家园自管联席会议制度的重要成员。79睦邻社的5位主要负责人都是小区的楼道长，都是由居民推选出来的。79睦邻社成立后所做的第一件事是，解决小区1幢楼顶的杂物堆放问题。这幢居民楼是莫干山路79号唯一一幢平顶的居民楼，楼内租户众多。由于老房子面积较小，不少人习惯了把一时用不上，丢了又可惜的杂物放到楼顶上暂存。2017年4—5月，79睦邻社先后与社区、产权负责单位取得联系，对顶楼进行了大规模的环境清扫。同时，考虑到顶楼现有的花草种植问题，还联系了绿化环境公司，制作统一美观的花坛，将居民无处安放的花草种植在花坛内，由该幢居民自我种植、自我管理。在这一自治过程中，79睦邻社的一个负责人表示，“此次最困难的部分就是与社区居民沟通，因为整治以后少了一处可以堆放东西的地方，有的人心里还是不乐意的。但是我们79睦邻社去做这件事，居民还是比较配合的，因为居民之间比较熟悉，相较于社工而言，我们去做这些工作更合适”。通过79睦邻社自发开展楼栋堆积物的整治，居民对小区事务的参与感增强，居民真正感受到“小区是我家”。此后，79睦邻社还进行了小区停车制度改革、小区花坛治理及安装电梯等多项工作，进一步改善小区的环境。在每次工作中，79睦邻社的成员除了带头外，还会召集十几个乃至几十个居民一起出力，开展一系列的活动，使得小区面貌焕然一新，较好地解决了社区内的部分物业服务内容，居民日益自发自主地参与到小区事务中来，居民间的联系也更加紧密。

专栏11：北京市东四街道以“自管会”应对治理难题〔2〕

北京市东城区东四街道位于首都功能核心区，面积1.53平方公里，下辖4条大街、31个胡同、7个社区居委会。常住人口4.5万人，法人单位1032家，常住人口中仅残疾人、空巢老年人、儿童和流动人口等具有特殊服务需求的居民就达到2.6万人。东四街道分为西片区和东片区。西片区是具有700多年历史的胡同风貌的平房区，属于历史文化街区。东片区则包括总院社区、南门仓社区和豆瓣社区，后两个社区是东四危旧房拆迁改造后建设的回迁社区，传统胡同和四合院已经被高层住宅楼所取代。面积小人口密度大，社区类型多样，社区生活矛盾多，治理任务繁重，社区治理情境不可谓不复杂。因此，推动三社联动，培育社区社会组织是东四街道的重点工作。东四街道通过发挥社区社会组织的自治功能解决了传统社区物业难、

〔1〕本案例来自王萍、刘诗萍《杭州市西溪街道观察报告》，民政部政策研究中心2018年组织的全国观察点研究报告。本书对报告内容进行了编辑和缩写。

〔2〕本案例来自肖林《北京市东城区东四街道社区社会组织发展年度观察报告》，民政部政策研究中心2018年组织的全国观察点研究报告。本书对报告内容进行了编辑和缩写。

停车难的热点问题，并全面提升了社区综合治理水平。

南门仓社区位于东四街道东片区，共有19栋住宅楼，居民1980户，分为A、B两区。南门仓社区是回迁楼房，回迁之后就有物业。但在几年运转之后，物业管理水平下降，居民不愿意交高额物业费，但物业收费太低又导致物业无法提供高质量服务，因此居民和物业管理关系陷入恶性循环，互相埋怨。在这种情况下，2013年街道党工委开放讨论空间，确立“物业党建联建”的讨论会，居民代表提倡成立自管会。成立几年以来，自管会不仅理顺了物业与居民的矛盾，还多次参与街道办事处组织的居委会、物业部门联席会，对小区的整治工作，提出了意见和建议，转达了居民的合理诉求，并协助社区参与社区治理。具体提出的问题包括小区的绿化及整治工作、举办“阳台文化社区展”、做好拆违工作、老年人社区活动参与提案等。自管会成立以后，针对居民提出的议事事项达成共识并参与合作，协助社区居委会和物业公司参与社区管理，在及时了解居民需求、下情上达并及时解决问题和动员居民参与方面发挥了重要作用。自管会负责人对自身的组织定位和作用发挥有着清楚的认识：“我们都是很熟悉居民的，做的工作是公职人员做不了的事情，社会有自我调节的能力……我们给自己的定位就是三条：一是服务社区居民；二是协助社区党委和居委会工作，因为自管会是群众自发的组织形式，不能跟居委会并行，因此现在的居委会代表的是政府部门的行为，但我们是代表居民的，不是行政行为，我们无权无势，只是代表群众的呼声，表达群众的诉求，这就是我们的宗旨；三是助推物业，提升服务质量。我们自管会的核心工作内容也就是这三条。我们的队伍已经发展到26人了，感召大家参与进来，从一开始老百姓的不知道，到认识我们是干什么的，再到通过活动认可我们，最后到现在信任我们”。

在治安和环境方面提供志愿服务。自管会成立后通过协助拆除区内违建，更换体育器械等实事获得了居民的认可；2016年又策划了“法制讲堂”“跳蚤市场”“环境摄影大赛”“民族美食竞赛”“消夏晚会”“九九重阳节”等活动，丰富了社区文化生活。经过五年的运作，目前自管会已经有了成熟的运作机制，制定了居民公约、自管会章程等制度。已形成以党组织为核心，多部门共同参与，形成街道、社区党委、居委会、物业服务企业、自管会、派出所多方协调，共同参与、分工协作、相互监督的工作机制。

停车难向来是城市社区难以解决和引起居民矛盾的“重灾区”。东四二条共有28个楼门院，有车户100余户，胡同内车位数50余个，胡同停车难问题困扰居民多年。随着北京机动车的逐年增多，以及周边停车收费数额的增长，更多的社会车辆抢占了胡同车位，且停车无序，使本就拥挤的胡同停车更难，因车位难寻，私家车占位堵路、车胎被扎等现象时有发生，居民怨声载道。二条社区居委会为解决胡同停车难，且外来车辆占用现象严重问题，2014年9月联合北京枫华，在征得二条胡同2/3以上居民同意后，由居民自发推选出胡同热心居民和居委会成员组成的社区社会组织“二条胡同停车自管会”。停车自管会设主任、副主任各1名，委员5人，既有党员也有热心居民，既有车族也有无车族，还有法律顾问。停车自管会的所有活动不以营利为目的，选聘若干名有再就业需求的居民做管理员，采取有偿和低偿服务方式。二条社区和自管会开展了一系列活动，通过发放调查问卷、现场蹲点等方式调查胡同停车情况，测算车位数；为使车位整齐规范，还引入了专业公司合理施划停车位；先后召开多次居民协商会，讨论和制定居民自治公约、停车自管会的章程、管理规范、停车收费标准（按情况不同分为A、B、C三类停车证，停车收费标准通过居民代表会议商议通过，并由居民代表签字）和管理人员的劳务补助标准；

对志愿者和自管员进行各类培训，以确保他们对停车自管工作的深入理解。停车自管会的收支情况每月公示一次，做到财务公开，接受全体居民的监督。停车自管收费会触动一部分人的利益，要采取协商民主的方式，达成广大胡同居民的共识。不能简单地搞“少数服从多数”的投票办法。在停车自管会成立和运行期间的每一项决议、每一个制度都要居民代表签字认可，确保公正合理。为得到各方居民的支持，使大家更加了解停车自管工作，自管会成员及社会工作者召开居民培训会。为方便大家的时间，讨论会和培训会大多在晚上7点半才开始。这些活动得到了广大居民的积极参与，很多居民都是下班回家，端着饭盒边吃饭边参加活动。社区居委会和自管会通过协商民主的方式，引导全体社区居民关注停车问题，并对停车管理工作献计献策，达成广大胡同居民的共识，最大限度地解决胡同里因为停车难而造成的多种矛盾。

自管会工作是与东城区胡同改造相配合的，得到了街道、交通队和城管队的大力支持，街道出资为胡同购置了60个移动花箱和一些固定花箱。固定花箱为不可停车空间，可移动花箱平时固定在车位上，钥匙由拥有停车自管证的居民和自管员各保管一把。这样既相对固定了车位，保证原住居民的停车需求，又充分利用了有效停车空间，方便探亲访友的居民。二条胡同停车自管会两年来，直接受益人数为近百户有车居民，间接受益人数为胡同内的900多户居民。

3. 价值观传递与社会整合

许多研究发现，社区社会组织不仅在具体的公共事务治理之中有着重要作用，而且还能发挥价值传递与社会整合的重要功能。[1] 在社区治理实践中，基层政府，尤其是党群部门也注重通过社区社会组织开展的各类活动来传递正向价值观念，并提升自身在治理场域中的话语影响力。这样的政社合作方式其实已经突破了公共服务递送这一单一面向，社会组织的角色也超出了公共服务的递送者，而具有多重意义。本书这一部分将以深度案例讨论的方式展现出社区社会组织发挥价值传递功能的组织机制。我们将看到，在基层治理中党群部门通过充分发挥社区社会组织的组织网络，有效实现了社会动员的目标。这一案例蕴含的深层机理有助于我们认识新时期党组织在开放、流动社会条件下，不断提升自身社会动员能力的新路径。

N市作为华东地区的大都市，也在经济与社会转型过程中面临了诸多治理挑战，在社会结构日趋多元和群众利益诉求复杂多样化的基本条件下，传统的宣传工作遇到了一些挑战；一方面是人力、时间和理论资源上的挑战，另一方面则是社会成员流动性增强更加难以接触。在这种背景下，党群部门努力探索

〔1〕 黄晓春、嵇欣：《非协同治理与策略性应对——社会组织自主性研究的一个理论框架》，载《社会学研究》2014年第6期。

一些更有效的新途径，希望通过社会组织强化或延伸自身的组织功能和治理能力。以下，我们以N市宣传部门和共青团组织为案例，说明新时期党群部门适应与调整的新逻辑。总体而言，群团部门出于自身工作面临的挑战，主动把社区社会组织作为抓手，通过将自己的目标和导向嵌入社会组织，进一步强化自身的治理能力。

（1）党群部门治理能力的自我调整。

面对日益复杂而快速变化的社会环境，宣传部门开展社会宣传的效度面临着许多深层挑战。这种现实的工作压力直接推动了基层制度创新。出于更有效地开展社会宣传，并传递正向价值观念的治理目标，D区宣传部开始尝试通过社区社会组织来提升传统工作的效能。改革者希望通过与接地气的社区社会组织合作，以更为生动、有趣的方式向公众传递相应价值观念。于是，区宣传部开始通过两个途径与社区社会组织建立联系。途径之一是宣传部门主动接洽那些社区中运转得已经相当成功的社区社会组织，并以项目制的方式与其展开合作。另一途径则是宣传部门与民政部门合作，由后者推荐一些优秀的社区社会组织作为合作方。在通过这两种途径寻找到合作的社区社会组织后，宣传部门提供了“践行价值观活动补贴”或“精神文明建设活动补贴”，设计了文明主题公益项目招标活动，以鼓励社会组织主动设计出紧贴群众需求的创新项目，同时考量自身在推进社会主义精神文明建设和弘扬价值观方面的成就。项目开展约一年后，D区宣传部已接洽了11个社会组织，并建立了合作关系。宣传部门希望以这种制度化的方式来鼓励和引导社区社会组织介入主流价值观的倡导与宣传工作，但是这种合作关系又明显区别于纯以购买具体服务为主的合作方式。

2014年全国青年社会组织工作会议之后，N市团市委也开始了相应的探索，开始积极寻求与社会组织的合作。共青团的日常工作此前已被广泛认为面临着两个挑战：一方面是吸引力和凝聚力不足，另一方面则是有效覆盖不足。所以N市团市委希望大力拓展对青年的实际影响力，能够突破上述传统障碍，能够通过社会组织再延伸进入社会，重建共青团与青年群体的有效连接。N市团市委目前对接着100多个社区社会组织，可分为“经常联系”、“有事会想起”和“知道存在”三种类型，其中第一类社区社会组织有30—40个。而这100多个社区社会组织，都是负责相关工作的基层工作人员“一个个跑的，拜访负责人，咨询是否有意与共青团挂钩”。[1] 团市委还委托某社会组织运营了一个枢纽型青年社会组织，以孵化、支持与培训更多的青年社会组织入驻社区。

N 市团市委主要和“公益类”青年社会组织对接。首先，社会组织具有从事某类工作的优势，例如，策划活动和做课件等方面。团市委可以借助他们的专业技术开展工作。另外，团市委也通过社会组织来直接组织活动，将组织的任务直接交给了社会组织，而社会组织之间已经发展出了密集和密切的互动网络，这直接增强了团市委在组织层次上动员社会的能力。

D 区宣传部则尝试将工作嫁接到 C 社区互助会和 D 社区互助会的日常活动中。互助会本身是由社区居民自身主导的社会组织，组织针对社区老年、青年、儿童的各种娱乐活动，每年组织大小活动上百次，参与人数上万。例如，儿童爱国诗歌朗诵会等形式，由小朋友与家长共同选定诗歌、排练与表演。正是在这个过程中，社会组织在组织日常社区事务的同时，也将价值观自然地嵌入与群众生活息息相关的小活动中，在群众的日常生活中打造出践行核心价值观的生活情境和社会氛围，潜移默化地锻造着人们的价值观。特别要强调的是，这些活动本来就是存在一定社区基础的，并非完全凭空设计而出。对于社区社会组织来说，他们所需要完成的，是在价值观的意义上对自己所组织和从事的活动加以提升与阐释。问题的关键在于，这种趋向说明，在关于促进社会发展方面，多元治理主体是可以建立共识的。社区社会组织也在事实上帮助特定部门重建自身与社会的联系，增强了后者的治理能力和价值观引领功能。

（2）社区社会组织的借力发展。

在这样的制度环境和政策机制下，社区社会组织态度也比较积极，希冀于在制度支持、资源、合法性背书等方面得到政府部门的支持。人力、经费、场地等客观资源是绝大多数社会组织面临的普遍约束，因此社区社会组织通常愿意通过与政府部门合作来获得更多资源，例如免费使用场地、大量项目资金、官方荣誉和社会认可。

Y 读书会本身是 N 市一位在校大学生自发组织的读书俱乐部，因为渐渐在大学生以及青年人群体中具有很高的号召力，也引起了政府部门的关注和支持。又因为涉及青年人的思想文化活动，因此得到共青团系统的大力支持。共

---

[1] N 市田野调查。

青团系统不仅将之树立为典型，也为其提供了直接的资源支援。在区委宣传部门、开发区和街道的共同支持之下，读书会得到房屋作为其活动场地，成立了Y书院。Y书院成为N市全民阅读计划、青年公益组织发展、提升城市文化等多个计划的重要内容，其活动频率、媒体曝光率和社会影响力都有了更为明显的提升。

CZ互助中心是一家以社区为基础的成员俱乐部，与区民政局、宣传部、街道、居委会都有良好的合作，同时与妇联、团委也有紧密联系。借助于与多重政府部门的对接，获得了大量资源。并在政府支持下，在另外一个社区里复制了同样的组织模式。而这些中心实际上主要提供的是娱乐类活动，活动的主要内容，都以组织社区生活为主。例如，组织大型活动、沙龙等活动40余场，如跳蚤市场、诵诗会、社区帮扶社区、亲子自驾游、足球比赛、健步走等。常态活动150余场，激发俱乐部近40个，极大地提升了居民参与度，培养了大量志愿者。组织这些活动，互助中心既得到街道的场地和人力支持，也从宣传部门得到了资助。该组织这样理解自身的活动，“我们通过以上的大型活动以及在常态化活动和一般性活动中，积极倡导居民的自我参与、自我服务，倡导志愿者精神，倡导社会主义核心价值观，非常有效而且接地气地促进了社区文明，提高了居民综合素质，激发了公众参与和志愿者精神，并且得到了各大媒体的综合报道，提升了社会的凝聚力”。[1]

N市Q团区委与X社会组织合作推进对孩子的校园安全教育。X社会组织编制了一套有关安全教育的绘本，主要通过学校渠道合作，对学生们进行安全教育。绘本是收费的，目前已经售出了十几万套，几乎覆盖了Q区全部中小学校。这一套绘本也获得了家长和社会的一致好评。X组织最近一次招募志愿者，在微信上一期就招到了4000人报名。不仅如此，X社会组织还推动Q区学校把儿童安全教育课列成了少先队员必修课。而Q区少工委则获得了省级表彰和荣誉。关键在于，如果不是Q团区委的支持，依靠市场的原则不可能产生这样的覆盖率。“公益”式运营方法，实际上降低了社会组织的运营成本，也为他们提供了服务于青少年的有效渠道。在调研中，X社会组织的一位负责人谈道：“我们跟政府部门的合作非常多。特别是教育部门和团市委团省委。Q区政府购买了我们的服务，团系统给了我们非常大的帮助。例如，团区

---

〔1〕 CZ互助中心总结材料。

委已经规定将安全课作为少先队员队会课的必修和核心课程，还把安全教育列入了寒假作业，布置父母孩子一起做。”[1]

（3）建立价值观共识。

在上述宣传部门、团组织与社区社会组织之间所建立的“双向嵌入”关系中，国家与社区社会组织的力量都在一定程度上和具体议题上得到了强化，国家权威和政府治理能力得到了强化与支持，社会自治力量也可获得一定程度的发展。这种“双向赋权”的关系，正是米格代尔、科利和许慧文针对发展中国家经验所提出来的，与主张国家社会之间零和博弈的国家与社会分析框架不同，国家与社会间的有效互动能够使双方的权力都得到增强。“公共机构强大而统一，社会群体具有一定觉悟且组织良好，更重要的是，国家精英和组织化的社会群体之间目标一致。”[2] 不过在理论上，这种相互赋权的条件与后果都没有清晰的解答。换言之，具体什么条件才能形成双向赋权的状态，而不会演化成为国家吞没社会？其边界、条件和机制都仍然是有待探讨的问题。

就政社合作机制而言，本部分所讨论的案例还是具有一定代表性的。其中的许多机制实际上都代表了当前党群部门与社区社会组织合作传递社会价值的普遍性特征：一方面，党群部门在总体把关的基础上，赋予了社区社会组织围绕价值观倡导而自主运行的较大空间。例如，对于社区社会组织而言，只要能够策划出有益于整合社区公共生活秩序和提升社区凝聚力的项目，党群部门都会给予高度的支持并尊重社区社会组织的专业自主性。就此而言，这种价值观上的引导给予了社区社会组织相当大的自主性空间，是支持与发展导向的。另一方面，党群部门在通过社区社会组织开展社会宣传的过程中，又高度重视识别出那些具有社会活力的社区社会组织。像CZ社区互助会这样的组织，之所以能与有关部门间建立起长期的合作，首要原因是其自身已经具有了相对成熟的社群基础和良好的组织业务能力。换言之，社会组织必须具有相对成熟自主的运行能力，基层政府才能通过与社区社会组织的合作，以更好地实现其提升治理能力的目标，进而更好地应对新治理形势下的诸多挑战。

---

[1] X社会组织负责人。

[2] 王旭：《国家与社会的相互赋权：本质、条件、机制及限度》，载《北京大学研究生学志》2013年第1/2期。

二、社区社会组织参与治理面临的“瓶颈”问题

总体而言，社区社会组织在涵育社区治理基础、重构社区治理格局和提升社区治理绩效方面成效显著。第一，在一定程度上营造社区治理的群众基础，发展社区凝聚力和社区社会资本；第二，社区社会组织融入了基层社区的治理网络，并成为基层治理的重要环节，与基层政府、居委会、物业、业委会共同塑造着新时期的社区治理格局，构造更有效率的社区政体；第三，经过数年发展，社区社会组织也不再是单打独斗，往往能够在社区层次形成一定数量的组织群落，从而形成成熟程度不同的组织生态系统，形成分化、竞争与合作等错综复杂的组织间关系，有利于社会组织自身的演进和成长。但是，当前社区社会组织在参与社区治理时，在以下方面仍然面临着一些深层“瓶颈”。

1. 社区社会组织自身能力发展有限

尽管社区社会组织发展蓬勃繁荣，但社区社会组织自身的组织能力发展却存在以下几个方面的问题。第一，由于收入水平、晋升激励和职业前景不明朗的限制，社区社会组织对专业人才的吸引力相对匮乏，对就业和经济的贡献仍有较大的发展空间。社会组织的经济意义，不仅在于它既可以培养社会价值观、社会网络和其他成功市场经济所需要的支持机制，也在于社会组织本身可直接构成经济生活的一部分，助人就业，提供服务。早至1995年的调查数据显示，西欧、东欧、美洲等22个国家的非营利组织（社会组织）已构成1.1万亿美元的产业，与英国、意大利的同年度GDP齐平。[1] 该项调查还显示，非营利组织提供了1900万的就业机会，占全部非农业部门就业的5%、全部公共部门就业的27%。荷兰、爱尔兰、比利时等欧洲国家，非营利部门的就业份额分别占全部雇佣就业的12.6%、11.5%、10.5%；在美国，这个数字是7.8%。上述数据说明，在成熟工业社会中，社会组织本身即构成了经济生活的重要组成部分，并且构成了公共服务的重要来源。2016年，“中国社会组织经济总规模测算研究课题组”测算2016年年末全国70万家法人社会组织增加值总量约2789亿元人民币，占当年GDP的0.37%，占当年第三产业增加值的0.73%。同年，中国社会组织总支出约6373亿元人民币，占当年GDP的0.86%，约占当年第三产业增加值的1.66%。从GDP占比来看，与发展中国

---

〔1〕 Helmut K. Anheier and Lester M. Salamon, “Volunteering in cross - national perspective: initial comparisons”, *Law & Contemporary Problems*, Vol. 62, No. 4, Autumn 1999, p. 43 - 65.

家和发达国家同行相比仍有差距。[1] 根据《中国社会组织从业者社会和经济保障现状调查报告（2019）》，社会组织领域从业人员的教育水平要高于平均教育水平，专科以上学历的人员是公益从业群体的主要组成部分。但是从业者财务状况却逐年严峻，66%的从业者2018年总收入在5万元左右，结合主观和客观经济状况分析，有1/4至1/3的社会组织从业者目前家庭经济状况处于只是勉强过得去的状态。并且，九成从业者面临经济负担（66.26%）、工作状况（60.09%）和个人未来发展（58.2%）方面的心理压力。[2] 这一状况显然不利于吸引优秀人才进入行业。

第二，是社区社会组织自我造血能力不足。近年来各级政府都为社会组织提供了丰富的资源、人力和制度支持，这对社会组织的发展和成长起到了非常重要的推进作用。但在这一背景之下，部分社区社会组织过于依赖来自基层政府各部门的资源投入和项目资源，反而不能有效地把握社区脉搏和群众的真实需求。扎根社区和群众是社会组织生命力的根本，不接“地气”削弱了社会组织自身的专业能力，并进一步妨碍了社区资源和公共服务的有效递送，并造成了财政资源的浪费。

第三，社区社会组织的专业性仍然普遍欠缺。社区文娱类社会组织在这些年有了长足发展，并且对丰富居民社区生活和公共文化贡献显著。但是这类社区社会组织更多的是基于民众兴趣爱好而组建，其成立和运转的专业门槛较低。但是，养老、扶贫、环保、社区营造、教育、心理咨询等领域的社区社会组织却需要具有相当程度的专业知识与技能，才能更好地满足居民需求，提供高于一般水准的公共服务。当社会组织发展到一定程度，对日常运转、工作流程、财务制度、资金管理等业务专业性的要求就会显著升高，若不能及时升级更新，就会掣肘组织发展。2018年调查数据从一些侧面揭示了当前此类组织专业化发展中的深层问题：

社区社会组织普遍存在频繁切换服务领域的行为。2018年的调查结果显示，仅有13.4%的社区社会组织在1个领域提供服务；39.98%的社区社会组

---

〔1〕 王祖敏：《2016年中国社会组织经济贡献达2789亿》，载中国新闻网2018年7月16日，http：//www.chinanews.com/cj/2018/07－16/8568936.shtml。

〔2〕《中国社会组织从业者社会和经济保障现状调研报告（2019）》，载新华网2019年12月20日，http：//www.xinhuanet.com/gongyi/2019－12/20/c_1210404545.htm；《中国社会组织从业者社会和经济保障现状调查报告（2019）》，载搜狐网2019年12月26日，https：//www.sohu.com/a/363044505_120060866。

织在2—4个领域展开服务；高达46.62%的社区社会组织在5个及以上的领域提供服务。考虑到有些领域间的专业要求差距较大，大多数有着明确组织目标和愿景的组织都不太可能频繁切换服务领域。这种现状实际上说明，目前地方政府购买服务缺乏长期战略，且在各职能部门各自为战购买服务的现状下，多数社区社会组织开始形成了工具主义的发展特征。这些组织往往是跟着各类"项目"走，由于缺乏长期在专一领域的沉淀和持续投入，导致社区公共服务的品质难以提升，社会组织进一步强化专业能力的空间有限。

社区社会组织的专职和专业化队伍不足。这一点在纯社会发起的社区社会组织中尤为明显。调查结果显示，这类社会组织中专职人员、专业社工和专业人士的配备率均处于很低的水平。具有专业背景的社区社会组织虽然比其他背景的社会组织配备专职和专业人员的比例要高，但其配备专业社工和专业人员的比例也仅有四成左右，依然处于较低的水平。总体上，配备有专职人员、专业社工和专业人士的社会组织均未过半，掌握专业技能的"科班人员"少之又少。社区社会组织人员长期专业化水平不足，不利于社会组织专业化能力的提升。

2. 社区社会组织生态系统不够健全

从社区整体层面观察，就会发现当前社区社会组织已经融入了由基层政府、居委会、业委会、其他社区社会组织所共同构建的组织生态系统之中。但是从深层次来看，这些不同治理主体之间的关系仍然存在需要理顺的地方。

第一，在基层治理架构中，业委会、居委会、社会组织等多元治理主体间目前仍缺乏合理有序的协调机制，以使这些不同主体能够相互协同开展合作治理。从前述数据分析和案例都可看出，社区社会组织在提供公共服务方面已经相对成熟，而在优化社区利益协调机制方面虽然存在局部性突破，能够有效地参与一些社区热点难题的解决，但其广度和深度仍然有限。社区社会组织能够有效参与社区治理的渠道和影响力都还有待进一步发展。

第二，在属地管理的基本格局之下，"外来"和"内生"社区社会组织之间，往往存在竞争社区活动空间的现象。随着部分专业性组织活动范围的成长和扩大，基层政府部门也会借助和引入专业性社会组织以弥补本区域治理的不足，但是在具体区域层面有时也会表现为"外来社会组织"和"内生社会组织"之间的冲突。外来社会组织的优势在于其专业性和有效性，而内生型社会组织的优势则在于其长期扎根本地的深厚社区基础。应当注意鼓励和引导两方面力量寻求结合点，鼓励和培育社会组织的合作网络，而避免造成和加剧不正当竞争关系。

第三，作为生态系统核心的“枢纽”缺乏活力。在一个理想的情境下，社区社会组织的生态体系是一个分层、合作的组织体系。处于组织生态系统高端位置的是发挥枢纽作用的支持型组织。一方面，这类组织向其他社会组织提供资金、信息、能力培养、业务指导、评估等多项支持性服务；另一方面，这类组织占据枢纽型位置，作为综合信息平台、社情民意沟通平台，在政府和社会组合之间发挥桥梁纽带作用，可以发挥监督作用和行业自律的作用。总体而言，在当前快速推进的枢纽式管理中，作为枢纽的社区社会组织相对缺乏社会活力。这些组织大多是由政府行政部门出于行政管理的需要自上而下设立的，其运作具有较强的行政化色彩。它们虽然可以从政府部门中获取较为稀缺的行政授权和相对充裕的资金，但由于这些组织并没有形成具有较强渗透力的开放式组织网络，因此它们对体制外的纯草根社会组织影响有限。据研究团队的实地观察，大多数枢纽型组织主要覆盖的都是政府各部门及基层政府孵化出的“准社会组织”，相比之下，其渗透草根社会组织的能力要弱得多。此外，这类组织的专业化和规模化水平也相对较低，这些都决定了政府当前所建设的枢纽型社会组织活力有限。作为后果，有关部门试图形成的“以社管社”社会组织生态系统始终效果不显著，政府部门直接面对社会组织的管理与服务压力也就居高不下。

3. 购买服务制度环境有待进一步完善

政府购买服务制度以项目化方式扶持社会组织发展，以公共服务外包形式提升街道治理效能。但是，这一普遍制度形式存在一些问题。

第一，政府购买社会组织服务可能会与社区自治、共治体制相脱节。尽管制度设计始终强调，通过社区自治和共治、自下而上地提出公共问题和形成议题。但在实际操作中，基层政府和职能部门常根据自己的工作判断甚至“惯性”来设置服务外包事项。由于服务购买部门用的是自由业务经费，其在购买服务时并不需要经过公共讨论环节，服务供应者也主要是对项目发包部门负责，由此导致了宝贵的公共资金使用与公众参与相脱节。其后果是公共服务外包并未带来公众满意度的显著提升，也未增进社区自治与共治的活力，且公共资金使用效率偏低。

第二，服务外包的机制、平台碎片化，导致市场与社会组织缺乏稳定发展预期。政府购买社会组织服务通常由各级政府和部门根据自身需求做出。一方面，许多政府发包方并无购买服务的长期规划，而是“一事一议”式的临时性购买服务，甚至根据“动员式”治理的突发要求来进行服务采购，这导致市场和社会服务者无法对公共服务外包形成长远预期，也不利于社会组织的专业化发展。另一方面，各职能部门、基层政府都以己为中心购买服务，但不同部门、不同地区的政府间缺乏协调与制度整合，由此导致了制度生产的碎片化，也造成了资源浪费。在此背景下，一些社会组织则很容易形成短期功利主义的发展路径，完全根据各政府部门的需求来调整短期业务范围，而无法专注于组织能力的长期建设和提升。

第三，服务外包过程缺乏竞争机制，属地保护现象较为普遍。由于当前街道政府不仅承担着公共服务体系优化的责任，同时还是培育、孵化社会组织的责任主体，因此其大多乐意购买自己孵化出的社会组织服务，由此导致公共服务外包市场呈现出显著的属地分割特征。上海大学组织的 SUNS 调查表明，85.56%的社会组织仅在本街道/镇范围内提供服务。对上海市公益招投标历年数据的分析也表明，跨行政区域中标的社会组织比例一直偏低，且即使成功跨区域中标的社会组织，也常常遇到属地政府不支持的情况。在属地保护机制的作用下，不少街道已经在养老服务、助残服务等领域出现“小而全”的服务主体发展格局。由于适度竞争机制的缺失，公共服务外包中的定价、质量控制等机制实际上无法建立。从长远来看，这不利于社会组织的优胜劣汰和良性组织生态的建立。

4. 社区社会组织非均衡的功能发挥问题

社会服务和社会治理是社会组织所具有的两大重要功能。2018 年的调查结果显示，社区社会组织的功能发挥并不均衡，首先，社区社会组织更偏好在社区服务中发挥作用。数据结果中，有 56.06%的社会组织表示更愿意承担社区服务功能，仅有 9.36%的社会组织愿意承担社区管理功能，这说明，社区社会组织具有明显的偏好选择，更愿意承担社会服务的职能，对承担社区管理职能的积极性不高。另外，社会组织承担的社区管理功能集中在非专业领域。社会组织在承担社区管理的过程中，仅有 25.84%的社会组织参与过“帮助政府部门处理信访纠纷”的活动，另外还有 20.38%的社会组织有参与解决小区的物业纠纷，其他的主要集中于与社区生活密切相关的非专业活动中。社会组织承担社区功能不均，与基层更注重社区组织的服务功能有关，但也可能说明社会组织的专业化水平还有待提升，社会组织在选择承接的项目时，存在来自自身的能力限制。

5. 社区社会组织的透明化建设水平有待提升

社区社会组织的透明化建设是其获得社区公信力的重要途径，但调查表明，社会组织的透明化建设还存在多种类型的问题：

社会组织对外的透明度低于其对内的水平。总体上，有43.04%的社区社会组织会定期向出资方或社会公开财务信息，而不会定期对外公开财务信息的社区社会组织达到56.96%。可见，社区社会组织更注重对内负责，对外的透明化建设意识还远远不够。

社会组织的透明化建设存在地区不均。通过地域交互分析发现，2018年西部社区社会组织的财务公开程度高于其他地区的社会组织：西部地区的社区社会组织定期公开财务信息的比例为56.26%；其次是东部和中部地区，分别为43.97%和38.75%；最低的为东北地区，仅有24.24%的社会组织公开财务信息。

6. 资金不足成为社区社会组织发展面临的最大困难

社区社会组织的发展从无到有、从少到多、日益丰富，在社区公共服务和社区资源整合方面发挥了不小的作用。大部分社会组织都对自身目前和未来的发展有一个良好的预期，日益宽松的发展环境和政府不断的政策支持都增强了社会组织发展的信心。但资金不足仍然是一个问题，75.19%的社区社会组织认为提升服务能力的主要“瓶颈”是资金不足；另有49.17%的社区社会组织认为，缺乏资金是深度开展社区管理的主要困难。不同地区、不同背景的社会组织对这一“瓶颈”问题都呈现出高度的认同。虽然近年来各级政府购买社会组织服务的资金投放力度不断增大，但由于社区社会组织恰逢发展高峰期，资金不足的问题仍普遍存在。

7. 社区社会组织面临公共性不足的深层发展挑战

在大多数情况下，随着社会组织参与公共服务的水平和程度不断提高，社会组织对公共空间和公共生活的参与水平也会同步提高。但这种协调发展是需要制度支持的，尤其取决于制度的理性化与民主化运作之间的衔接模式。一般而言，理性而民主的现代国家制度是民族国家的基本构成要素。[1] 西欧国家

〔1〕 Graeme Gill认为，现代国家的核心问题是通过制度化的途径渗透社会，并创造有效控制与治理社会的环境条件的能力。制度的理性化历程既是现代制度文明的成长历程，也是国家治理能力的成长过程。

现代制度与文明的成长历程表明，制度理性化是现代国家确立的基本前提，其通常早于民主化，但单纯的制度理性化可能会导致工具主义的极度膨胀；制度民主化则可以通过激发公众参与公共活动，保证制度理性化朝着有利于大多数人利益的方向发展。过去十多年间，与发展市场经济追求绩效目标相一致的是，我国的制度理性化（技术化）进程较快，但制度的民主化则相对缓慢：公众的民主参与局限于少数环节的部分参与；参与方式单一，主要是满意度测评或社会评价，这意味着公民仅仅在监督环节担当“消息供给者”的角色，至于重大问题的决策等则无渠道问津；参与的影响力仍较为有限。[1] 上述两个进程之间的张力，在客观上限制了公共性的生产：一方面，制度的理性化演进使得不掌握相关专业知识的公众和社区社会组织越来越难以对公共政策发表实质性意见；另一方面，民主化进程的滞后抑制了公民参与公共活动的积极性。作为公众参与的组织载体，社区社会组织的公共性生产也受到上述因素的影响而发展缓慢。

---

〔1〕 周志忍：《政府绩效中的公民参与：我国的实践历程与前景》，载《中国行政管理》2008 年第 1 期。

第六章　社区社会组织发展的政策选择与制度创新

本书与社会组织研究领域许多已有研究工作的重要区别在于，我们更侧重于对当前各类社区社会组织所处的制度环境的实践特征进行中观层次的分析，尤其是着力洞察不同维度治理转型制度要素对社区社会组织发展产生的复杂影响。这种研究视角使我们得以在一个结构性的框架下，更为清晰地观察不同维度制度要素“松散整合”，发现制度体系对社区社会组织产生的现实激励与约束。这种分析框架可以帮助我们更为深入地理解当前社会组织发展中的各种独特现象背后的制度性根源，而不会简单地停留在制度文本层次上的形式讨论中。由此，我们在讨论社区社会组织健康发展这一话题时，也更容易寻求到有实质性意义的政策切入点。

基于本书前文的分析，我们认为当前中国社区社会组织的发展正处于一个历史性的十字路口，之所以这么说，有两点基本考虑：一方面，当前中国社区社会组织正处于改革以来发展最快的历史时期，各级党政部门对于培育社会组织正表现出越来越高的积极性，并开始投入越来越多的资金和资源，以扶持和培育社会组织发展。可以预计，中国的社区社会组织未来在规模和数量上都将达到一个较高的水平。另一方面，如本书前文所述，透过社区社会组织规模上的快速扩张，我们可以发现其发展中仍存在一些深层次问题，这些问题背后都有深远的制度性原因，因此，如果既有的社区社会组织制度环境仍保持现状，而未得到根本上的优化，那么这些问题将会变得越来越突出，其后果是中国国家治理体系的现代化转型将会遇到深层次挑战。因此，当我们站在当代中国社区社会组织发展的历史性十字路口，理论界和公共政策部门有必要形成一种制度创新的系统思路，以从根本上塑造一种有利于社区社会组织良性、健康、可持续发展的新型制度环境。本书将简要讨论制度创新的一些基本切入点。

一、设置清晰的改革路线图

前文的分析表明，当前多重治理转型的历史进程都对社区社会组织产生了重要影响，但不同线程改革之间“松散整合”的特征导致社区社会组织制度环境中，存在许多模糊甚至暗含张力的制度特征，由此导致了基层政府在推动社区社会组织发展时，采取了一些缺乏长远规划和系统整合的行为。因此，我们认为，未来中国社区社会组织的快速、健康发展有一个基本的前提，这就是：国家能在宏观政策层面加快形成关于中国社会组织发展的战略设计和清晰的改革路线图，在中观维度则加强不同维度治理转型之间的协同性与系统匹配性。这种清晰的改革路线图对于社区社会组织发展之所以具有重要的作用，原因就在于：其不仅可以促进各级地方政府在转变政府职能、推进治理转型时，形成基于长远规划的社会组织扶持制度；而且可以促进政府与社会组织之间彼此形成长期、稳定的制度预期。只有在这种条件下，社区社会组织所蕴含的不同于公共部门的独特组织优势，才能在治理转型的历史脉络中充分发挥作用。

本书的读者也许会对以上观点心存疑虑——尤其是对于熟知中国改革初期经济领域诸制度变迁轨迹的读者而言，这种疑虑尤盛。因为在诸如乡镇企业改革、国企转制、地方市场培育等领域，最初时国家层面政策设置也存在一个较长的模糊期，但这并没有成为地方政府改革的阻力，相反还为地方政府充分发挥治理灵活性、创新地方性制度安排提供了重要的制度空间。所以从这个角度来说，宏观政策的适度模糊性有时不但不是一种缺陷，反而有其特定意义。以这些领域的历史实践来对比，今天中国在宏观层次快速形成社会组织发展的路线图是否有其必要性？

我们认为，改革初期以“放权让利”为特征的经济领域改革，与这里所讨论的社会组织发展领域情况有着根本的不同。一个最为本质性的差异在于，地方政府和基层政府是否具有推动改革的强激励。历史地来看，在改革初期经济领域，地方政府和基层政府所面对的宏观制度环境与社会组织发展领域的情况相似（也许不确定性还要大），但地方政府在发展经济、兴办乡镇企业等问题上，却有着较强的制度创新激励——这些激励既来自财政分权背景下的财政激励，也来自隐含于“政治锦标赛”之后的晋升博弈——基于这些系统设置的强激励，地方政府有较强的动机在宏观政策不清晰的背景下，以各种灵活策略来系统地推动地方性制度创新，进而一方面为地区经济发展塑造了较好的发展环境，另一方面也为日后宏观政策的明晰提供了实践模板。与此相反的是，在当前的社会组织发展领域，基层政府却尚不具备相似的强激励结构，这一方面与发展社会组织所带来的社会正效应（如解决就业、提高人们的社区认同感等）释放较为缓慢有关，另一方面也与当前的社会治理政绩考核体系设置有关。在此情境下，基层政府面对多重制度转型所带来的政策模糊性时，就会因缺乏制度创新的动力，而更多地考虑如何预防不确定性等问题，也更容易采取短期技术主义的发展逻辑，来对待社区社会组织发展议题。由此可见，在这种情况下，国家尽快设置社会组织发展的清晰路线图就显得极为重要了。

在未来的社区社会组织发展制度设计中，宏观路线图必须有效地解决以下几个基本问题：

（1）确定具有稳定共识基础的国家与社会关系形态。在现代社会，发育社会组织，实质上就是重新界定国家和社会的关系。传统的即自由主义的“国家与社会”理论把国家和社会直接对立起来，把政府职能的转变简单地理解为政府对社会的不管不问，社会完全成为自我组织、自我管理、自我协调，同时还能对国家权力进行有效监督和制约的自足实体；面对中国的“强国家弱社会”现状，自由主义的“国家与社会”理论认为，只要政府退出社会领域，只要政府“小”了，那么“大”社会就会水到渠成，就会自然而然地成长起来。但现实的情形并不如此。波兰尼指出，当一种新的社会力量对另外一种社会生活方式进行殖民时，必然会破坏后者的政治和社会生活方式，将之连根拔起，造成后者的“文化贬值”和不适应性。新中国成立以后，我国基层社会传统的自我组织、自我协调和自我管理的能力在全能主义国家制度下也发生了波兰尼所谓的被连根拔起的变化，式微是其不可规避的命运。在这个传统下，政府的突然变“小”并不必然意味着社会自然而然地“长大”，恰恰相反，可能会出现社会失范甚至解体的情形，造成一盘散沙的后果。由此可见，“大社会”，从根本上看是一个“能力”概念，指的是一个社会的人们具有自立（经济独立）、自理（相互协调和帮助）和自治（自我管理和参与政治）的立体式的能力结构。

从这个角度看，政府职能转变，一方面是指政府从对社会的大包大揽转变为通过制度和公共财政，以及思想观念等措施培育公众的自我组织、自我协调、自我管理的能力；使公众从对国家的完全依赖中走出来，形成自主的公共参与能力。另一方面则要逐步放开政策，为社会成员对自身日常生活进行自我组织、自我管理和自我协调创造必要的空间，同时亦要加强制度完善，及时纠正社会发育过程中出现的偏差，并控制不确定性风险。总体来说，在宏观政策层面塑造社会组织发展的路线图，其首要任务就是形成国家与社会良性相依（而非对抗）、共同发展（而非此强彼弱）的新型关系形态。

（2）尊重社会组织的主体地位。明确社会组织在国家治理体系中的主体地位，像对待市场主体一样对待社会组织（今天大多数政府部门都开始尊重市场主体的独立性）。在基层社区治理场域中应进一步明确社区社会组织的治理主体地位。这就需要在制度建设过程中，更尊重社区社会组织的自主性，尊重他们在不违背法律背景下的行为方式，以及开展的各类活动。尊重社区社会组织的主体地位意味着，不仅要在宏观制度取向上鼓励其发育，而且还要在合法性赋予、登记备案等实际管理制度上采取新思路，使社区社会组织更好地在基层治理场域中发挥社会协调作用。未来根据“尊重社会组织主体地位”的要求，可以重点考虑：畅通社区社会组织的利益诉求渠道，明确社区社会组织的治理主体地位，扩大其民主参与权利，逐步在党代会、人代会中增加社区社会组织的代表比例；推动建立政社合作长效机制，在发挥社区社会组织主体作用的同时，可以探索按照“政事分离”“管办分开”原则，进一步厘清政府、市场、社会的职能边界，加快政府职能转变，为社区社会组织的成长让渡空间。

（3）建构引导社会组织运作的规则体系。当前，我国对社会组织的管理同时存在“制度过剩”和“制度匮乏”的现象。所谓“制度过剩”指的是，各级政府和业务部门制定了大量制度，对社会组织的具体活动方式、活动领域等内容进行事无巨细的管理，这不仅增大了政府的管理成本，在一定程度上也不利于社会组织充分发挥其活力，在社会协调中发挥作用。所谓“制度匮乏”则指的是，在引导社会组织充分发挥作用、规范组织运作的规则构造的过程中，大量制度常常处于“缺位”状态，[1] 比如：迄今为止，各级政府虽然长期用购买服务的方法引导社会组织发挥公共服务功能，但却没有在公共财政渗透机制等方面进行突破性的制度设计，社会组织与政府合作的过程充满了人为的随机性安排，缺乏一系列稳定的规则作为保障。就此而言，积极鼓励社区社会组织在基层治理体系中发挥作用，就要改变制度设计的战略侧重点，更多地

---

〔1〕 俞可平：《中国公民社会：概念、分类与制度环境》，载《中国社会科学》2006 年第 1 期。

在引领性规则的设计上下功夫，而不是在具体、琐碎的事务性问题上不断更新制度设计。国家可以鼓励各级政府部门通过法律、财税、社会监督等方式塑造社区社会组织良性参与治理的行为，并以此为切入点，引导社区社会组织稳健发展。

（4）为保障社会组织良性运作，形成相关法规体系。当前的社团管理条例和有关管理制度主要关注的是各类社团的登记、注册、年检等程序性、“门槛”性条件，较少涉及社会组织（尤其是未登记注册的社区社会组织）的日常运作和社会动员的过程。因此，社区社会组织的实际生存方式与政府的管理预设之间存在距离。当前需要从法治建设的角度来考虑社区社会组织良性发展的制度环境，使其权利义务和活动规范、运行规则显性化和明晰化。国家需要加快出台相关法律，对社会组织的内部组织结构、日常运作程序进行可视化规范，引导社会组织建立健全的内部治理结构。当前，我国试图把党组织建设到各类社会组织中，也就是说，在形式上把各类社会组织纳入党的组织网络。北京、上海等地的基层党组织还探索了用党建引领机制来推动社区社会组织发育的经验。这些做法的目的主要是试图探索新时期国家更好地引导社会组织发育的路径。

国家为了更好地规范社会组织运作，防止其走向社会关系协调的反面，必须建立健全相关法律制度，通过法律和制度规范社会组织的组织结构、资金来源、资金使用情况以及日常运作。比如：资金来源和使用的定期审计制度，组织领导的民主选举制度，重大事项的集体决策制度，等等。唯有通过这些法律和制度约束，才能彻底破除社会组织活动，尤其是社区社会组织活动的不可视现象，才能为国家管理社会组织建立确定的切入点和立足点。总体来说，就是要建设适应协调社会组织间关系的规则体系，使社会组织的“合法性”基础从初始的“门槛性”条件（如资金、场地、人员、挂靠单位等）向行为的恰当性转移。不断提升社会组织的法人治理能力，以完善章程为核心，健全选举、议事、决策、财务、人事等内部制度和民主决策、民主监督机制。

（5）形成政府职能转移的纲领性指导制度。针对当前政府部门碎片化购买社区社会组织服务的现状，建议国家有关部门可以借鉴国际经验，从宏观统筹，系统梳理不同部门的职能架构，有计划地、由浅入深地制订政府社会治理与服务职能转移的长期规划。适时结合职能转移清单，推出政府部门购买社会组织服务的长期战略，尤其在以下几方面探索制度创新：一是不断优化政府购买社会组织服务相应制度设计，规范不同政府部门购买社会组织服务的流程、标准与审计制度；二是形成“一口”的政府购买社会组织服务信息发布平台，针对当前项目来源多头、不透明、政府部门与社会组织间信息不对称的现状，形成一口发布的信息平台，向社会组织公布；三是逐步探索形成市、区层面统一运作的购买社会组织服务招标与项目管理平台，不同层级的平台相互联网，共享信息，逐步形成一体化的政府扶持社会组织制度体系；四是围绕政府购买社会组织服务的项目定价、发包机制、评估机制等形成科学的制度安排。

（6）构建支持社会组织发展的公共财政扶持体系。一些研究表明，在市场经济发展的不同阶段，财政支出结构是不同的。在经济发展初期，政府的投资性支出占整个财政支出的比重较大；在经济发展中期，投资性支出在社会总投资及在财政总支出中的比重都呈下降趋势；在比较成熟的市场经济中，公共品方面的支出在财政总支出中比重将大幅上升，并将超过其他方面的支出。从国外发达国家的情况来看，进入比较成熟的市场经济发展阶段后，公共财政所发挥的功能还要更为丰富，它还是营造公共生活领域、引导各类民间组织按照国家意图活动的一种重要的工具。英、美等国普遍都形成了通过合理安排公共财政，制定资助社团活动的相关条例，来“软性”地对社会组织活动方向、活动领域进行引导。当前我国正在全面开展社会建设，唯 GDP 主义的发展思路正在逐步被淡化。与这种变化相应，各级政府的公共财政框架也要相应地调整，应从财政中划出一部分经费用于鼓励社会组织承担社会协调功能。这样就能保证更多的社会组织（尤其是社区社会组织）出于资源汲取的目标而投入到社会协调、公共管理等公益性领域中。比较可行的制度措施是，以公共财政渗透机制为依托，资助各类社区社会组织进入政府服务的延伸领域，比如鼓励社区社会组织承担起未成年人保护措施的实施与监管、养老政策的落实、图书剧院网吧等文化场所的巡查、社会公德宣传、垃圾分类、社区环保、社区矫治、社会治安综合治理、纠纷调解等功能。在条件允许的情况下，甚至可以实行适度竞争机制，使各类社区社会组织能以更高的效率发挥自我服务、自我管理的功能。

二、形成党建引领下的高水平社区社会组织发展格局

当前，在我国社区社会组织发展中仍存在一些深层次问题，如：购买服务投入机制以行政业务部门为主，社区社会组织发展倾向于体制内化，缺乏社会

公共性；社区社会组织运作重形式创新，缺乏公众导向的社会评估机制等。未来可以依托党建引领自治共治的新做法，进一步形成系统创新的社区社会组织发展新格局，在深层次上探索政府治理和社会自我调节、居民自治的良性互动。

在社区社会组织党建全覆盖的同时，形成精准发力政策思维。如：根据社区兴趣类社会组织规模小、组织化水平低、对接公共部门和资源能力弱的现状，强调党建的服务和支持功能，构建以党建网络为载体的社区社会组织公共服务与支持体系；根据社区专业服务类社会组织专业化水平较高，以承接政府公共服务项目为主的发展特征，强调党建在项目实施中的嵌入式引领功能，使党建网络在这些机构承接项目、项目落地、事后评估等环节都发挥重要作用；根据基金会汇聚社会资源、服务公益事业的特征，强调党建在透明化运作、接受社会监督方面的核心作用，最终形成分类指导、紧贴现实需求的社区社会组织党建新格局。

以党建为依托推动社区社会组织融入基层治理体系。调查显示，社区党组织是社区社会组织服务落地、参与治理的重要依托，也是党建引领社会活力的重要制度载体。未来要以社区党建为依托，深度实施“五社联动”，在鼓励、支持社区社会组织融入基层社区治理体系的同时，实施有效政治引导：一是街镇在构筑社区大党建格局时，应明确把社区社会组织吸纳进来，作为基层治理体系的重要构成；二是充分发挥社区党建联席会议等党建载体的桥梁作用，使社区社会组织、社区资源、公众需求间实现有效对接，提升社区社会组织参与基层党建活动的积极性；三是依托社区党建组织网络，实现公众对社区社会组织的监督与评议。

探索现代社会党建引领社会力量的新机制。在不断提升社区社会组织党建覆盖率的同时，有必要进一步探索现代社会政党引领社会力量的新型工作机制，以使党建政治引领功能在更高水平发挥作用。发达国家的实践表明，政党通过专业机构在提供服务的同时，实现“润物细无声”的潜移默化引领是一种重要的引领技术。在上海等地的研究也发现，基层党组织通过孵化专业支持机构，由后者为社区社会组织提供服务的同时实施引导，其效能比单纯的“组织覆盖”更持久、更稳定。建议组织部门和民政部门共同推进一批可为社区社会组织专业化运行提供多层次支持的专业机构（如人力资源培训机构、财务托管机构、社区服务落地支持机构等），并将党建引领有效蕴含于专业服务之中，探索当代中国党建引领社会力量的新模式。

依托党建总体布局公共服务外包格局。超越部门碎片化购买社会组织服务的传统模式，通过社区自治、共治机制和党内的自下而上的公共需求采集机制，系统地提取社区需求。并在此基础上，通过社区协商民主从总体上布局公共服务外包的总体框架，并通过引入较大范围的社会竞争机制，来购买社区社会组织服务。

三、营造社会利益表达的多主体组织网络

我们在前文提到，由于现有制度环境相对来说更鼓励公益服务类社区社会组织的快速发展，但对其他类型社区社会组织的发展则没有提供相近的制度空间，因此当前中国社区社会组织的发展存在结构不均衡的现象。这种现状不利于社会组织在国家治理体系现代化的过程中充分发挥作用。

在现实生活中，不同类型的社区社会组织在发挥内部协调功能的同时，也会代表其成员向外表达集体利益。当所有的组织都具有相近的表达自身利益的能力或机会时，一种以“规则公正”为内涵的社会利益协调的观念就有可能逐步显现。“规则公正”指的是，在获得发展空间和利益表达方面，不同社会群体、组织应享有相近的机会。规则公正的社会协调观也是现代多元、开放社会发展的核心理念。

从某种角度来看，在过去四十年间，我国社会利益协调的目标和价值取向经历了一个从“结果公正”向“规则公正”逐步转变的过程。改革开放以来，虽然单位制、人民公社制等制度安排逐步改变，社会的自主性不断萌生，各种社会组织逐步发育，但国家直接调节社会利益关系，以促成结果上公正的整体制度安排，仍未得到根本性变化。随着我国社会结构的不断分化和利益结构的复杂化，单纯地依赖国家的力量来调节社会关系，以促成公正的做法不仅成本巨大，而且客观上还造成了许多社会矛盾被直接引到国家身上。党的十九届四中全会指出，“完善党委领导、政府负责、民主协商、社会协同、公众参与、法治保障、科技支撑的社会治理体系，建设人人有责、人人尽责、人人享有的社会治理共同体”。这表明未来的社会建设和社会治理要充分调动社会的力量，这也意味着社会利益的配置将更多地依赖于一种多主体合作的规则框架。由此看来，国家正在逐步更新观念，在社会关系调节中形成以规则公正为核心的新立场。就此而言，有必要探索一些新的制度设计思路，比如：

在培育社区社会组织的制度设计上，使不同类型的合法组织都有相近的发展机会与空间。现有的制度安排对于服务型社区社会组织往往持更宽松的态度，但对各类维权类组织和利益表达型组织则持较为严格的态度。这导致了不同类型的社区社会组织发育出现结构性不均衡，也导致了各种社会矛盾向党和政府层面的集中，反而不利于社会关系的协调与社会协调机制的建设。鉴于此，我们认为国家应在制度安排上，按照公民的合法权利原则给予具有不同利益诉求的社会成员以同等的组织化权利和机会。

拓宽不同社区社会组织表达合法利益的渠道，建立保证不同社区社会组织同等地表达各自利益诉求的制度空间。建议探索建立确保不同类型社区社会组织具有同等的进入合法利益表达渠道权利的制度空间。从我国当前的情况来看，未来比较有可能的探索方向有三点：第一，完善、优化人大、政协的代表制度和工作制度，使更多的社区社会组织能通过这些法定渠道来表达利益和观点；使各类自发性的社区社会组织的代表能够成为人大、政协代表，并逐步、适当地扩大其比例。第二，建立社区社会组织参与论证、决策和评估与社会成员利益密切相关的制度制定、工程建设的机制，并使之制度化、常规化，从而使社会的意见与国家的决策之间能建立起更为顺畅的沟通机制。第三，在村/居委会层面形成由众多社会组织参与的制度化公共治理平台，探索通过广泛讨论和民主协商来决定社区发展目标、解决社区纠纷的新方法与新路径。

建立联系基层政府与社区社会组织的横向联席机构。社区社会组织充分发挥社会协调功能的重要前提是，其与政府部门之间建立起密切互动的关系。因此下一步可以尝试着在政府管理部门和社区社会组织之间设立多种横向联席机构，通过该机构服务和联系一个系统、一个领域的社会组织，行使一部分政府授权或委托的管理职能，并把社会组织的需求、意见和建议向政府管理部门反馈，使其成为加强党建工作的支撑、完善双重管理的依托、凝聚各类社会成员的载体和实现合作共治的平台。通过政府与一些具有资质的社会组织签定协议，通过伙伴方式来交办，建立新型社会管理模式。

四、形成多样的社区社会组织培育路径

在多重治理转型交互作用于社区社会组织发展的时代背景下，有关部门可以进一步探索多样化的社区社会组织培育路径：

持续推动政社分离。公共部门应该隔断自身同从政府部门脱胎出来的、亦

官亦民的社会组织的关联，保持政社分离。在我国，目前存在一些具有“二政府”性质的社会组织，它们本来是从政府衍生出来的，挂靠特定的政府部门，从政府部门获取资源，听从政府的调遣。这种政社不分的独特体制，不仅阻碍了其他社会成员的自我组织、自我管理的能力和机会，也限制了其他独立的社会组织的发育，更为严重的是，这些社会组织恰恰成为社会组织自身不可视和非规范运作的重要潜在来源。鉴于此，国家有必要杜绝“特权社会组织”的生产和再生产。唯其如此，只有脱离了政府部门的荫护，社会组织才可能走向可视化，才可能给不同社区社会组织一个平等公正的发展环境。

实现“寓管理于服务”的政策思路转换。事实上，单凭降低和放宽社区社会组织的进入门槛，建立严格的日常监管制度还很难规范各类社区社会组织的运行，使其自觉接受政府、舆论以及社会成员的监督。因此，有关部门需进一步探索“寓管理于服务”的政策思路转换，通过多种更为灵活务实的柔性制度安排，把各种社区社会组织引导至结构和活动上可视化、在功能上发挥正向的社会协调作用的道路上来。这一政策思路的转变，需要各级政府和主管部门更为科学地设置管理杠杆和政策工具，在为社区社会组织提供服务的过程中，更好地引导后者的健康发展，比如：建立社区社会组织资质与信用认证制度，由各级社会组织服务部门牵头，其他部门配合成立一个评估社区社会组织资质和日常信用的体系，各级政府根据评估结果更好地规划公共资源对社区社会组织的资助；优化政府购买服务的运作机制，在资质管理的基础上，鼓励社区社会组织以适度竞争的方式竞争公共服务项目；鼓励社区群众、受助者加入到对社会组织的监督与评估中去。

建构社会公共事务的形成机制。社会公共事务是激发公众参与意识、培育“公平正义”社会价值、提升社会组织自我协调和管理能力的基础所在。没有社会公共事务，社区社会组织的建设就会面临“无源之水”的问题（比如，现实中，社会组织发育了不少，但“社会协同、公众参与”却难以落实）。在当前的背景下，我国探索社会公共事务的形成机制可以从两个方面着手：一是从政府改革和规范行政职能的角度，“释放”出一部分政府承担的社会公共事务，使公众成为其决策、运作的参与者，不断推进社会力量投身于解决社会公共问题，逐步健全社会组织的自我管理、自我协调的能力；二是在法律的框架内，通过基层民主等方式，培育社会自下而上提出公共事务的能力和机制。基层政府可以通过居民代表大会、社区委员会、各类沟通协商会等渠道，鼓励公众通过积极讨论和协商，形成一系列与本区域、本领域的发展密切相关的社会公共事务，比如社区绿化的布局、社区生活环境的保护等。

创立社区社会组织人才的培训体系。保障社区社会组织从业人员的合法权益，不断为其提升专业化水平提供制度保障。适当提高政府购买社会组织服务价格构成中人力资源的比例，提升社区社会组织人力资源建设的长远制度预期。尤其是注重对社区社会组织中三个层次人员的系统保障与培训：一是对于社区社会组织的管理层，要规范其领导产生机制和民主监督机制，实行秘书长聘任和培训上岗制度，增强其职业管理能力；二是对于社区社会组织的工作层，要逐步建立职业规范，建立专职工作人员资格认证制度，提高工作人员在职和退休待遇，促进其向专业化、职业化、年轻化方向发展；三是对于社区社会组织的成员层，要有意识地通过各种活动，逐步选拔、培养各类群众积极分子和群众骨干。

完善社会化支持与监督体系。采取政府引导、群众组织参与、民间力量兴办、专业团队管理、政府公众监督以及社会民众受益的模式，使政府和社会公众力量都参与到对社区社会组织发展的支持和管理中来。重点是逐步建立起面向公众（尤其是捐款人、受益人等）的社区社会组织信息发布平台，同时将信息公开作为法定义务，与扶持政策挂钩，督促各类社会组织公开、透明地发布自身活动信息（如重大活动信息、资产财务信息、接受和使用捐赠信息、收费项目及标准等），接受社会监督。通过上述平台，国家可以逐步形成社会力量参与支持、监督社会组织发展的新型扶持模式。

鼓励各类社区社会组织紧密扎根基层社区治理体系。这一举措有两方面的深刻内涵：首先，基层社区是最贴近不同社会群体日常生活的范畴，也是各类社会矛盾频发的区位，因此鼓励社区社会组织紧密扎根基层社区，可以更为快速地获取群众需求，反映群众意见，化解或缓解社会矛盾，真正使社会组织的社会活力和社会属性得到申发；其次，经过十多年的社区建设，全国各城市都形成了较为完善的基层治理网络，因此在社区社会组织紧密扎根基层社区的条件下，基层政府可以动用治理网络和居民区的自治网络，更好地引导社会组织发展，因此，有可能成为当前构建社会组织“过程管理”体系的重要突破口。在操作上，这就要求：各街、镇在构筑社区共治和自治体系时，明确地把社区社会组织吸纳进来；充实现有的基层社会组织管理中心职能，使其成为引导社区社会组织进入社区治理体系的组织纽带；最终逐步形成“以社区为主”的社会组织活动监管体系。

开发党的组织资源，探索嵌入式介入社会组织发展的新路径。新时期加强党对社会组织功能发挥的引导有两个层面：宏观与微观层面。在宏观层面，各级党委首先可以通过更好地把握社会组织运作特点，以法治的方式对其运作方式进行规范，应在党的领导下加强对社会组织的立法工作。另外，各级党委可以通过创新组织覆盖和工作覆盖的方式，对各类社会组织的运作目标进行有效引导，这意味着党不能仅仅满足在各类社会组织中建立自己的基层组织，而且还要设计出一系列有效的工作机制，来切实提高党的工作在社会组织中的影响力与渗透力。在微观层面，则有必要充分发挥基层党组织的作用，在新的发展阶段中，党的基层组织要进一步探索有效引导社会组织健康运作的途径与方式，比如：基层党组织可以尝试社会化的运作方式，形成一些示范性经验，扩大引领社会组织进步的作用效应；通过党员依法介入社团活动，为党组织的工作嵌入各类社会组织提供重要基础；鼓励党员依托社会团体，广泛开展各种社会活动和社会工作，使其在融入、参与社会组织活动的过程中，引导社会组织发展的走向；不断摸索在基层党组织内建设各种活动型专委会，并加大其对社会组织活动的支持与影响。简言之，就是通过党的群众工作模式的创新，引导和激励社区社会组织积极地参与到区域公共治理活动中。

五、形成自我支持的社会组织发展生态体系

未来中国的社区社会组织在发展中还会不断提出新需求，比如：如何提升自身人力资源水平？如何包装和策划有吸引力的公益项目？等等。围绕这些需求的满足，还可以形成一种服务社会组织的产业链。这里的发展空间很大，社会组织在其中也大有可为，甚至可以发展出一种将社区社会组织与经济组织连接起来的，具有桥梁功能的咨询、策划、评估的服务业。这种服务业可被理解为借助市场机制的支持性社会组织，有可能帮助其他社会组织更有效地找准社会需求，在一定条件下还可以为这些社会组织解决资源（财政、人力、信息等）供给问题提供新的路径。就此而言，我国未来可以探索通过孵化、培育一批支持性社会组织（如基金会、各类枢纽型组织等），形成社区社会组织发展链的“上游组织”，并使这些“上游组织”带动、引领“下游”中小社会组织的发展，最终形成具有自我支持功能的社区社会组织发展生态体系。以此为思考的切入点，我们在公共政策设计上还可以考虑以下问题：

（1）构建社会组织生态系统的孵化器。未来我国可以借鉴美国硅谷、上海张江等扶持创新企业发展的经验，为社区社会组织创业提供一个由各种社会资源聚合而成的多层次互助、互利的组织环境，以形成有利于社区社会组织发展的新型孵化器。建议有关部门可以在总结国内一些典型公益孵化园经验的基础上，推动建立更大范围的社会创新孵化园，由企业提供厂房、政府出资租赁、社会组织免费使用并自主管理。孵化园通过申请、评估等一套严格的程序和专业评估筛选，着力挖掘一批有创新性、有发展潜力的社区社会组织。这些社区社会组织通过与孵化机构共同开展资金筹措、社会动员、项目创意策划等工作，提升自身运作和社会生存能力。进入孵化器的社区社会组织，可以享受政府提供的房租、运营补贴等优惠政策和能力建设培训、咨询、评估、资金中介、法律、财务等一应俱全的中介服务，拥有由社会企业家、各类基金会及相关机构提供的公益创投基金，享受让公益资源的供需双方对接的信息平台和技术手段。这些孵化器的快速建设将有助于促进政府、企业和公益组织之间的跨界合作与交流，促进社会组织成长和公益创业发展。

（2）形成枢纽型社会组织服务管理的总体规划。建议根据我国经济社会发展趋势和社区社会组织服务管理的需要，拟定枢纽型社会组织发展的科学规划。可以通过改造架构、提升功能等形式，推动建立一批新的枢纽型社会组织，并通过这些新的枢纽型社会组织，将性质相同的、业务相近的社会组织联合起来，以便获得更及时和更适合的服务管理。为此，有关部门和基层政府要对枢纽型社会组织的服务管理形成总体规划，不断激活新、旧枢纽在社区社会组织服务与管理中的辐射效应，比如：探索工青妇、社联、科协等传统枢纽服务、联系社会组织的新方法；新建或改建若干联系社区社会组织的枢纽，并建设与之相应的新型工作机制；探索枢纽型社会组织服务其他社会组织的新方法和新机制。

（3）提升枢纽式社会组织的社会辐射能力。枢纽式管理的关键是要细化和落实枢纽型社会组织的职能。未来可以明确由政府部门授权，赋予枢纽式组织承担业务主管单位的职责并增强其社会活力。与此同时，在枢纽式组织的章程中阐明组织的性质及相关内容。政府要加快政府职能转移的步伐，对于该放权的必须主动放权，不能再为枢纽式组织承接相关职能设置“关卡”。一方面，在政府职能转移上，探索职能转移的新途径，将社会组织业务主管单位的职能转移到枢纽式组织；另一方面，在政府职能的授权和委托上，加强沟通协调，将一些涉及社会性、公益性、服务性的社会职能逐步授权或委托给枢纽式组织。

六、推动公共性发展

本书的主体部分更侧重于从制度分析和制度建设的角度来理解当代中国社区社会组织健康发展所必需的条件。制度分析的好处是能较好地帮助研究者发现那些隐藏在事物背后的结构性问题，并由此寻获改良的切入点。然而单纯的制度分析并不足以帮助人们理解当前中国社区社会组织发展所面临的所有深层问题——这种视角忽略了那些看似非结构性，但却深刻影响着社区社会组织发展方向与质量的社会文化条件。我们认为，在这些社会文化条件中，公共性建设的问题是首当其冲需要引起研究者高度重视的问题。

通常，当我们说社会组织的本质是“社会性”时，一个根本的问题是，如何确保社会组织始终以社会的价值和诉求为发展的主轴？而公共性的建设与生产恰恰是使社会组织及其成员超越狭隘的个体主义（尤其是工具性的个体主义），投身公域，与国家良性互动，并关注社会可持续发展的重要条件。从这个意义上来说，我们可以发现：现代国家公民有序结社的历史进程，实际上也是一个现代意义的公共性不断生产与发展的过程。如果我们忽略了公共性的问题，就很难从本原上回答一些对于社会组织而言极为根本的问题，比如：为什么在有些国家和地区，社会组织的发展增进了公共秩序的生产，但在其他地区则导致了社会失序？为什么有些地区的社会组织看起来更追求工具性价值，而在其他地区社会组织则更具公共精神？……

然而，尽管我们知道公共性对于当前中国的社区社会组织发展具有格外重要的意义，但我们仍很难回答如何从根本上来推动中国社会公共性生产的问题。由于公共性问题作为一种社会文化和政治文化，紧密地嵌入漫长的社会发展史和一个社会的行为逻辑演变的脉络中，因此其发展和演化涉及一系列相互交织的要素。在本章的结尾处，我们试图根据对中国社区社会组织发展特征及其所处制度环境的理解，来简要地梳理出发展公共性以促进社区社会组织发展的三条基本思路：

首先，公共部门对社区社会组织的“赋权”（empower）是公共性生产的重要支持条件。因为公共性的生长问题本质上是一种权力关系的改革与重建，没有这种赋权即权力关系的调整，“总体性支配模式”的现状就不可能从根本上改变，公共性的发育过程就充满不确定性。而且，“赋权”也指向有助于公共性生产的公共政策之合理制定和实施。“赋权”的功能不仅在于拓展了公共性发育的空间，更为重要的是明确了社区社会组织的活动边界，为公众对公共性诉求和建构的稳定预期创造制度性条件，体现公共权力部门对公共性的信任和支持。质言之，赋权与公共性活动的自我定位是对接的，有了这种明晰的区分和对接，公共权力部门同公民之间的互信与良性合作关系才可能充分建立起来。就如已有研究在讨论复杂社区的治理与公民社会的微观基础时所指出的，这种信任既有助于基层社区中“三驾马车”这一共治格局的形成，也有助于执政党对于这种共治格局的领导和协调。[1]

其次，必须以重塑社会共识作为公共性的前提。公共性的构建和培育不仅是显性的和刚性的制度构建问题，还是一个社会的集体心理和情感塑造过程。因此，重塑社会共识对于公共性建设而言是至关重要的。作为一种认知和心理层面的结构性要素，社会共识不能完全独立地发挥稳定且持久的作用，因此需要社会的一些基础性结构作为支撑。在我们看来，这主要涉及社会利益结构的合理配置、经济与社会增长模式的相互匹配，以及对核心价值观的有效再生产等。

最后，公共性的形成有赖于一种多元主体集体学习的过程。从社会学新制度主义的视角看，公共性的生产不仅有赖于国家制度的确认，而且还需要在社会认知层面经历一种“制度化”的历程，即人们将“社会协同、公众参与”的行为和相关知识“视为当然而接受”的过程。只有建立在这种“制度化”的基础上，国家机构、各类社区社会组织和社会群体才会逐渐形成各自在社会建设中的角色预期，并在面对公共事务时形成相互共处的、可预期的“惯例”和“规则”，由此达成一种关于多元合作结构的事先协议，以节约交易成本、减少行动者的机会主义行为。

---

〔1〕 李友梅：《社区治理：公民社会的微观基础》，载《社会》2007年第2期。

结语　深刻认识社会组织发展的制度条件

近年来，中国社会组织进入了一个快速发展期。这不仅表现为规模总量的快速增长，也表现为传统的“宏观鼓励，微观约束”的制度环境正在朝向更为宽松的方向转变。身处这个具有“分水岭”意义的历史时刻，更有必要深刻思考当代中国社会组织健康发展的条件与政策选择。

一、引言

国内学术界总体上是在“国家与社会”理论范式下来思考这一问题的。作为一种具有政治哲学关怀且长于宏大叙事和结构分析的理论框架，该范式倾向于将社会组织发展置于一种与国家（State）互动的结构性情境中，其基本预设是作为“社会”载体的社会组织具有弥补国家不足的重要作用，且强调用国家塑造的制度空间来解释社会组织发展的境遇和特征。受这一范式影响，国内的相关研究在认识社会组织的成长条件时，基本上形成了广受认同的认知框架：一是论者以国家为参照物，视之当然地预设了社会组织的功能取向，如公共服务体系的重要构成〔1〕、多元治理结构的重要主体〔2〕、“非市场治理机制”的重要载体〔3〕等，在这种情势下，发展社会组织已成为一种较少反思的

〔1〕 王名、孙伟林：《我国社会组织发展的趋势和特点》，载《中国非营利评论》2010 年第 1 期；葛道顺：《中国社会组织发展：从社会主体到国家意识——公民社会组织发展及其对意识形态构建的影响》，载《江苏社会科学》2011 年第 3 期；景天魁：《在社会服务体制、机制的改革与创新中发展非营利组织》，载《教学与研究》2012 年第 8 期。

〔2〕 刘振国：《中国社会组织的治理创新——基于地方政府实践的分析》，载《经济社会体制比较》2010 年第 3 期；关信平：《社会组织在社会管理中的建设路径》，载《人民论坛》2011 年第 11 期；冯钢：《论社会组织的社会稳定功能——兼论“社会复合主体”》，载《浙江社会科学》2012 年第 1 期。

〔3〕 张旭昆、秦诗立：《商会的激励机制》，载《浙江大学学报》（人文社会科学版）2003 年第 2 期；冷明权、张智勇：《经济社团的理论与案例》，社会科学文献出版社 2004 年版。

"迷思"。[1] 二是强调政府的制度设置对于社会组织发展具有重要意义，由于现有制度中暗含许多约束性条件，因此社会组织发展呈现出缺乏活力、对体制依赖性强等特征。在前两点研判的支持下，论者大多同意：当代中国社会组织健康发展的条件就是形成鼓励发展和加大投入力度的新型政策思路。上述环节构成了逻辑严密的认知体系，在当前学界和政策领域具有重要影响。

最近的研究从两个维度对以上理论进行了反思。一方面，学界意识到社会组织发挥各种理想的功能是以一系列复杂的条件为基础的，[2] 且这些条件镶嵌于治理转型的多个领域，难以简单地被概括为"鼓励发展"等论点。若无这些条件的支持，社会组织发挥功能难免会遇到许多深层挑战。另一方面，由于一些前沿研究意识到中国社会组织领域政策执行的复杂性，[3] 地方政府和职能部门会根据自己的治理逻辑来有所取舍地执行宏观政策，因此不能单纯地从制度文本出发，来理解社会组织的发展条件是否具备，而是要考察相应的政策执行框架。对这两个维度的反思，促使我们把关于中国社会组织发展条件的思考，进一步从抽象"应然"的层次向更为具体、精致的分析层次推进，从而形成更具现实洞察力的分析思路。

本书结语部分试图结合前述两个维度的研究，构建研判中国社会组织生长条件的新型分析视角。我们通过梳理经典研究，从理想类型的意义上建立起社会组织功能与条件间的关联图谱。已有的反思性研究更多地在较为抽象和一般化的意义上理解社会组织发展的条件，如"公共性的构建"[4] "政社间的组

---

[1] 这里的"迷思"有两层含义：其一，作为 Myth 的音译（该词还可译为"神话"），表达的是一种视之为当然，并获得普遍话语合法性的观念制度。当这种观念高度制度化，并被学术界和政策部门作为认知结构中重要部分时，它就具有强大的建构现实和塑造组织行为之功能。相近的用法和研究可见：John W. Meyer and Brian Rowan, "Institutional Organizations: Formal Structure as Myth and Ceremony", *American Journal of Sociology*, Vol. 83, No. 2, September 1977, p. 340 –363。其二，该词还表达了一种"对于事物可能存在的认识误区"。意指当前国内学界在许多时候在谈及"发展社会组织，推进治理创新"时，常常缺乏对深层条件的思考，因此存在一些误区。

[2] 李友梅、肖瑛、黄晓春：《当代中国社会建设的公共性困境及其超越》，载《中国社会科学》2012 年第 4 期；纪莺莺：《当代中国的社会组织：理论视角与经验研究》，载《社会学研究》2013 年第 5 期。

[3] 黄晓春、嵇欣：《非协同治理与策略性应对：社会组织自主性研究的一个理论框架》，载《社会学研究》2014 年第 6 期；纪莺莺：《转型国家与行业协会多元关系研究——一种组织分析的视角》，载《社会学研究》2016 年第 2 期。

[4] 李友梅、肖瑛、黄晓春：《当代中国社会建设的公共性困境及其超越》，载《中国社会科学》2012 年第 4 期。

织边界"[1] 等。结语部分将进一步挖掘这些抽象条件背后，具体的和中观维度的制度要素，从而延长制度分析的解释链条。

二、社会组织的功能与条件：一个总体性理论视角

在社会学与政治学的经典研究中，社会组织虽常被提及，但却很少被作为主要的研究焦点而予以集中讨论。在多数情况下，研究者们往往是在研究民主体制、社会资本、非市场治理机制等经济、社会变迁的宏大现象时，对社会组织有所涉及，这或许与结社活动在西方现代社会中早已成为司空见惯的制度化行为有关。论者在上述讨论中，提及社会组织的作用时多有特殊语境。基于此，当我们面对经典研究并试图从中获得关于社会组织发展的理论洞见时，必须时刻保持理论自觉，于"抽丝剥茧"式的梳理中寻求不同历史时空中社会组织生长的轨迹、支持条件及社会意义。本书结语部分试图立足于社会学、政治学和公共管理学的经典研究，从中梳理出社会组织不同功能背后的条件和制度要素。受学识与篇幅限制，本部分的分析将集中锁定在社会组织作为治理主体及公共服务供给主体这两大广为接受的功能领域。

1. 治理主体与公共性诸条件

几乎在所有经典研究中，社会组织都是多中心的社会治理结构中的重要一环。托克维尔在论及美国人日常生活中的结社时，曾生动地描绘结社团体在日常治理中的重要作用。[2] 涂尔干则进一步从理论上阐述了诸如法人团体（职业团体）的次级群体在现代社会整合中所具有的重要作用，他在《社会分工论》中指出："社会不等于乌合之众，次级群体是构成我们社会结构的基本要素，如果在政府与个人之间没有一系列次级群体的存在，那么国家也就不可能存在下去。如果这些次级群体与个人的联系非常紧密，那么它们就会强劲地把个人吸收进群体活动里，并以此把个人纳入到社会生活的主流之中。""次级群体之所以必不可少，并非在于它们作为功利组织促进了经济的发展，而在于它们对道德所产生的切实影响。"[3] 涂尔干之后的许多著名学者都注意到了社会组织对于公共生活有序建构的意义，比如：贝拉在《心灵的习性：美国人生

---

[1] 黄晓星、杨杰：《社会服务组织的边界生产——基于Z市家庭综合服务中心的研究》，载《社会学研究》2015年第6期。

[2] [法] 托克维尔：《论美国的民主》（上、下卷），董果良译，商务印书馆2013年版。

[3] [法] 埃米尔·涂尔干：《社会分工论》，渠东译，生活·读书·新知三联书店2000年版。

活中的个人主义和公共责任》一书中，讨论如何在个人主义盛行的时代背景下“改造美国文化”时，就提到要恢复社团的早期含义，即“社团的合法化是公共当局对私人组织的特许，是为了令私人组织为公共利益服务”[1]。

上述经典引述频繁出现于近年来国内学术界与公共政策部门的相关研究成果上，并成为“发展社会组织，推进治理创新”的理论源头。相比之下，鲜有研究注意到这些经典研究在论及社会组织的治理功能时，还提到了诸多社会条件。比如，当托克维尔在讨论美国的民主，以及民主制度中的结社等制度安排之所以能发挥重要作用时，就提到了首要的社会条件——“民情”(moeurs)。他认为，这种民情扎根于历史上形成的新英格兰乡镇自治制度。这个早在17世纪开始形成，后经基督教新教的地方教会自治思想培养壮大起来的制度，促进了美国独立运动的发展，提高了人民积极参加公共事务的觉悟。[2] 在贝拉的研究中，托克维尔的观点得到了进一步的申发，这种“独立自由的乡镇社会”和地方自治的传统是个体由自我利益动机向公共责任感转变的关键条件，[3] 如果离开了这些条件，负责任的结社也就难以预期了。

在其他的著作中，结社运动推进治理绩效这一常见理论预设背后，也隐含着许多复杂的社会条件，比如：社会资本，尤其是连接性社会资本（bridging social capital）与黏合性社会资本（bonding social capital），也是结社并形成社会治理网络的重要条件；[4] “公民成员资格”由于指明了个人身份与社会身份的那种关键性交互作用，因此其发展与复兴也是结社运动不断发展的重要条件。[5] 需要引起重视的是，在今天中国大多数关于社会组织发展的讨论中，此类复杂社会与制度条件的重要性总是被隐去而避之不谈。其后果是，大量支持社会组织发展的形式制度被不断生产出来，但实际上却收效甚微。

本书试图从以上看似琐碎而多维的论述中，识别出社会组织作为治理主体所需的基本条件。受学识所限，我们并不致力于从哲学和文化的意义上来深挖

---

[1] [美] 罗伯特·N. 贝拉等：《心灵的习性：美国人生活中的个人主义和公共责任》，周穗明、翁寒松、翟宏彪译，中国社会科学出版社2011年版。

[2] [法] 托克维尔：《论美国的民主》（上、下卷），董果良译，商务印书馆2013年版。

[3] [美] 罗伯特·N. 贝拉等：《心灵的习性：美国人生活中的个人主义和公共责任》，周穗明、翁寒松、翟宏彪译，中国社会科学出版社2011年版。

[4] [美] 罗伯特·D. 帕特南：《独自打保龄球：美国社区的衰落与复兴》，刘波、祝乃娟、张孜异、林挺进、郑寰译，北京大学出版社2011年版。

[5] [美] 罗伯特·N. 贝拉等：《心灵的习性：美国人生活中的个人主义和公共责任》，周穗明、翁寒松、翟宏彪译，中国社会科学出版社2011年版。

现代结社运动背后的深层条件，而是识别出那些基本的制度安排。本书认为，无论是托克维尔所说作为“民情”的乡镇自治传统，还是“公民成员资格”，背后都映射了两个基本的条件：

一是联结个体与公共生活、个人与他人之间的公共性。简单来说，公共性指涉的是人们从私人领域中走出来，就共同关注的问题开展讨论和行动，由此实现私人向公众的转化。从人类社会现代化转型的历史进程来看，公共性生产的过程就是个体基于理性精神参与公共活动，维护公共利益和价值取向的过程。若无公共性的持续生产，任何社会都不太可能有实质性的社会协同与公众参与，社会活力也将面临“无源之水”之境地。[1] 正是公共性的形成，使得个体得以通过结社手段与他人紧密合作，共同参与社会利益的协调和公共秩序之维护。从这个角度来说，“乡镇自治传统”是这种公共性得以生成的重要支持因素；而“公民成员资格”则是其得以浮现的重要心智条件，它意味着个人主义与公共责任之间形成了某种和谐的交集。正如帕特南所说，公共性的形塑同民主制度的构成是同一个过程，二者互为条件。其以大量的经验资料论证了，以共同体为基础的公共生活，在通过增进社会资本而进一步超越集体行动的困境、提升公民安全感、促进经济繁荣、推动公民健康和幸福以及增进民主等方面具有积极价值。[2] 而依据托克维尔的观点，民主是由平等理念支配的，虽然它的优点明显，但也可能导致个人的孤立和原子化，因此，建立在公共性基础上的志愿性结社网络是克服民主的上述消极后果，带动这个社会重归团结的可能路径。[3]

二是结社活动紧密嵌入制度化的治理网络中。帕特南在解释意大利不同地区治理的绩效时，不仅指出了公民参与的重要性，实际上更是强调了这种公民参与是嵌入制度化的多元治理网络中的。在意大利的北方地区，公共精神、社会资本以及结社活动正是由于嵌入在中世纪以来形成的城市自治制度和多元利益表达网络中，才发挥了推进治理水平的重要作用。[4] 这意味着结社活动提

---

〔1〕 李友梅、肖瑛、黄晓春：《当代中国社会建设的公共性困境及其超越》，载《中国社会科学》2012 年第 4 期。

〔2〕 [美] 罗伯特·D. 帕特南：《独自打保龄球：美国社区的衰落与复兴》，刘波、祝乃娟、张孜异、林挺进、郑寰译，北京大学出版社 2011 年版。

〔3〕 [法] 托克维尔：《论美国的民主》(上、下卷)，董果良译，商务印书馆 2013 年版。

〔4〕 [美] 罗伯特·D. 帕特南：《使民主运转起来》，王列、赖海榕译，江西人民出版社 2001 年版。

升公共治理水平这一惯常看法背后，实际上有着复杂的制度化条件，同时也受到嵌入国家政体层面的文化与制度网络影响。在历史上，几乎所有的结社活动要推动治理良性发展，都必须紧密嵌入既有的社会治理网络中，比如：无论是在典型的多元主义国家，还是法团主义国家，社会组织充分发挥社会治理功能的重要制度的前提，都是国家在多层次的治理网络中给予社会组织一定的制度化参与空间。〔1〕否则，如果社会组织“游离”于正式的治理网络之外，尤其是在一国的重要公共产品配置、秩序调适中处于无足轻重的位置，其也就很难发挥治理主体的功能和作用了。实际上，涂尔干的经典作品早已洞悉这一基本条件，他在《职业伦理与公民道德》中提道：中世纪，由法团联合而成的公社（Commune）是城镇权力的基础，自由市镇与法团共存亡。正是王权的扩张和城市自治权的丧失，导致法团所嵌入的自治制度网络消解，引发了市民公共精神的弱化。〔2〕正是在这个意义上，涂尔干强调国家确立合适的制度空间以使法团在现代基础上发挥社会整合功能。〔3〕可见，倘若人们仅将社会组织看作一种“悬浮”于治理网络外的服务之手，其功能也就难以全面发挥了。

质言之，公共性的生产以及制度化的嵌入治理网络这两个条件是紧密联系并互为支持的——前者强调结社活动以公共生活和价值为导向，且保障了结社的内生动力；后者强调国家通过构建开放性的治理网络，为社会组织参与公共议事、决策提供条件，从而保障了公共性的进一步生产。进一步来看，在不同社会形态下，这两个条件的结合方式固然有诸多不同之处，但基本都依赖以下中观层次的制度要素：一是保障结社活动与公共资源的配置紧密相关的相应制度安排。〔4〕只有在此条件下，社会组织嵌入治理网络才有实质性意义，其公共性实践才能获得源源不断的内生动力。在不同国家的结社实践中，这一制度要素往往以不同形式呈现，其差别在于结社活动所能影响的公共资源配置水平。二是形成社会组织代表社会成员表达利益诉求的机制，具体表现为民主代议、多元协商等制度形式。这一中观制度要素对于保障公共性持续激发，以及

---

〔1〕张静：《法团主义》，中国社会科学出版社 1998 年版。

〔2〕［法］埃米尔·涂尔干：《职业伦理与公民道德》，渠东、付德根译，上海人民出版社 2006 年版。

〔3〕渠敬东：《职业伦理与公民道德——涂尔干对国家与社会之关系的新构建》，载《社会学研究》2014 年第 4 期。

〔4〕李友梅：《深刻认识当前中国社会体制改革的战略意义》，载《探索与争鸣》2013 年第 3 期。

社会组织成为稳定的治理主体具有重要意义，唯有如此，社会组织才内嵌于社会，其成为“意见的协会”在国家之外，促进“社会平等与自由的扩展”，并推动公民“有责任心的行动”。[1] 三是支持社会组织监督公共部门活动，并推动公共政策优化的制度保障，表现为各类自下而上的社会监督与社会评价制度。这些制度要素有助于社会组织推动公共部门以社会需求为导向运行，也是其发挥治理功能的重要途径。

如果我们意识到上述条件和制度要素对于社会组织发挥治理功能具有重要意义，就不会简单地把制度创新的重点简单地停留于登记注册制度变革、资源汲取制度等方面，而是会意识到，中国社会组织的发展与地方政府治理转型、民主制度的改革与优化等问题紧密相关。

2. 服务主体与外包诸条件

将社会组织视为公共服务主体的观点有着复杂的理论源头，早期理论渊源（如新公共管理理论、交易成本理论）更强调市场机制的作用，后期在实践中逐步受到强调了社会机制的新公共服务理论、社会选择理论影响。这些理论从不同维度强调了社会组织相较于国家和市场部门的独特组织优势。在这种理论视角下，“发展社会组织，优化公共服务体系”已成为今天中国学术界与公共政策部门思考社会组织发展问题时的基本预设。

然而，为什么社会组织在公共服务领域具有优势？多数中文文献并不致力于探索内中的组织学道理，而是基于一种对抽象社会的想象而推导：唯社会组织来自“社会”，因而比市场部门更关注公共福利；唯其追求“社会”价值，因而更关注价值理性，愿意投身于长期福利领域；唯其标榜“非营利”，因而在那些微利或无利润且需承担社会义务的领域可大显身手。这些观点大多建立在一些观念性预设之上，其理论渊源来自西方研究中的一些著名观点，如：由于政府和市场在提供公共产品方面存在局限性，导致了对社会组织的功能需求[2]；由于存在信息不对称，消费者与营利组织之间常会出现“合约失灵”，而非营利组织由于存在“非分配约束”，因此成为消费者的一种重要选择[3]；文化多

---

[1] [德] 尤尔根·哈贝马斯：《公共领域的结构转型》，曹卫东等译，学林出版社 1999 年版。

[2] Burton A. Weisbrod, “Toward a Theory of the Voluntary Non－profit Sectorin a Three－sector Economy”, Phelps E. D. eds., *Altruism*, *Morality*, *and Economic Theory*, New York: Russell Sage Foundation, 1975.

[3] Henry B. Hansmann, “The Role of Nonprofit Enterprise”, *The Yale Law Journal*, Vol. 89, No. 5, April 1980, p. 835－901.

样性的程度越高，社会对公共物品的需求也就越多元，这些多样化需求导致了非营利组织市场的发展。[1] 与前文提及的社会理论领域非系统引用的现象相似，国内相关研究只是简单地引用这些观点，却忽略了其后隐含的复杂条件。

在此情境下，很难理解为何同样是社会组织，有些发挥公共服务效能更优，而有些则问题缠身。一些研究已注意到了社会组织同样存在“失灵”的可能性；而[2]另一些研究发现，即使在美国这种倡导服务外包的国家，从1997年以后，也开始出现较大规模的“倒合同外包”趋势（政府将外包出去的服务重新收回），这主要与民营化并不必然节约成本，以及合同外包实施困难有关。[3] 这些发现促使我们超越宏观、应然的理论想象，在组织学的中观维度探讨社会组织提供公共服务的比较优势及其制度根源。

回顾新公共管理理论的兴起，以及近年来的理论批判和转向，我们可以发现西方公共管理理论界在讨论公共服务外包，以及社会组织的作用时，集中讨论了三个方面的重要条件：

第一个条件是适度竞争的公共服务市场。新公共管理理论主张用市场的力量改造政府，让私营部门与其他社会主体参与公共服务的供给，在公共部门与私人部门之间、社会机构之间引入竞争机制，从而提高服务供给的质量和效率。因此，立基于其上的社会组织比较优势理论，实际上建立在一些强调市场效率、竞争机制和激励机制的重要条件上。比如：20世纪80年代以来，受新公共管理理论影响较大的英国，一方面采取强制性竞争投标制度（compulsory competitive tendering，CCT），最大限度地实现公共服务市场化；[4] 另一方面采用正式的市场契约（合同）来取代非正式的资助和报销，在这一过程中，基本福利服务提供不仅对非营利提供者开放，也对营利提供者开放，促成了一个竞争更加激烈的福利服务“市场”。诸如此类安排的显著特征在于强调竞标

---

[1] Estelle James，“The Nonprofit Sector in Comparative Perspective”，Walter W. Powell eds.，*The Nonprofit Sector：A Research Handbook*，New Haven：Yale University Press，1987.

[2] Lester M. Salamon，“Partners in Public Service：The Scope and Theory of Government – nonprofit Relations”，Powell，W. W. eds.，*The Nonprofit Sector：A Research Handbook*，New Haven：Yale University Press，1987.

[3] 胡伟、杨安华：《西方国家公共服务转向的最新进展与趋势——基于美国地方政府民营化发展的纵向考察》，载《政治学研究》2009年第3期。

[4] 宁靓：《英国地方政府公共服务外包发展的评析与启示》，载《中国海洋大学学报》（社会科学版）2012年第4期。

组织事前的市场竞争力，此时的市场机制是由合同规范定义的，竞标过程类似于一场拍卖。[1] 在早期新公共管理理论及其实践者看来，引入市场机制可以更好地促进公共服务承接者提供公共产品，正是在这一过程中，社会组织等服务承接者形成了较为专业的服务能力。考虑到专业的承接者需要长期在专业领域投入资源，为鼓励社会组织形成更强的专业化能力，许多发达国家政府甚至会形成长期购买服务战略，以保证社会组织和私人机构对这种市场竞争有长期预期。[2]

第二个条件是高度协同的"整体治理"结构。随着英美等发达国家公共服务外包实践不断深化，理论界和政策部门都发现，单纯的市场机制并不足以保障社会组织最大限度地发挥服务效能，人们开始发现"整体治理"（Holistic Governance）是公共服务外包有效运行的又一重要条件。当政府用服务外包的方式，以市场机制来解决服务供给问题时，无疑会导致原先整体性的公共服务安排变得日趋碎片化。[3] 更重要的是，当政府自己提供公共服务时，可以通过行政指令来进行内部协调，以实现公共服务格局的调整和变通；而在服务外包的条件下，各部门通过契约与社会组织达成合作协议，此时要实现公共服务体系的协调和有序管理将变得越来越困难。越来越多的研究发现，随着权力分散和众多半自治实体参与公共服务项目，即使传统的协调任务也会变得困难起来。[4] 这要求政府部门超越传统公共行政的逻辑，采用新方式和新技能，这些公共服务外包中出现的新问题导致了整体性治理理论的快速发展。[5] 该理论的核心主旨是，希望解决公共部门和公共服务中日益严重的碎片化问题，以及提升公共部门内部的协调性，作为应对手段，该理论强调形成弹性、扁平化、无缝衔接的"后官僚制行政模式"。[6] 在这一理论视角下，西方国家公共

---

〔1〕 Simon Domberger and Paul Jensen, "Contracting Out by the Public Sector: Theory, Evidence, Prospects", *Oxford Review of Economic Policy*, Vol. 13, No. 4, Winter 1997, p. 67 – 78.

〔2〕 世界银行：《政府向社会组织购买公共服务的国际经验》，2009 年 6 月 1 日，载 http://documents. shihang. org/curated/zh/2009/06/12221655/outsourcing – social – services – csos – lessons – abroad，2020 年 8 月 6 日。

〔3〕 竺乾威：《从新公共管理到整体性治理》，载《中国行政管理》2008 年第 10 期。

〔4〕 Perri Diana Leat, Kimberly Seltzer and Gerry Stoker, *Towards Holistic Governance: The New Reform Agenda*, New York: Palgrave Macmillan, 2002.

〔5〕 Tam Christensen and Per L. greid：《后新公共管理改革——作为一种新趋势的整体政府》，张丽娜、袁何俊译，载《中国行政管理》2006 年第 9 期。

〔6〕 胡佳：《迈向整体性治理：政府改革的整体性策略及在中国的适用性》，载《南京社会科学》2010 年第 5 期。

部门开始了新一轮制度创新，如：布莱尔政府引入“协调政府”的理念，强调不同政府部门间、不同行政层级以及不同政策领域之间的横向与纵向协调，为此传统的公共服务碎片化采购模式必须得到修正，更注重整体性的预算方法和评估审核方法变得日益迫切。[1] 概言之，整体性治理理论的兴起，及其指导下的公共服务改革，开始超越传统的市场化视角，更注重公共服务外包市场背后的跨部门、跨领域协调体系建设。

第三个条件是公众导向的外包设计。新公共管理理论强调，把政府看成“掌舵者”而非“划桨者”，但实际操作中的政策实践者往往忽略了“是谁拥有这条船”的根本问题，[2] 这导致了许多外包出的公共服务与公众需求脱节，在此条件下，即使是专业的社会组织和私人机构也不能更好地解决社会问题，更重要的是，过于强调市场效率而忽略公众和社区需求的政策导向，可能还会导致公平、公正和公民精神被破坏。[3] 因此丹哈特等学者提出了新公共服务理论，强调公共机构应具备更强的公民导向回应性，该理论立足于现代社会公民权理论，以及更强调多元整合的社区复兴观念之上，强调不应将公众仅仅看作公共服务的“顾客”，而更应重视其公民的属性及其对权威的分享。[4] 即新公共服务理论将公众的积极参与，政府与公众间广泛的对话和协商看作有效公共服务外包的先决性条件。在这一理论影响下，美国公共服务改革领域出现了诸如“公民第一”（citizenfirst）这样的典型社区建设运动，在这一运动中，政府公共部门的重心更关注通过政府与公民组织的密切合作，以及强有力的回应性来组织公共服务，在这种模式下，志愿组织和社会组织发挥了更为重要的作用。

上述三个条件的实践都共同依赖一些中观层次的制度要素，尤其是适度竞争的公共服务市场和“整体治理结构”，都需要政府部门在服务外包时，形成超越部门主义的总体型、透明性购买服务制度框架，使外包信息清晰地为所有

---

〔1〕 Perri Diana Leat, Kimberly Seltzer and Gerry Stoker, *Towards Holistic Governance: The New Reform Agenda*, New York: Palgrave Macmillan, 2002.

〔2〕 ［美］罗伯特·B. 丹哈特、［美］珍妮特·V. 丹哈特：《新公共服务：服务而非掌舵》，刘俊生译，载《中国行政管理》2002 年第 10 期。

〔3〕 Larry D. Terry, “Administrative Leadership, Neo - managerialism and the Public Management Movement”, *Public Administration Review*, Vol. 58, No. 3, May - June 1998, p. 194 - 200.

〔4〕 ［美］罗伯特·B. 丹哈特、［美］珍妮特·V. 丹哈特：《新公共服务：服务而非掌舵》，刘俊生译，载《中国行政管理》2002 年第 10 期。

潜在服务供给者所知晓，以鼓励适度竞争，这就需要中央政府和地方政府建立统一的公共服务购买、评估平台和便捷透明的信息发布机制；亦需要形成一套行之有效的合同监督执行和定价制度，以保障社会组织在履行外包任务时，规范运行并可持续发展。公众导向的外包设计则需要一些制度要素，以确保服务外包与公众需求之间的有效对接，使公众参与到对外包项目的需求评估、设计和验收中去，如公共服务外包听证制度、公众导向的项目评估等。

综上所述，无论是作为社会治理的主体，还是作为公共服务的承接者，社会组织要胜任挑战，都需要一系列条件和中观制度要素作为支撑。在多数发达国家，历经近代理性启蒙和工业化发展进程，这些条件已经深深嵌入其社会发展脉络中，以至于新近的相关研究已将这些条件看作“视之为当然”的基本预设而不过多提及。但在仍处于转型期的中国，这些条件与制度要素是否具备就是一个大问题——离开了对这些要素的具体分析，而单纯在理念的层次推演当代中国社会组织的功能与发展取向，显然不可取。

社会组织的功能、条件与制度要素

	支持条件	制度要素
治理主体	公共性的生产 紧密嵌入治理网络	结社活动与公共资源配置紧密相关的保障制度社会组织代表社会成员表达利益诉求的机制社会组织监督公共部门活动相应制度安排
服务主体	适度竞争的公共服务市场整体治理结构 公众导向的外包设计	总体设计的公共服务外包制度框架（如统一招标平台等） 有效的合同监管与定价制度体系 确保外包与公众参与的紧密对接（如外包听证制度等）

三、回归一种总体性理论视角

上述梳理把我们对现代社会组织发展条件的理解带到了一种更为多维的宽广视阈之中。与传统研究不同，本书认为理解当代中国社会组织健康发展的条件，不能仅局限于登记、年检等表层管理制度和资源供给结构，更涉及当代中国治理转型多个领域的协同性改革。具体来看：

公共性的生产和紧密嵌入治理网络这两个维度的支持条件，以及相应制度要素实际上涉及了渐进式的基层民主改革和围绕公共资源配置的“社会协同、公众参与”制度创新。这些领域的改革为个体和群体走出私人空间、关注公共问题提供了重要的支持，[1] 也是社会组织成为治理主体的深层保障。实际上，国家最近的一些制度创新已经注意到了该领域改革与社会组织发展之间的联动效应，比如：民政部近年来一直致力推动“三社联动”；财政部推动参与式预算改革，倡导社会组织和社会力量参与到与民生相关的预算制定过程中。但总体来看，这些改革之间的联动水平仍然偏低，尤其是在地方治理层次，社会组织发展和公共产品的配置之间常常缺乏一种有机衔接，在此背景下，社会组织就难以成为多元治理结构中重要的主体而发挥实质性作用。

适度竞争的公共服务市场、整体治理结构及相应制度要素则意味着，发展社会组织对政府体制内部的改革和优化有很高的要求。在这个意义上，不能简单地认为只要政府把职能转移出来（如制定各种购买服务清单），并为社会组织提供资金支持，就必然会推动其健康发展。如果购买服务的制度安排具有典型的部门主义和属地主义特征，就会导致分割的公共服务市场，[2] 社会组织间的适度竞争格局就无法成型；如果更具统筹性的长期购买服务战略无法形成，社会组织就难以形成长期发展预期。因此，这个维度的改革实际上还涉及体制内许多更具挑战性的领域，如：更具统筹性的部门预算改革、统一招标中心建设以及跨部门协同机制改革等。

最后，公众导向的外包设计则进一步提出了政府公共服务外包与基层民主领域改革协同发展的更高诉求，即服务外包以自下而上的公众需求为导向。只有在这个背景下，承接外包任务的社会组织才会紧密围绕社会的实际需求（而非行政性诉求）有效运作，其社会属性才能得到更清晰的彰显。

上述梳理意味着，我们对当代中国社会组织发展条件的思考必须置于一种总体性的理论框架中。尤其是需要注意到社会组织发展与基层民主改革、公共资源配置机制、政府体制转型之间的复杂关联，以及它们之间的协同机制。这些多线程改革在同一时空结构中，既有可能会形成相互增生与促进的关系，但也有可能会发生抵触——后一种情况恰恰是当前社会组织发展频遇“瓶颈”的重要根源所在。需引起重视的是，这个维度的问题迄今为止仍未引起理论界

---

〔1〕 姚远、任羽中：《“激活”与“吸纳”的互动——走向协商民主的中国社会治理模式》，载《北京大学学报》（哲学社会科学版）2013 年第 2 期；赵秀玲：《“微自治”与中国基层民主治理》，载《政治学研究》2014 年第 5 期。

〔2〕 黄晓春：《当代中国社会组织的制度环境与发展》，载《中国社会科学》2015 年第 9 期。

足够的重视，这也是许多改革方案长期处于“头痛医头，脚痛医脚”状态的重要原因。

这种社会组织发展的总体性理论视角要求研究者不仅要关注单一改革进程内的技术问题，还要关注多进程之间的相互衔接与匹配。比如：要使社会组织发展与基层社会公共性生产同步进行，就必须进一步推动基层民主的体制、机制创新，使自下而上的公共讨论与政府决策密切互动。与此同时，推动社会组织超越“服务之手”的角色，使其融入基层自治和协商民主的制度网络，成为实质性的地方治理多元主体之一。要塑造一种透明的、适度竞争的公共服务外包市场，促使社会组织不断提升组织能力，就必须得到政府职能转变改革的有效呼应，如强化政府外包的总体统筹能力，提升政府体系整体性治理的能力，以及推动公共财政和新型预算工具的改革。要避免社会组织被行政体系过度“吸纳”，保持较强的自主性和社会性，就必须推动整个治理结构从过于追求“向上负责”向重视“对下负责”转变。

这一理论视角有助于我们形成中国社会组织发展条件的基准参照框架和问题意识。循着这些线索，我们可以更为清晰地识别出近年来中国社会组织发展领域存在哪些深层次问题，改革思路又该如何超越“国家与社会”的宏观想象，进入到一个复杂制度系统的设计中去。

主要参考文献

一、中文著作

1. Tam Christensen and Per L. greid：《后新公共管理改革——作为一种新趋势的整体政府》，张丽娜、袁何俊译，载《中国行政管理》2006 年第 9 期。
2. 蔡禾、黄晓星：《城市社区二重性及其治理》，载《山东社会科学》2020 年第 4 期。
3. 曹海军：《党建引领下的社区治理和服务创新》，载《政治学研究》2018 年第 1 期。
4. 陈宝良：《中国的社与会》，中国人民大学出版社 2011 年版。
5. 陈剩勇、徐珣：《参与式治理：社会管理创新的一种可行性路径——基于杭州社区管理与服务创新经验的研究》，载《浙江社会科学》2013 年第 2 期。
6. 陈潭、马箭：《从部门预算走向公共预算》，载《人民论坛》2010 年第 14 期。
7. 邓正来：《国家与社会——回顾中国市民社会研究》，载张静主编：《国家与社会》，浙江人民出版社 1998 年版。
8. 冯钢：《论社会组织的社会稳定功能——兼论“社会复合主体”》，载《浙江社会科学》2012 年第 1 期。
9. 冯仕政：《政治市场想象与中国国家治理分析：兼评周黎安的行政发包制理论》，载《社会》2014 年第 6 期。
10. 高丙中：《社团合作与中国公民社会的有机团结》，载《中国社会科学》2006 年第 3 期。
11. 高丙中、袁瑞军：《中国公民社会发展蓝皮书》，北京大学出版社 2008 年版。
12. 葛道顺：《中国社会组织发展：从社会主体到国家意识——公民社会组织发展及其对意识形态构建的影响》，载《江苏社会科学》2011 年第 3 期。
13. 葛道顺：《“自己人代理”：国家与社会关系的一个解释——基于对中国红十字会系统的考察》，上海大学 2013 年博士学位论文。
14. 耿云：《城乡社区服务类社会组织现状与发展研究》，载中国社会组织公共服务平台，http：//www. chinanpo. gov. cn/700104/92488/newswjindex. html，2020 年 8 月 6 日。
15. 顾昕、王旭：《从国家主义到法团主义——中国市场转型过程中国家与专业团体关系的演变》，载《社会学研究》2005 年第 2 期。

16. 关信平：《社会组织在社会管理中的建设路径》，载《人民论坛》2011 年第 11 期。
17. 管兵：《城市政府结构与社会组织发育》，载《社会学研究》2013 年第 4 期。
18. 管兵：《政府向谁购买服务：一个国家与社会关系的视角》，载《公共行政评论》2016 年第 1 期。
19. 韩博天：《中国异乎常规的政策制定过程：不确定情况下反复试验》，载《开放时代》2009 年第 7 期。
20. 何海兵：《我国城市基层社会管理体制的变迁：从单位制、街居制到社区制》，载《管理世界》2003 年第 6 期。
21. 何艳玲、李妮：《为创新而竞争：一种新的地方政府竞争机制》，载《武汉大学学报》（哲学社会科学版）2017 年第 1 期。
22. 洪梅芬：《积极探索锐意创新上海基层党建硕果累累》，载《解放日报》2001 年 6 月 23 日，新浪网转载 http：//news. sina. com. cn/c/284454. html，2020 年 8 月 6 日。
23. 胡佳：《迈向整体性治理：政府改革的整体性策略及在中国的适用性》，载《南京社会科学》2010 年第 5 期。
24. 胡荣：《社会资本与城市居民的政治参与》，载《社会学研究》2008 年第 5 期。
25. 胡伟、杨安华：《西方国家公共服务转向的最新进展与趋势——基于美国地方政府民营化发展的纵向考察》，载《政治学研究》2009 年第 3 期。
26. 黄晓春：《当代中国社会组织的制度环境与发展》，载《中国社会科学》2015 年第 9 期。
27. 黄晓春：《党建引领基层自治共治：实践与理论思考》，载《党政论坛》2017 年第 3 期。
28. 黄晓春：《政府购买社会组织服务的实践逻辑与制度效应》，载《国家行政学院学报》2017 年第 4 期。
29. 黄晓春：《中国社会组织成长条件的再思考——一个总体性理论视角》，载《社会学研究》2017 年第 1 期。
30. 黄晓春、嵇欣：《非协同治理与策略性应对——社会组织自主性研究的一个理论框架》，载《社会学研究》2014 年第 6 期。
31. 黄晓春、嵇欣：《技术治理的极限及其超越》，载《社会科学》2016 年第 11 期。
32. 黄晓春、周黎安：《政府治理机制转型与社会组织发展》，载《中国社会科学》2017 年第 11 期。
33. 黄晓星、杨杰：《社会服务组织的边界生产——基于 Z 市家庭综合服务中心的研究》，载《社会学研究》2015 年第 6 期。
34. 纪莺莺：《从“双向嵌入”到“双向赋权”：以 N 市社区社会组织为例——兼论当

代中国国家与社会关系的重构》，载《浙江学刊》2017 年第 1 期。
35. 纪莺莺：《当代中国的社会组织：理论视角与经验研究》，载《社会学研究》2013 年第 5 期。
36. 纪莺莺：《当前中国社会组织的要素来源和实践影响：基于 CGSS2012 的分析》，载《中国非营利评论》2020 年第 1 期。
37. 纪莺莺：《转型国家与行业协会多元关系研究——一种组织分析的视角》，载《社会学研究》2016 年第 2 期。
38. 纪莺莺、范晓光：《财大气粗？——私营企业规模与行政纠纷解决的策略选择》，载《社会学研究》2017 年第 3 期。
39. 江华、张建民、周莹：《利益契合：转型期中国国家与社会关系的一个分析框架——以行业组织政策参与为案例》，载《社会学研究》2011 年第 3 期。
40. 景天魁：《在社会服务体制、机制的改革与创新中发展非营利组织》，载《教学与研究》2012 年第 8 期。
41. 敬乂嘉：《社会服务中的公共非营利合作关系研究——一个基于地方改革实践的分析》，载《公共行政评论》2011 年第 5 期。
42. 康晓光、韩恒：《分类控制：当前中国大陆国家与社会关系研究》，载《社会学研究》2005 年第 6 期。
43. 康晓光、韩恒：《行政吸纳社会——当前中国大陆国家与社会关系再研究》，载《中国社会科学》（英文版）2007 年第 2 期。
44. 康晓光、卢宪英、韩恒：《改革时代的国家与社会关系——行政吸纳社会》，载王名主编：《中国民间组织 30 年：走向公民社会》，社会科学文献出版社 2008 年版。
45. 冷明权、张智勇：《经济社团的理论与案例》，社会科学文献出版社 2004 年版。
46. 李丁：《高校学生社团发展与学生治理模式的转型》，第十三届全国组织社会学工作坊工作论文，上海，2016 年 6 月。
47. 李培林：《社会治理与社会体制改革》，载《国家行政学院学报》2014 年第 4 期。
48. 李培林：《我国社会组织体制的改革和未来》，载《社会》2013 年第 3 期。
49. 李朔严：《政党统合的力量：党、政治资本与草根 NGO 的发展——基于 Z 省 H 市的多案例比较研究》，载《社会》2018 年第 1 期。
50. 李威力：《党建引领的城市社区治理体系：上海经验》，载《重庆社会科学》2017 年第 10 期。
51. 李友梅：《当代中国社会治理转型的经验逻辑》，载《中国社会科学》2018 年第 11 期。
52. 李友梅：《社区治理：公民社会的微观基础》，载《社会》2007 年第 2 期。

53. 李友梅：《深刻认识当前中国社会体制改革的战略意义》，载《探索与争鸣》2013 年第 3 期。
54. 李友梅：《我国特大城市基层社会治理创新分析》，载《中共中央党校学报》2016 年第 2 期。
55. 李友梅：《中国社会管理新格局下遭遇的问题——一种基于中观机制分析的视角》，载《学术月刊》2012 年第 7 期。
56. 李友梅：《中国社会治理的新内涵与新作为》，载《社会学研究》2017 年第 6 期。
57. 李友梅等：《新时期加强社会组织建设研究》，经济科学出版社 2016 年版。
58. 李友梅等：《中国社会生活的变迁》，中国大百科全书出版社 2008 年版。
59. 李友梅等：《中国社会治理转型（1978—2018）》，社会科学文献出版社 2018 年版。
60. 李友梅、肖瑛、黄晓春：《当代中国社会建设的公共性困境及其超越》，载《中国社会科学》2012 年第 4 期。
61. 梁昆、夏学銮：《中国民间组织的政治合法性问题：一个结构—制度分析》，载《湖北社会科学》2009 年第 3 期。
62. 刘培伟：《基于中央选择性控制的试验——中国改革“实践”机制的一种新解释》，载《开放时代》2010 年第 4 期。
63. 刘振国：《中国社会组织的治理创新——基于地方政府实践的分析》，载《经济社会体制比较》2010 年第 3 期。
64. 马全中：《近年来政府向社会组织购买公共服务研究评述》，载《社会主义研究》2016 年第 2 期。
65. 民政部民间组织管理局等：《基金会指南》，中国社会出版社 2004 年版。
66. 宁靓：《英国地方政府公共服务外包发展的评析与启示》，载《中国海洋大学学报》（社会科学版）2012 年第 4 期。
67. 渠敬东：《项目制：一种新的国家治理体制》，载《中国社会科学》2012 年第 5 期。
68. 渠敬东：《职业伦理与公民道德——涂尔干对国家与社会之关系的新构建》，载《社会学研究》2014 年第 4 期。
69. 渠敬东、周飞舟、应星：《从总体支配到技术治理——基于中国 30 年改革经验的社会学分析》，载《中国社会科学》2009 年第 6 期。
70. 荣敬本、崔之元：《从压力型体制向民主合作体制的转变：县乡两级政治体制改革》，中央编译出版社 1998 年版。
71. 上海市社会科学界联合会、上海市民政局、上海市社区发展研究会：《上海社区发展报告（1996—2000）》，上海大学出版社 2000 年版。
72. 沈永东：《中国地方行业协会商会政策参与：目标、政策与影响力》，载《治理研究》2018 年第 5 期。
73. 史普原、李晨行：《派生型组织：对中国国家与社会关系形态的组织分析》，载《社会学研究》2018 年第 4 期。
74. 宋煜萍：《公众参与社会治理：基础、障碍与对策》，载《哲学研究》2014 年第 12 期。
75. 唐玮婕：《社会组织联合会有啥作用？浦东 36 个街镇年内要全覆盖》，载《文汇报》2018 年 10 月 18 日民生版，http：//www. whb. cn/zhuzhan/ms/20181018/218658. html，2020 年 8 月 6 日。
76. 唐文玉：《行政吸纳服务——中国大陆国家与社会关系的一种新诠释》，载《公共管理学报》2010 年第 1 期。
77. 唐亚林、刘伟：《党建引领：新时代基层公共文化建设的政治逻辑、实现机制与新型空间》，载《毛泽东邓小平理论研究》2018 年第 6 期。
78. 田良木、沈晓丹：《中国科协国家统计局首次发布资料：我国现有科技社团 146 个》，载《人民日报》1988 年 6 月 11 日，第 3 版。
79. 王汉生、王一鸽：《目标管理责任制：农村基层政权的实践逻辑》，载《社会学研究》2009 年第 2 期。
80. 王名等：《中国社团改革：从政府选择到社会选择》，社会科学文献出版社 2001 年版。
81. 王名、乐园：《中国民间组织参与公共服务购买的模式分析》，载《中共浙江省委党校学报》2008 年第 4 期。
82. 王名、孙伟林：《我国社会组织发展的趋势和特点》，载《中国非营利评论》2010 年第 1 期。
83. 王名主编：《中国民间组织 30 年：走向公民社会》，社会科学文献出版社 2008 年版。
84. 王浦劬、汤彬：《当代中国治理的党政结构与功能机制分析》，载《中国社会科学》2019 年第 9 期。
85. 王诗宗、宋程成：《独立抑或自主：中国社会组织特征问题重思》，载《中国社会科学》2013 年第 5 期。
86. 王旭：《国家与社会的相互赋权：本质、条件、机制及限度》，载《北京大学研究生学志》2013 年第 1/2 期。
87. 文军：《中国社会组织发展的角色困境及其出路》，载《江苏行政学院学报》2012 年第 1 期。
88. 吴建平：《理解法团主义——兼论其在中国国家与社会关系研究中的适用性》，载

《社会学研究》2012 年第 1 期。

89. 肖文涛：《社会治理创新：面临挑战与政策选择》，载《中国行政管理》2007 年第 10 期。

90. 肖瑛：《从“国家与社会”到“制度与生活”：中国社会变迁研究的视角转换》，载《中国社会科学》2014 年第 9 期。

91. 谢菊、马庆钰：《中国社会组织发展历程回顾》，载《云南行政学院学报》2015 年第 1 期。

92. 徐林、许鹿、薛圣凡：《殊途同归：异质资源禀赋下的社区社会组织发展路径》，载《公共管理学报》2015 年第 4 期。

93. 徐盈艳、黎熙元：《浮动控制与分层嵌入——服务外包下的政社关系调整机制分析》，载《社会学研究》2018 年第 2 期。

94. 徐永祥、曹国慧：《“三社联动”的历史实践与概念辨析》，载《云南师范大学学报》（哲学社会科学版）2016 年第 2 期。

95. 许一鸣：《第一个私营企业家协会在福州成立》，载《人民日报》1988 年 1 月 17 日，第 2 版。

96. 严振书：《现阶段中国社会组织发展面临的机遇、挑战及促进思路》，载《北京社会科学》2010 年第 1 期。

97. 杨爱平、余雁鸿：《选择性应付：社区居委会行动逻辑的组织分析——以 G 市 L 社区为例》，载《社会学研究》2012 年第 4 期。

98. 杨佳谡、孙涛：《回应性倡导：政策倡导中社会组织有效行动的解释框架——基于 T 市与 S 市的双案例研究》，载《公共行政评论》2019 年第 2 期。

99. 姚远、任羽中：《“激活”与“吸纳”的互动——走向协商民主的中国社会治理模式》，载《北京大学学报》（哲学社会科学版）2013 年第 2 期。

100. 叶敏：《新时代党建引领社会治理格局的实现路径》，载《湖南师范大学社会科学学报》2018 年第 4 期。

101. 俞可平：《更加重视社会自治》，载《人民论坛》2011 年第 6 期。

102. 俞可平：《中国公民社会：概念、分类与制度环境》，载《中国社会科学》2006 年第 1 期。

103. ［美］约翰·迈耶、［美］布莱恩·罗恩：《制度化的组织：作为神话与仪式的正式结构》，何新发等译，载张永宏主编：《组织社会学的新制度主义学派》，上海人民出版社 2007 年版。

104. 张长东：《社会组织与政策协商：多元主义与法团主义之辨》，载《浙江学刊》2017 年第 1 期。

105. 张紧跟：《从结构论争到行动分析：海外中国 NGO 研究评述》，载《社会》2012 年第 3 期。
106. 张紧跟、庄文嘉：《非正式政治：一个草根 NGO 的行动策略——以广州业主委员会联谊会筹备委员会为例》，载《社会学研究》2008 年第 2 期。
107. 张静：《法团主义》，中国社会科学出版社 1998 年版。
108. 张静：《通道变迁：个体与公共组织的关联》，载《学海》2015 年第 1 期。
109. 张康之：《合作治理是社会治理变革的归宿》，载《社会科学研究》2012 年第 3 期。
110. 张文礼：《合作共强：公共服务领域政府与社会组织关系的中国经验》，载《中国行政管理》2013 年第 6 期。
111. 张旭昆、秦诗立：《商会的激励机制》，载《浙江大学学报》（人文社会科学版）2003 年第 2 期。
112. 赵小平、毛佩瑾：《公益场域中的“市场运作”：社会组织建构社区社会资本的机制创新》，载《中国行政管理》2015 年第 11 期。
113. 赵秀玲：《“微自治”与中国基层民主治理》，载《政治学研究》2014 年第 5 期。
114. 赵秀梅：《中国 NGO 对政府的策略：一个初步考察》，载《开放时代》2004 年第 6 期。
115. 中共中央文献研究室、中共中央党校编：《刘少奇论党的建设》，中央文献出版社 1991 年版。
116. 周俊：《政府购买公共服务的风险及其防范》，载《中国行政管理》2010 年第 6 期。
117. 周俊：《政府与社会组织关系多元化的制度成因分析》，载《政治学研究》2014 年第 5 期。
118. 周黎安：《行政发包的组织边界：兼论“官吏分途”与“层级分流”现象》，载《社会》2016 年第 1 期。
119. 周黎安：《行政发包制》，载《社会》2014 年第 6 期。
120. 周黎安：《中国地方官员的晋升锦标赛模式研究》，载《经济研究》2007 年第 7 期。
121. 周黎安：《转型中的地方政府：官员激励与治理》，上海人民出版社 2008 年版。
122. 周雪光：《权威体制与有效治理：当代中国国家治理的制度逻辑》，载《开放时代》2011 年第 10 期。
123. 周雪光：《组织社会学十讲》，社会科学文献出版社 2003 年版。
124. 周雪光、练宏：《中国政府的治理模式：一个“控制权”理论》，载《社会学研究》2012 年第 5 期。
125. 周志忍：《政府绩效评估中的公民参与：我国的实践历程与前景》，载《中国行政管理》2008 年第 1 期。
126. 竺乾威：《从新公共管理到整体性治理》，载《中国行政管理》2008 年第 10 期。

二、中文译著

1. [德] 马克斯・韦伯：《支配社会学》，康乐、简惠美译，广西师范大学出版社 2010 年版。
2. [德] 尤尔根・哈贝马斯：《公共领域的结构转型》，曹卫东等译，学林出版社 1999 年版。
3. [法] 埃米尔・涂尔干：《社会分工论》，渠东译，生活・读书・新知三联书店 2000 年版。
4. [法] 埃米尔・涂尔干：《职业伦理与公民道德》，渠东、付德根译，上海人民出版社 2006 年版。
5. [法] 托克维尔：《论美国的民主》（上、下卷），董果良译，商务印书馆 2013 年版。
6. [美] E. S. 萨瓦斯：《民营化与公私部门的伙伴关系》，中国人民大学出版社 2002 年版。
7. [美] 彼得・布劳、[美] 马歇尔・梅耶：《现代社会中的科层制》，马戎、时宪民、邱泽奇译，学林出版社 2001 年版。
8. [美] 弗兰克・道宾：《打造产业政策——铁路时代的美国、英国和法国》，张网成、张海东译，上海人民出版社 2008 年版。
9. [美] 理查德・斯科特：《制度与组织：思想观念与物质利益》，姚伟、王黎芳译，中国人民大学出版社 2010 年版。
10. [美] 罗伯特・B. 丹哈特、[美] 珍妮特・V. 丹哈特：《新公共服务：服务而非掌舵》，刘俊生译，载《中国行政管理》2002 年第 10 期。
11. [美] 罗伯特・D. 帕特南：《独自打保龄球：美国社区的衰落与复兴》，刘波、祝乃娟、张孜异、林挺进、郑寰译，北京大学出版社 2011 年版。
12. [美] 罗伯特・D. 帕特南：《使民主运转起来》，王列、赖海榕译，江西人民出版社 2001 年版。
13. [美] 罗伯特・N. 贝拉等：《心灵的习性：美国人生活中的个人主义和公共责任》，周穗明、翁寒松、翟宏彪译，中国社会科学出版社 2011 年版。
14. [美] 詹姆斯・汤普森：《行动中的组织》，敬乂嘉译，上海人民出版社 2007 年版。

三、外文文献

1. Burton A. Weisbrod, "Toward a Theory of the Voluntary Non - profit Sector in a Three - sector Economy ", Phelps E. D. eds. , *Altruism*, *Morality*, *and Economic Theory*, New York: Russell Sage Foundation, 1975.

2. Estelle James, "The Nonprofit Sector in Comparative Perspective", Walter W. Powell eds. , *The Nonprofit Sector*: *A Research Handbook*, New Haven: Yale University Press, 1987.

3. Helmut K. Anheierand Lester M. Salamon, "Volunteering in cross - national perspective: initial comparisons", *Law & Contemporary Problems*, Vol. 62, No. 4, Autumn 1999.

4. Henry B. Hansmann, "The Role of Nonprofit Enterprise", *The Yale Law Journal*, Vol. 89, No. 5, April 1980.

5. Jessica C. Teets, "Let Many Civil Societies Bloom: The Rise of Consultative Authoritarianism in China", *The China Quarterly*, No. 213, March 2013.

6. John W. Meyer and Brian Rowan, "Institutional Organizations: Formal Structure as Myth and Ceremony", *American Journal of Sociology*, Vol. 83, No. 2, September 1977.

7. Julie Cencula Olberding and Whitney McIntyre Miller, "Building community together: A study of inter - neighborhood collaboration and development in Cincinnati, Ohio", *Community Development*, Vol. 49, No. 2, March 2018.

8. Juliet A. Musso, Christopher Weare, Nail Oztas and, William E. Loges, "Neighborhood governance reform and networks of community power in Los Angeles", *The American Review of Public Administration*, Vol. 36, No. 1, March 2006.

9. Larry D. Terry, "Administrative Leadership, Neo - managerialism and the Public Management Movement", *Public Administration Review*, Vol. 58, No. 3, May - June 1998.

10. Lester M. Salamon, "Partners in Public Service: The Scope and Theory of Government - nonprofit Relations", Powell, W. W. eds. , *The Nonprofit Sector*: *A Research Handbook.* New Haven: Yale University Press, 1987.

11. Lester M. Salamon, "The Rise of the Nonprofit Sector", *Foreign Afairs*, Vol. 73, No. 4, July - August 1994.

12. Lu, Yao and Tao, Ran. , "Organizational Structure and Collective Action: Lineage Networks, Semiautonomous Civic Associations, and Collective Resistance in Rural China", *American Journal of Sociology*, Vol. 122, No. 6, May 2017.

13. Perri Diana Leat, Kimberly Seltzer and Gerry Stoker, *Towards Holistic Governance*:

The New Reform Agenda, New York: Palgrave Macmillan, 2002.

14. Peter A. Hall, "Policy Paradigms, Social Learning, and the State: The Case of Economic Policymaking in Britain", *Comparative Politics*, Vol. 25, No. 3, April 1993.
15. Simon Domberger and Paul Jensen, "Contracting Out by the Public Sector: Theory, Evidence, Prospects", *Oxford Review of Economic Policy*, Vol. 13, No. 4, Winter 1997.

后　记

社区社会组织不仅是参与社区治理的重要主体，更是改革社区服务供给方式的重要载体，对于推进基层社会治理创新有着极为重要的作用。本书基于民政部政策研究中心 2018 年在全国开展的社区社会组织专项调查和在 32 个社区开展的深度观察，围绕社区社会组织发展的制度环境和特征，对当代中国社区社会组织健康发展的条件与政策选择进行了深刻思考，提出推进社区社会组织发展需要超越技术治理，嵌入一种整体性的治理框架。其中的一些理论探讨和发展建议难免有所局限，敬请广大读者不吝指正。

编　者